편견과
싸우는
박물관

Museums, Prejudice and the Reframing of Difference
by Richard Sandell

First published 2007 by Routledge
2 Park Square, Milton Park, Abingdon, Oxon OX14 4RN
Routledge is an imprint of the Taylor & Francis Group

Museums, Prejudice and the Reframing of Difference

편견과

싸우는

박물관

리처드 샌델 지음
고현수 · 박정언 옮김

연암서가

옮긴이

고현수

이화여자대학교에서 사회학과 미술사학을 공부하고, 영국 런던 대학교 골드스미스 칼리지Gold-smiths College에서 현대미술이론Contemporary Art Theory을 전공하였다. 서울 성곡미술관과 오페라 갤러리에서 전시기획 및 관리 실무자로 일했다. 영국으로 이주하여 런던 대학교University College of London에서 박물관 미술관학을 공부하며, '특정 계층'만이 아닌 넓은 범위의 다양한 사람들이 즐길 수 있도록 작품과 전시를 해석하는 데 관심을 갖게 되었다. 현재 영국 옥스퍼드에 거주하며, 우리의 일상에 미치는 예술적 영향력을 주제로 글을 쓰고 작품을 소개한다.

박정언

성균관대학교에서 사학과 영문학을 전공한 후, 영국 런던 대학교 교육연구대학원UCL Institution of Education에서 '유물기반학습을 통한 소외계층 청소년의 정서적 웰빙'에 관한 논문으로 박물관학 석사 학위를 받았다. 대영박물관The British Museum 교육팀에서 인턴으로 일하며 지역공동체 프로그램 '토킹 오브젝츠Talking Objects' 프로젝트에 참여하였다. 귀국 후 국립민속박물관과 한길책박물관에서 전시와 교육프로그램 업무를 담당하였고, 현재 부산시립박물관 교육팀에서 학예연구사로 근무하며, 박물관이 지역공동체와 지역사회 주민들의 정서적 웰빙을 향상시킬 수 있는 '대화의 장'이 될 수 있도록 유물기반프로그램들을 기획하고 있다.

편견과 싸우는 박물관

2020년 6월 15일 초판 1쇄 인쇄
2020년 6월 20일 초판 1쇄 발행

지은이 | 리처드 샌델
옮긴이 | 고현수·박정언
펴낸이 | 권오상
펴낸곳 | 연암서가

등 록 | 2007년 10월 8일(제396-2007-00107호)
주 소 | 경기도 고양시 일산서구 호수로 896, 402-1101
전 화 | 031-907-3010
팩 스 | 031-912-3012
이메일 | yeonamseoga@naver.com
ISBN 979-11-6087-065-7 03060

값 18,000원

한국의 독자들에게

　이 책이 한국어로 번역되어, 한국의 박물관 분야에서 일하고 있는 동료들과 나눌 수 있게 된 것을 매우 영광스럽게 생각합니다. 본 연구는 영국, 네덜란드와 미국을 배경으로 이루어졌지만, 나의 연구 관심은 본질적으로 국제 사회의 관람객에 초점을 맞추고 있습니다. '나와 다른 사람들'과 공감하고, 존중하고, 더 평등한 방식으로 참여하도록 하는 것이 박물관의 진정한 가능성이라고 믿으며, 이것이야말로 세계 어디에 살며 일하든 우리 모두에게 의미 있는 일이라고 생각하기 때문입니다.

　이 책이 출간되고 지난 10년간 여러 박물관 실무를 경험하며, 박물관이 이 세상에 변화를 가져올 수 있다는 것을 더욱 확신하게 되었습니다. 우리가 함께 문화의 힘을 활용하여 더 조화로운 사회를 만들 수 있도록, 이 책이 작은 도움이 될 수 있었으면 합니다.

영국 레스터 대학에서
리처드 샌델

역자 서문

우리 사회의 다름을
지지하는 박물관

　지역사회를 중시하면서도 세계적인 관점을 제시하는 영국의 박물관들. 최근 수십 년간 이루어진 이러한 성장은 영국 박물관들이 누리는 풍성한 문화 자원 때문이기도 하지만, 다른 한편으로는 박물관이 겪는 여러 문제 때문이라고도 볼 수도 있다. 사회적 기여에 대한 압박, 불안정한 예산, 여러 문화 사이의 갈등 등을 정신없이 대면하는 가운데, 오히려 사회 문제를 바라보고 참여하는 박물관의 독특한 시각과 태도가 형성되었다는 것이다.

　역자들이 경험한 영국 박물관에서, 전 세계에서 온 관람객들이 마주 대하는 실무자들은 이러한 역동적인 다양성에 민감하게 반응하려 노력하고 있었다. 또한 이러한 서로의 차이를 실제 박물관 프로그램에서 어떻게 다루어야 할지 고민하였다. 나아가, 박물관의 영향력이 미처 닿지 않는 관람객들을 어떻게 포괄할 것인가 대한 논의도 이루어지고 있다. 런던 과학 박물관London Science Museum은 전시물을 버스에 싣고 '움직이는 박물관'을 운행하기도 하고, 교도소 수감자들을 '일일 큐레이터'로 교육시킨 후 그 가족들을 초청해 박물관을 소개해 주도록 하는 프로그램을 진행하기도 하였다. 영국 호니먼 박물관Horniman Museum에서는 '아프리카!' 전시와 프로그램을 진행하여 지역사회의 어린이와 청소년이 자긍심을 갖게 하는 프로젝트를 하였는데, 실제로 이들의 성적이나 학습 태도가 향상되었다는 결과를 발표하기도 했다. 또한, 박물관이라는 '그릇'vessel에 사회를 어떻게 조화롭게 담아낼 것인지 대한 논의는 영국뿐 아니라 국제 사회 박물관들의 관심사이며 숙제이기도 하다.

다른 한편에서는, '박물관이 왜 이런 문제에 관여해야하는가'라고 묻는다. 이런 의문에 대해 이 책의 저자인 리처드 샌델은, 박물관은 미학, 이념적인 공간일 뿐만 아니라, 팔을 걷고 '행동하는 문화 기관'Museum in activism이라고 응답한다. 이러한 시각으로, 영국 박물관학의 대표적인 인물인 샌델은 영국 박물관학의 산실인 레스터 대학Leicester University을 기반으로, 이 사회의 평등과 다양성을 위해 박물관이 무엇을 할 수 있을지를 탐구하며, 실무와 정책에서도 중추적인 역할을 해왔다. 또한 그의 저서들은 박물관 현장과 학계에서 끊임없이 읽히고 있는데, 그 중에서 이번에 한국의 독자들에게 소개하게 된 *Museum, Prejudice, and the Reframing of Difference*는, 어느 사회에나 존재하는 서로의 '다름'에 초점을 맞추어, 편견 없이 바라보도록 돕는 박물관에 대한 논의다.

이 책의 시각으로 보면, 박물관은 고상하기만 한 곳이 아니라, 오히려 지저분하고 엉망진창인 곳Messy museum이다. '다름'을 포괄하는 것은 언제나 아름답게 이루어지는 것은 아니다. 박물관이라는 공간은 우리 사회의 소외층과 외부인의 것이기도 하며 나와 반대 성향의 사람과 공유하는 공간이기도 하다. 박물관으로서도, 이 불편한 진실을 드러내고, 나아가 적극적으로 실무에 반영하는 데는 분명 큰 용기가 필요하다. 그러나 이 책에서 주장하듯, '다름'이라는 문제를 수장고 뒤 어딘가에 숨겨 버린다면, 박물관이 다룰 수 있는 범위는 점점 줄어들 것이다. 나 자신도, 그리고 나의 가족도 이 세상에 잠재력을 드러내고, 목소리를 내고, 인정받고, 배려하며 살아가는 세상을 위하여, 굳이 그 복잡하고 어려운 대화를 시작하려는 '용감한 박물관'에 대한 이야기다.

인류의 위대한 유산을 알리고, 배우며, 즐길 수 있는 '열린 공간'으로서, 박물관은 누구도 소외되지 않도록No One Left Behind '배려의 공간'이 되어야 한다. 영국의 박물관들이 삶의 철학을 실천하기 위해 인내력을 가지고 꾸준히 실험적인 프로젝트들을 수행하는 동안 박물관은 유물을 매개로 하여 다양한 사람들의 목소리에서 의미를 발견하고, 일상에서 다루기 힘든 주제들을 이야기할 수 있는 '대화의 공간'이 되어 간다.

'다름'을 인정한다는 것은 시간이 걸리는 일이며, 그 과정은 쉽지 않다. 그리고, 그것을 행동으로 표현하는 데에도 '배움'과 '방법'이 필요하다. 이 책은 박물관의 수많은 유물들이 지닌 다양한 이야기와 그것을 바라보는 관람객과 실무자들의 구체적인 사례를 통해 어렵고 번거로운, 그러나 꼭 필요한 인식의 전환을 고루하지 않게 전달하고 있다. '다름'을 인정해야 하는 삶의 순간에 서는 모든 이들에게 이 책이 도움이 되기를 바란다.

2020년 4월
역자 씀

저자 서문

지난 20년간 사회학, 문화학, 인류학, 박물관학 분야에서 이루어진 많은 연구들을 통해, 박물관은 문화적 차이를 합의, 구축하고 소통하는 등, 다름에 대한 사회적 이해가 만들어지는 장소로 자리매김했다. 대부분의 연구들은 문화적 산물이 만들어지는 과정에 초점을 맞추어 이 과정에 존재하는 복합성과 모순, 불확실성을 탐구하려고 시도하였지만 이 중 몇몇 연구는 특히 박물관이 권력의 도구로서 기능하며, 성별과 인종 등 우리 사이에 존재하는 '차이'를 계층적 또는 부정적이고 유해한 방식으로 표현하였다. 이러한 시각에서, 박물관은 소수 집단의 정체성을 지워버리고, 무시하고, 목소리를 내지 못하도록 하는 배타적이고 억압적인 모습으로 묘사되기도 하였다.

그러나 최근 몇 년 사이 차별적인 시각으로 문화적 차이를 다루던 기존의 시각을 무너뜨리고, 자유로운 중재가 이루어지는 장소로서 박물관의 가능성에 대해 박물관 실무자를 중심으로 큰 관심을 끌고 있다. 물론 사회 정의와 평등한 인권을 지지하고 전파하는 등 대안적인 시각을 제시하는 전시는 아직 소수에 불과하다. 하지만 다양한 집단을 평등하게, 존중감을 가지고 재현하려는 관심은 세계적으로 널리 확산되는 추세이며, 위치나 종류를 막론하고 모든 박물관들은 문화 다원적인 전시에 대한 기대와 요구를 마주 대하고 있다.

편견에 저항하는 사회 주체로서 박물관에 대한 관심은 커져가고 있지만(베넷, 2005), 이렇게 구축된 새로운 형태의 전시와 박물관이 어떠한 사회 문화적 영향력을 가지며, 또 어떤 결과를 가져올 것인지에 대해서는 아직 많은 관심을 끌지 못했다. 다름을 인정하고 서로에 대한 이해와 존중감을 높이는 전시, 또 평등과 사회 정의의 개념을 가지고 편협성과 편견, 지배 계층의 관점에 저항하는 전시를 볼 때, 관람객은 어떻게 반응할 것이며 어떤 방식으로 참여할 것인가? 박물관은 서로의 다름을 그저 전시로 재현하는 것에 그치지 않고, 개인과 사회 전체가 다름을 새롭게 보고 이해하도록 만들 수 있을 것인가? 또한 다양한 종류의 편견과 맞서는 전시와 공공 프로그램을 기획하는 과정에서, 박물관 종사자들은 어떤 딜레마와 어려움을 만나게 될 것인가? 그동안 거의 다루어지지 않았던 이 질문들을 두고, 이 책에서는 두 가지의 연구 주제를 통해서 그 답을 찾아보려고 한다.

첫 번째로, 이 연구는 관람객이 어떻게 전시에 반응하고, 전시를 이용하고, 소통하는지, 그 방식에 초점을 맞춘다. 현대 사회에 대한 몇 가지 분야의 이론적 관점을 가지고 (주로 사회학, 관람객과 매체 연구, 문화이론, 박물관학 이론을 이용했으며, 담론 분석과 사회심리학적 시각도 포함하고 있다) 경험적 연구와 심층 인터뷰를 하여, 사회적 주체로서 박물관이 어떤 역할을 하는지 알아볼 것이다. 여기서 '사회적 주체'란 사회 정치적인 여러 관계와 현상을 있는 그대로 재현하는 데 그치지 않고, 이들의 형태와 틀을 잡는 박물관의 능력을 강조하기 위해 쓰인 용어다. 두 번째 접근은 특히 6장에서 주로 사용했는데, 여기서는 수용 과정이 아니라 문화 생산에 초점을 맞춘다. 예를 들어 '장애'라는 편견에 도전하기 위해 박물관은 소장품을 어떻게 활용하고 전시를 배치할지, 재현의 전략을 세우는 데 있어서 박물관에 어떤 기회와 어려움이 있는지를 자세히 살펴볼 것이다.

　여러 면에서, 박물관의 사회적 주체에 대한 연구는 최근 박물관학의 사고와 실무가 나아가려는 방향과 같은 선상에 있다. 박물관이 사회적 변화를 이끄는 주체라는 개념에 대해 강한 반발을 하는 시각도 있지만, 앞서 말했듯이 박물관이 사회적 기관으로서 목적성을 가지고 기능하기를 바라는 요구도 점차 많아지는 것이 현실이다. 그러므로, 이 연구의 주요한 목적 중 하나는, 사회적 변화를 이끌어가는 박물관의 최근의 현상을 설명할 일련의 증거를 제시하고 발전시키는 것이다. 다시 말해, 박물관에 대해서는 우리 사회가 다름에 대한 대화를 시작하고 나누도록 구성하고 재구성하는 역량이 있으며, 이 역량을 가지고 편견과 싸울 수 있다는 것을 주장하려고 하는 것이다. 이 주장을 발전시켜 가면서, 이 과정 자체에 내재하는 문제점을 논의하고, 현대 사회의 전시 실무에 있어서의 관례, 박물관의 소통과 재현의 방식에 있어서도 여러 가지 의문을 제기할 것이다. 예를 들어, 이 연구에서는 박물관과 관람객들이 특별히 받아들이기 어려워하는 형태의 편견이 있다는 것을 확인하였는데, 이러한 상황을 어떻게 설명할 수 있을지 그 요소들을 탐구해 보려고 한다. 어떤 종류의 차별은 보편적으로 명백하게 비난받을 행위로 여기는 반면, 또 다른 차별은 그저 타협할 가능한 것이자, '논쟁의 여지가 있는' 정도로 받아들이는 것인지, 우리 사회의 기준과 박물관

사이의 역동적이고 복잡한 관계를 살펴볼 것이다. 또한 그동안 박물관에서는 한 가지 주제에 대해 양쪽의 의견을 제시하여 관람객이 스스로 결정할 수 있게 함으로써 공평하고 객관적인 입장을 고수하던 것을 내려놓고, 윤리적이고 편견 없는 시각에 용감하게 지지를 표명할 수 있을지를 논의할 것인데, 아마도 이 주제를 다소 불편하게 받아들일 독자들도 많을 것이다. 그러나 이 책의 중요한 목적 중 하나는 박물관의 목적, 주체적 행위, 그리고 이에 수반되는 사회적 책임에 대해 박물관이 분명한 의견을 제시할 수 있는지를 논의하는 것이다. 이것은 박물관을 넘어, 그동안 소외되었던 사회 집단과 소수자를 재현하고자 하는 다른 미디어에도 적용될 수 있다.

마지막으로 독자들은 이 연구가 중립적인 시각이 아니라 특정한 정치적 윤리적 관점을 가지고 이루어졌다는 것을 알 수 있을 것이다. 실제로 이 조사는 박물관의 사회적 역할을 중시하는 관점에서 구상되었으며, 연구자인 내가 가진 정체성, 경험 등으로부터 다양한 영향을 받았다. 그러나 미리 결론을 내려두고 그 주장을 증명하려는 증거를 찾는 방식으로 이 연구가 진행된 것은 아니다. 오히려, 이 연구를 시작하게 된 의도는 관람객이 다름을 보고, 생각하고, 말하는 방식을 박물관이 어떻게 형성하고 체계를 잡는지를 알아보려는 의도에서 시작한 것임을 밝혀두고 싶다.

감사의 글

이 책의 논의는 몇 년간 다양한 경험과 기회를 통해 구상된 여러 개념들에 기반하고 있다. 박물관 실무자로서 박물관의 사회적 역할에 계속 관심을 가져 왔지만, 막상 이 주제를 경험적 연구로 발전시킬 수 있었던 계기는 수년 후 셰필드 대학교 사회학과에서 박사과정을 하는 동안에 이루어졌다. 이 기간 동안 연구적 영감과 통찰력을 전해 주며 격려를 아끼지 않았던 지도교수였던 샤론 맥도널드Sharon Mcdonald에게 감사의 말씀을 전한다. 편견이라는 주제를 접근하는 데 새로운 방식을 제시해 준 조 브리튼Jo Britton에게도 감사드린다.

세인트 뭉고 종교적 삶과 예술 박물관과 안네 프랑크 하우스에서 했던 현장 연구는 어려움도 있었지만 굉장히 즐거운 작업이었다. 풍부한 박물관 자료를 이용하도록 도와주고, 여러 의견을 나누어 준 두 박물관의 관계자들에게 감사드린다. 특히 해리 던롭Harry Dunlop, 키런 싱Kiran Singh, 얀 반 쿠텐Jan van Kooten, 프란스 반 데어 피에터만Frans van der Pieterman, 셀륀 아이스덴Selwyn Eisden, 우터 반 데어 슬루이스Wouter van der Sluis에게,

감사의 글

아낌없이 시간을 내주고 박물관 경험에 대해 여러 생각을 나눠 준 데 대해 특별한 감사를 드린다.

나는 2004년 스미소니언 박물관연구소Smithsonian Institute로부터 '박물관 실무' 부문의 연구비를 지원받는 영광을 얻었다. 이 소중한 기회로 그 다음해 여름, 유럽을 배경으로 했던 이전 연구를 보완할 추가적인 현장 연구를 할 수 있게 되었고, 다른 사회 정치적 환경에 있는 연구자들 및 실무자들과 연합하여 다른 상황에도 이 연구를 적용할 수 있었다. 인터뷰에 응해 준 스미소니언 박물관의 모든 관계자들에게 감사드리고, 특별히 스미소니언 박물관학 교육 센터의 낸시 풀러Nancy Fuller에게, 연구에 도움을 준 것 이외에도 끊임없는 유머 감각으로 활력을 준 데 대해 고맙다고 말하고 싶다. 이 프로그램에 지원을 아끼지 않은 스미소니언 여성위원회Smithsonian's Women's Committee에도 감사드린다. 미국에서의 4개월간의 연구 기간 동안 독특하고 다양한 박물관에 방문할 기회가 있었는데, 특히 미국 홀로코스트 추모 박물관United States Holocaust Memorial Museum, 공공주택박물관Lower East Side Tenement Museum, 국립 일본계 미국인 박물관Japanese American National Museum, 관용의 박물관Museum of Tolerance의 모든 직원분들께, 기꺼이 참여해 주고 자료를 공유해 준 데 대해 감사드린다.

여러 방식으로 도움을 주고 시간을 내준 대학과 박물관의 동료들에게도 감사의 말씀 전하고 싶다. 사라 오길비Sarah Ogilvie, 테드 필립스Ted Phillips, 캐서린 오트Katherine Ott, 베스 지바르트Beth Ziebarth, 로버트 제인스Robert Janes, 브루스 크레이그Bruce Craig, 존 수아우John Suau, 마거릿 린다우어Margaret Lindauer, 크리스티나 크렙스Christina Kreps, 조앤 카니건 페어렌Joan Kanigan-Fairen, 그리고 고인이 된 스테판 웨일Stephan Weil에게 감사드린다.

특히, 이 책의 6장은 레스터 대학의 박물관 미술관연구소에서 수행한 프로젝트에 기반을 두고 있다. 이 프로젝트를 함께 한 조슬린 도드Jocelyn Dodd, 애니 델린Annie Delin, 재키 게이Jackie Gay, 세리 존스Ceri Jones에게 감사한다. 이노베이션상을 통해 프로젝트의 연구비를 지원해 주신 예술인문연구위원회Arts and Humanities Research Council에도 감사를 전한다.

2005년에 레스터 대학교에서 연구년을 허가해 주지 않았다면 이 책을 완성하는 것은 불가능했을 것이다. 지난 9년간 도움을 주신 레스터 대학교 박물관학과 모든 분께 감사드리고, 특히 몇몇 연구를 함께 해오며 항상 날카로운 통찰력으로 연구를 풍부하게 해준 조슬린 도드Jocelyn Dodd에게 다시 한 번 감사한다. 이 책의 완성이 너무 멀게 느껴져 힘들 때 아낌없는 격려를 보내 준 시몬 넬Simon Knell, 에일린 후퍼 그린힐Eilean Hooper-Greenhill, 수잔 매클오드Suzanne MacLeod에게 감사드린다.

도판을 담당해 준 바버라 로이드Barbara Lloyd, 구르프릿 아훌루왈리아Gurpreet Ahuluwalia, 앨리슨 켈리Alison Kelly, 나탈리 델로르메Nathalie Delorme, 카를 하인츠 스타인레Karl-Heinz Steinle, 마렌 리드Maren Read, 조앤 헤들리Joan Headley, 앤드루 챔벌레인Andrew Chamberlain에게 감사드리고, 행정적 업무를 담당해 준 크리스틴 치즈먼Christine Cheesman에게 감사를 전한다. 맷 기번스Matt Gibbons, 제럴딘 마틴Geraldine Martin, 카티아 함자Katia Hamza 등 루틀리지Routledge 출판사의 모든 직원들이 보내 준 지원과 관심에 감사드린다.

특별히, 지난 몇 년간 이 프로젝트에 관심을 보이며 도움을 주었을 뿐 아니라, 이 책의 초고를 읽어보고 여러 의견과 제안을 해준 마크 오닐Mark O'Neil에게 감사한다고 말하고 싶다. 그의 도움 덕분에 이 책의 주장을 다듬고 명료하게 정리하여 최종판을 완성할 수 있었기 때문이다.

언제나 나에게 지지와 격려를 보내 주는 나의 부모님, 여동생 니키

Nikki, 친구들에게 감사한다. 이 책을 쓰는 과정 중에 적시에 '행복한 방해'를 해주었던 루이스Lewis와 안나Anna에게 특별히 감사의 말을 전한다. 마지막으로, 이 책을 마칠 때까지 몇 년 동안 함께 인내하며, 긍정적인 에너지를 불어넣어 준 나의 파트너 크레이그Craig에게 이 책을 바친다.

차례

제1장

박물관과 더 좋은 사회

스코틀랜드 글래스고의 세인트 뭉고 종교적 삶과 예술 박물관St. Mungo Museum of Religious Life and Art에서, 관람객들은 다양한 종교와 믿음에서 영감을 받은 전시물들을 만나게 된다. 세계 6대 종교인 기독교, 불교, 힌두교, 이슬람, 유대교, 시크교를 주제로 한 이 전시물들은 한 전시 공간에 어우러져 각 종교의 동등한 가치와 중요성을 드러내고, 나아가 이들이 공유하는 점은 무엇인지, 또 서로 구별되는 차이점은 무엇인지를 볼 수 있게 한다. 전시 관람을 마친 뒤, 관람객들은 게시판에 느낀 점을 남기거나 박물관에 대한 의견을 제시하는 형식으로 자신의 생각을 다른 이들과 나눌 수 있다. 이러한 전시의 방향과 관람객의 참여 방식은 세인트 뭉고 박물관이 설립될 때부터 의도적으로 계획한 것이다. 이것은 서로 다른 종교 사이에, 또한 종교가 없는 사람들과도 더욱 잘 이해하고 존중할 수 있는 다각적인 방법을 모색하려는 목적에서 나온 것이다.

네덜란드 암스테르담에 있는 안네 프랑크 하우스Anne Frank House를 보자. 이곳에서 관람객들은 제2차 세계대전 중에 프랑크 가족들이 숨어 있던 비밀 별채를 둘러보며, 세계적으로 잘 알려진 『안네 프랑크의 일기』를 둘러싼 역사적 사건에 대해 배우게 된다. 해마다 100만 명이 넘는 사람들이 이 놀라운 장소를 보고자 방문하는데, 아마도 이들은 우리 사회의 문제(인권을 둘러싼 갈등 등)를 조명한 현대 전시를 보고 한번 더 놀라게 될 것이다. 이 현대 전시는 호모포비아(동성애 혐오)에서 비롯된 증오 범죄, 논란을 일으킬 만한 랩 가사, 광고 등에서 다루는 장애인의 왜곡된 이미지, 개인 또는 단체가 인종 차별적인 시각을 표현할 권리가 있는지 등에 대한 폭넓은 논의를 다루는데, 관람객들도 의견을 작성해서 전시장에 진열할 수 있게 해두었다. 즉, 이 전시는 편견, 차별 등 일상에서 다루기 어려운 주제에 대해 자유롭게 의견을 교환하는 논의의 장으로서, 우리 모두에게 동등한 인권이 있음을 드러내고 지지하려는 목적에서 기획되었다.

세인트 뭉고 박물관과 안네 프랑크 하우스, 두 박물관의 참신하고 실험적인 전시들은 전세계적으로 박물관 전시 실무가 그동안 얼마나 많은 변화와 성장을 거듭하였는지, 또 이러한 노력으로 박물관의 표현방식과 정책이 기반을 확립했음을 보여 주는 중요한 예시이기도 하다. 실제로 박물관은 최근 몇 년간 사회 변화를 이끄는 매개체로서, 특히 문화간 이해를 증진시키고 편견을 없애며 다름에 대한 존중을 기르는 역할을 해온 데 대해 강력한 자신감을 표명해 왔다. 사회적인 목적을 가진 박물관들의 이러한 '자기 확신'은 여러 박물관의 설립 목적과 사명에서 찾아볼 수 있으며, 더 넓은 범위에서는 거시적인 국가 정책이나 조사연구에도 드러나 있다.

한편, 편협함과 싸우며 다름에 대한 이해를 기르는 것을 주요 목표이자 존재 이유로 삼고 있는 이들 '특수 박물관'들은 아직은 적은 수지만 늘어나는 추세이고, 박물관학 분야로부터도 점점 더 많은 관심을 받고 있다. 예를 들어 미국에 있는 공공주택박물관Lower Eastside Tenement Museum, 국립 지하철/철도자유센터National Underground Railroad Feedom Centre, 국립 일본계 미국인 박물관Japanese American National Museum, 관용의 박물관Museum of Tolerance, 남아프리카 공화국에 위치한 제6구역 박물관District 6 Museum과 컨스티튜션 힐Constitution Hill, 스코틀랜드의 세인트 뭉고 박물관St Mungo Museum of Religious life and Art과 네덜란드 암스테르담의 안네 프랑크 하우스Anne Frank House 등이다. 현재 야심차게 기획 중인 캐나다 인권 박물관 Canadian Human Rights Museum*은 세계 인권과 교육을 위한 최대 규모의 박물관이 될 것으로 기대된다.[1]

물론, 사회적 사명감을 전면으로 드러내는 이런 소수의 박물관들만 이러한 주제에 관심을 가지고 있는 것은 아니다. 세계 곳곳의 다양한 박물관, 전문 기관, 여러 정부의 표현 속에도 편견이 적은 세상을 만들기 위해 모든 박물관이 다각적인 방법으로 공헌해야 한다는 생각이 자리 잡고 있다. 그렇다면 여러 전문 기관과 정부 기관이 발행한 성명서에서 박물관의 역할과 목적, 가치와 나아가야 할 방향을 어떻게 설명하고 강조하는지 살펴보자.

---

* 캐나다 인권 박물관은 2014년 캐나다 위니펙에 문을 열었고, 인권의 진화를 기념하고 미래를 꿈꾸는 공간으로 다양한 프로그램과 상호소통 전시로서, 이해와 존중, 성찰을 위한 공간으로 일하고 있다.

1 이들은 모두 편견과 싸우며 인권을 고취하려는 관심을 가진 박물관들이지만, 각각 다양한 방식을 가지고 서로 다른 목표와 목적을 향하고 있다. 로워 이스트사이드 공공주택 박물관 Lower Eastside Tenement Museum은 '미국의 관문'이라 불리는 맨해튼 로워 이스트 사이드 지역을 중심으로 "다양한 이민과 이주민의 경험을 제시하고 해석하여 역사적 의식과 관용을 고취하려는 목적을 가진다."(아브람, 2002) 국립 일본계 미국인 박물관Japanese American National Museum은 "우리는 미국의 다양성을 지키기 위해, 일본계 미국인의 이야기를 나눈다.(JANM, 2005)

박물관은 여러 학문을 넘나들며 문화적 이해를 배양하고 표현하는 데 있어 타 기관과 비교 불가능할 정도로 많은 잠재력을 가지고 있다.(세계박물관협회ICOM, 2005)[2]

박물관이 제공하는 공공 서비스 중 가장 유익한 성과는 다양한 교육적인 경험이라 할 것이다. 교육은 다원적인 사회에 꼭 필요한 능력을 배양하고, 세계 시민으로서 일상에서 마주치는 여러 문제점들을 해결하는 데 도움을 주기 때문이다. 박물관은 더 이상 사회적 맥락에서 동떨어져 보존, 연구, 전시를 하는 것에만 그쳐서는 안 되며, 그 공적인 역할을 교육을 통해 수행해야 한다. 여기서 교육이란, 탐구와 관찰을 통해, 비판적인 사고를 가능케 하며, 넓은 의미로는 관조하고 대화하는 것을 포함한다.(미국박물관협회, 1992)

박물관은 관람객이 자신이 속한 사회적 상황을 인지하도록 하고, 스스로의 정체성에 비추어 다른 사회 구성원들과의 공통점과 차이점을 돌아볼 수 있게 한다. 따라서, 박물관은 우리 시대의 도전과 문제들을 마음껏 논의할 수 있는 관용적인 장소가 되어야 한다.(영국 문화, 미디어, 체육부 2005:11)

위 성명서에서 보듯이 우리 사회의 연구기관과 정부는 박물관을 자유주의의 가치를 가지고 다양한 사고와 선택을 존중하며 포괄하는 긍정적인 사회적 변화를 이끄는 존재로 인식하고 있지만, 사회 안에서의 '기능'에 초점을 맞추는 사회학적 시각에서는 박물관이 계급주의적인

---

2 2005년 4월, '서로 다른 문화들을 이어주는 박물관'을 국제 박물관의 날의 주제로 발표하며, 언론 보도를 통해 이렇게 언급했다.

방식으로 문화를 전시하여 억압적이고 배타적인 효과를 가져왔다고 해석하기도 한다.

또한 문화 이론이나 역사, 드물지만 관람객 연구 분야의 학자들도 박물관은 '전시물을 중립적으로 전시하는 보관소'는 아니라고 주장하는데, 이것은 객관적인 사실을 전시한다고 여겨지는 과학 박물관조차 예외가 아니다.(던컨, 1995) 오히려, 박물관은 특정한 관점을 만들고 이것을 널리 전달하면서 이념적인 견해에 영향을 주는 '권력의 도구'로 이용되어 왔다는 것이다. 때로는 어떤 특정 집단을 다른 집단보다 우위에 두어 전시함으로써 기존의 권력을 정당화하였고(베넷, 1988; 후퍼 그린힐, 2000), 어떤 사람들에 대해서는 스스로의 가치를 인정하고 소속감을 느끼게 하는 반면, 다른 이들에 대해서는 열등 의식과 소외감을 가지도록 하기도 하였다.(에반스, 1999; 맥도널드, 2003) 때로는 몇몇 사회적 가치를 선택적으로 옹호하여 국가 정체성을 만들고 유지하는 데 이용되기도 했다. 즉, 박물관은 특정 전시물을 골라 조합하여 메시지를 전달하는 방식으로, 사람들이 '다름'을 보는 시각을 교육해 왔으며, 이 외의 다양한 해석과 방식은 가리고 침묵하도록 하는 역할을 했다는 것이다.(맥도널드, 1998; 카프와 크라츠, 2000; 샌델, 2005)

물론, 그동안 박물관이 '다름'을 다루어 온 방식을 사회적, 역사적, 문화적인 시각으로 볼 필요가 있다. 박물관은 전시라는 내러티브 속에 지배층의 가치와 믿음을 실어서 '다름'에 대한 사회적인 담론에도 영향을 미쳤다. 한 예로 19세기의 공공 박물관을 들 수 있는데, 이 시기의 박물관은 주로 진보적 성향의 개인들이 사회 공공의 선을 가져오려는 목적으로 설립한 것임에도, 오히려 불평등한 권력 구조를 강화, 재생산하여 사회 집단 간의 구별을 심화하는 역할을 하였다는 것이다.(베넷) 이 박물관이 사용한 유형별 분류체계는 전시물에 위계를 두어 정렬하는 방식으로 인간 사이에도 '진화론적인 질서'가 있음을 보여 주고자 하였다. 이런 방식은 '다름'을 인종 차별주의적으로 해석하는 것이자, 도덕적으로나 문화적, 기술적으로 서구인이 비서구인에 비해 우월함을 드러내고자 한 것으로 볼 수 있다.(베넷, 1998; 맥도널드 2003)

그러나 박물관이 문화를 악의적인 방식으로 묘사하고 해를 끼친다는 비판적 시각조차도 '결과물'에만 집중할 뿐 '문화를 소비하는 과정'은 외면하고 있다는 평가도 있다.(메이슨, 2006) 다시 말해, 다름에 대해 특정한 시각을 보여 주려는 목적으로 전시를 만든다는 사실에는 집중하면서도, 정작 그렇다면 관람객이 그 전시에 어떻게 반응하고 관여하는지, 그 과정에는 관심을 기울이지 않는다는 것이다. 결국 이런 시각은 관람객의 존재를 전혀 고려하지 않거나, 그저 의도된 메시지를 수동적으로 받아들이는 존재로만 생각한 결과일 것이다.

마찬가지로, 박물관을 긍정적인 사회적 변화를 이끈다고 보는 현대의 관념에서도 관람객의 존재를 크게 고려하지 않으며, 관람객들이 전시를 받아들이는 과정도 자주 간과한다. 박물관은 갈수록 소통에 있어 자신감을 드러내고, 꾸준히 좋은 평판을 얻고 있기도 하지만, 막상 이 소통이 어떻게 이루어지는지를 다룬 실증적 연구는 거의 없고, 박물관이 주장하는 '좋은 결과'를 입증할 만한 이론적인 연구 역시 턱없이 부족하다. 이러한 이유로, 이 책에서는 다양한 학제간의 이론적인 시각과 심층적인 현장 연구를 결합한 혼합주의 연구를 통해, '편견과 싸우는 전시'에 대한 관람객들의 반응을 연구하고 '사회적 주체'로서 박물관에 대한 이해를 높이려고 한다. 여기서 사용한 '편견과 싸우다'는 용어는 문화간 이해와 존중을 높이고 평등, 관용, 인권에 대한 의식을 고취하며, 억압받은 그룹을 부정적으로 표현하는 고정관념을 제기하는 등 여러 노력들을 담은 포괄적인 의미이다. 또한 이 책의 목적은 특정 사회 집단의 편견에 대해 소견을 제기하는 것이 아니라, 사회 안에서 다름에 대한 다양한 대화[3]가 가능하도록 박물관이 영향을 주고 재구성할 수 있는지, 그 가능성을 다루어 보려고 한다.

또한, 이 연구에서는 관람객이 편견과 싸우고 평등을 추구하려는 분명한 메시지를 가진 전시를 보고 이에 어떻게 참여하고 관여하는지, 그 과정과 방식에 집중하고자 한다. 관람객들이 전시를 보고 자극을 받은 후에, 이들 사이에는 어떤 담론과 해석이 일어날까? 전시를 보며 의미를 만드는 과정에서 관람객들은 박물관이 관리하고 통제하는 메시지, 소품 등의 여러 요소로부터 과연 영향을 받게 될 것인가? 만약 그렇다면, 박물관은 편견과 맞서는 그 목표를 이루기 위해서 이런 요소들을 어떻게 사용해야 할까? 또한 관람객이 박물관의 문화적 권위를 받아들이는 자세를 가지고 있다면, 이러한 수용성은 이들이 전시를 해석하는 데 어떤 영향을 줄 것인가? 이러한 의문들을 염두에 두고, 사회적 주체로서의 박물관을 연구한 조사방법을 설명하도록 하겠다.

이 장에서는, 이 과제에 내재하는 몇 가지 주요한 논점, 갈등, 문제점의 윤곽을 잡고 연구 주제들을 다룰 수 있는 중요한 개요를 작성할 것이다. 이 책의 연구 목적과 주요 목표를 풀어내고, 편견과 싸우는 박물관의 역할을 연구하는 데 사용한 방법론을 소개하도록 하겠다. 여기서 언급하는 논점과 주제들은 책 전체에 이어지며 다른 장에서 더욱 깊이 있게 다룰 것이지만, 어떠한 근거와 맥락으로 접근했는지를 위해 이 장

---

3 '사회의 대화'라는 개념은 골드헤이건Goldhagen(1996)으로부터 차용하였다.

에서 간단히나마 소개할 필요가 있다.

박물관과 더 좋은 사회

최근 몇 십 년간, 박물관의 역할과 목적, 책임에 대해서 가히 획기적이라 할 재해석이 이루어졌다. 앞서 말했듯이 박물관은 더 이상 소장품 관리에만 파고드는 게 아니라, 교육 및 공적 서비스를 제공하고 관람객과 지역사회의 요구에 부응하는 역할을 해야 한다.(웨일, 1999) 최근의 관심은 박물관이 소장품 등 자원을 잘 활용하여 '정직하고 공정한 사회'로 나아가도록 사회적 변화를 이끌 수 있는지, 그 역량에 집중되어 있다. 이런 기대 속에서 박물관은 지역사회와 세계의 관심사에 부합하는 새로운 목표를 세워야 하고, 문화 예술적인 면에서뿐 아니라 사회 속에서 박물관의 가치를 분명히 드러내고, 그 가능성을 증명하며, 최근의 흐름을 잘 반영하도록 실무 내용을 개발시켜 나가야 할 필요가 생겼다.

이와 관련하여, 각각의 지역사회의 상황을 고려하여 각자의 기능과 목적을 보다 폭넓게 재해석한 연구들을 살펴보자. 오스트레일리아 애들레이드 시의 이민박물관은 지역사회의 인종 차별주의에 맞서려는 목적으로 건립되었고, 이와 관련한 다양한 공공프로그램을 진행한다.(제케레즈, 2002) 루스 아브람Ruth Abram(2005)은 뉴욕시의 이민자들에게 영어 수업 및 필요한 정보를 지원하는 공공주택박물관Lower Eastside Tenement의 프로그램을 조명했으며, 조슬린 도드Jocelyn Dodd는 영국 노팅엄 박물관에서 십대들의 임신 문제와 HIV/AIDS 등 이 지역 보건상태의 불평등을 드러내는 다양한 시도를 하고 있음을 다루었다. 또 인디애나 주의 블루밍턴에서는 사회 복지 단체와 협업하며 박물관을 치료의 장소로 사용한 프로젝트가 있었음을 다루기도 했다.(루이 실버만, 2002) 이러한 사례들은, 지역사회의 필요와 쟁점에 부응하기 위해 각각의 박물관들이 사회적인 관심에 동참하고 다양한 방식으로 불평등에 맞서는 역할을 해왔다는 것을 보여 준다. 이렇게, 박물관이 문화적 차이를 받아들이고 '편견이 줄어든 사회'가 되도록 공헌하려는 시도는 몇몇 지역사회 안에서뿐 아니라 전 세계적으로 일어나는 현상으로 보아야 한다.(베넷, 2005)

물론 이러한 여러 시도들은 다양한 사회 변화로부터 영향을 받은 결과일 것이다. 전 세계적으로 인권 담론의 영향력이 커져가고, 서구 사회 인구의 구성비율도 변화하면서, 지난 50년간 소위 '주변부'에 처해 있던 목소리들이 중심이 되어 '새로운 사회운동'을 이끌게 되었다. 다문화주의, 문화적 인종적 차이를 받아들이는 동화주의적 정책에 대해서도 국제 사회의 관심이 커지고 있다. 서구 사회에서는 공적 기금을 보조받는 기관들에 대해 점점 더 많은 책임을 묻고 있으며, 사회적 역할을 통해 스스로의 '가치'를 증명하도록 요구하고 있다. 같은 맥락에서, 국제적으로나 지역사회 수준에서도 이와 관련된 국가정책이 만들어지고 있어서, 박물관의 역할과 책임을 재편하려는 논의에 활기를 불어넣고 있다.

영국(UK)의 박물관들도 정부 정책으로부터 많은 영향을 받았다. 2000년 잉글랜드 지역에서는 영국 정부의 문화, 언론 체육 부서로부터 보조를 받는 박물관, 미술관, 아카이브에 관한 정책 안내서를 발행하였는데, 이를 통해 사회적 차별을 줄이는 데 박물관이 적극적인 역할을 해야 한다는 방침을 공고히 했다.(DCMS, 2000) 같은 시기 스코틀랜드의 자치 문화 정책에서도 박물관은 공적, 자원봉사 단체 등과 협력하여 사회적 정의와 관련된 여러 문제에 대해 중요한 역할을 하기를 기대한다고 촉구하기도 했다.(스코틀랜드 박물관협회, 2000) 그러나 박물관이 더 많은 사람을 아우르는 사회적인 역할을 하기를 촉구하는 이러한 정책 입안에 대해, 문화를 도구로 이용할 위험성이 있다는 격렬한 논란이 일어나고 있는 상황이다. 이 논란에서 중점으로 삼는 여러 문제들, 즉 문화가 가진 고유한 가치와 경제학적, 사회적 가치는 무엇인지, 또 문화 기관과 정부 관계의 본질은 무엇인지 등에 대한 논의 자체는 매우 중요한 것은 틀림없다. 하지만 양쪽의 입장 모두 논점을 지나치게 단순화하는 면이 있고, 그러다 보니 문화적 기관의 책임과 목적에 대한 근본적인 논점을 흐리는 경향도 생긴다. 이 부분에 대해서는 책의 뒷부분에서 따로 다루겠지만, 지금으로서는 박물관의 정책을 만드는 데 있어서 정부의 개입이 중요한 역할을 하는 것은 분명하지만, 그럼에도 다양한 사람들을 포함하고자 하는 박물관의 최근의 방향이 정부 주도적인 정책 안에서 이루어졌다는 것은 사실이 아니라는 것을 언급해 두고 싶다. 박물관은 오히려, 정부의 우선 순위나 권력 관계와 전혀 관계없는 방향으로, 심지어 대항하는 방식으로 그 사회적 목적을 추구해 왔음을 보여주는 사례들이 너무도 많기 때문이다.[4]

동시대의 요구, 현실 그리고 논쟁

사회 여러 부문이 변화하면서, 박물관도 다양한 집단을 재현하는 방

---

4 오스트레일리아 시드니에 있는 오스트레일리아 박물관은 원주민들과 조화를 이루기 위해 여러 시도를 하였다. 린다 켈리Lynda Kelly와 필 고든Phil Gordon의 설명을 참고.

식을 재고해야 할 필요가 생긴다. 토니 베넷Tony Bennet은 이런 변화에 따라 박물관에 규범적인 요구들이 지워지게 되었다며, 이 움직임을 크게 세 가지로 설명했다.

첫째, 박물관 내에서만이 아니라, 박물관들 간의 관계에 있어서도, 사회 모든 부문의 이익을 추구하는 것을 우선 순위로 해야 한다. 두 번째로, 박물관의 전시와 디스플레이는 문화적 차이를 존중하는 방식으로 이루어져야 하고 다양한 문화에 동등한 가치를 부여해야 한다. 세 번째, 이러한 전시들은 논의의 대상이 되는 집단에 대한 충분한 이해와 독특한 관점을 기반으로 하여 기획되어야 한다.(베넷, 2003)

이러한 요구들은 실무자들에게 도전이자 어려움이 되었고, 박물관의 사회적 역할에 대한 여러 논의로 이어졌다. 각각 집단의 정체성이 고정되어 있거나 유일한 것이 아니라 서로 겹치기도 하고 변화하는 것으로 인식되는 상황에서, 박물관은 어떻게 이 모든 집단과 사회 부문을 재현할 수 있을 것인가? 어떤 '다름'을 유효하다고 받아들이고, 어떤 것들을 그저 간과해야 하는 것일까? 이 질문들에 대해 답이 될 보편적인 도덕적 기준이 과연 존재하는 것일까? 만일 그렇다면, 관용과 수용에 대한 그 지역과 상황의 규범을 적용하기보다, 미리 만들어진 보편적 기준을 우선으로 적용해야 하는 것인가? 이러한 기대와 의문, 요구에 답을 찾아가며, 박물관 실무에도 의미 있는 변화가 생겨났다. 지난 몇 년 간, 박물관은 현대적인 관점에서 볼 때 인종 차별을 공공연히 드러내던 전시들을 해체하고 개편하였다. 또 여성, 소수 민족이나 원주민 등 기존에 소외되었던 (그리고 잘못 표현되었던) 집단을 고려하고, 모든 집단을 고루 포함하려는 노력을 하게 되었다. 전시를 만드는 과정에서만이 아니라, 관람객을 계획하거나 박물관 직원을 뽑을 때도 그 지역

사회의 다양한 구성비율을 반영하도록 하는 노력도 함께 하고 있다.

　이러한 변화가 널리 퍼지고 있지만, 다름, 소유, 가치 등 문화적, 국가적 유산의 개념에 대해 혁신적인 재고를 하기에는 아직도 뿌리 깊은 저항이 있으며 최근의 변화도 결국 저항을 숨기기 위한 가면을 쓴 것에 불과하지 않느냐는 의견들도 있다.[5] 실제로 몇몇 박물관은 진정성을 가지고 기존의 재현과 해석 방식에 새롭게 접근하는 등 '다름'을 재현하는 과정에 관람객을 참여시키려는 노력을 하고 있지만, 아직도 대부분의 박물관은 편견과 싸우기는커녕 오히려 강화하는 전시를 계속하고 있기 때문이다.[6] 더욱이, 소외 집단 중 몇몇 집단에 대해서는 보다 공평하게 재현하려는 시도가 있지만, 선택받지 못한 다른 수많은 집단들은 여전히 방치되고 있는 실정이다. 그동안 성적 소수자를 소재로 한 전시가 아주 극소수임을 지적한 연구들이 있었고[7](퓰러, 2001; 베네가스, 2002; 리디아드, 2004)(그림 1-1), 박물관 전시에서 장애인을 거의 다루고 있지 않음을 환기시킨 연구들도 있다.(마조스키와 번치, 1998; 델린, 2002; 오트, 2005)

　또한 박물관의 역할, 목적, 책임에 대한 현대 사회의 패러다임 전환에 대해서도 격렬한 논의가 진행 중이다. 크게 두 가지의 쟁점으로 나눌 수 있는데, 첫 번째 사안은 과연 사람들에게 힘을 부여하고 자유주의적인 사회적 변화를 가져오는 기관으로서 박물관이 스스로 사회적

5　리틀러Littler(2005)와 영Young(2002)을 참고.
6　오닐O'Neil(2004)과 샌델Sandell(2005)을 참고.
7　여기서 '성적 소수자'라는 용어는 게이, 레즈비언이라는 용어보다 더욱 포괄적인 단어로서 사용되었다. 즉 '과거나 현재, 미래에 성적 성향, 정체성, 행동을 이유로 경멸을 당하거나 비난받는 모든 집단을 포함하는' 단어로서, 게이 남성, 레즈비언, 양성애자, 트랜스젠더 등을 포괄한다.(도넬리, 2003: 229)

그림 1-1 영국 남부의 브라이튼 박물관은 상설전시에 레즈비언과 게이를 다룬 작품들을 포함시킨 몇 안 되는 박물관 중 하나다.

변화의 주체로 거듭날 수 있느냐는 문제이다. 이에 대해 한쪽에서는 몇몇 이론가들의 주장으로, '박물관에는 변화가 일어날 수 없고, 그저 급속도로 진부해질 뿐이다'는 입장을 고수한다. 반대편에 선 이론가와 실무자들은 박물관을 힘의 불평등한 관계를 강화하는 기관으로만 보아서는 안 된다고 주장하고 있다. 이들은 지난 시간 박물관이 소수의 집단을 배제하고 도외시하는 역할을 한 것은 사실이지만, 진정한 변화에 헌신한 경우도 많았음을 지적한다. 예를 들면 에일린 후퍼 그린힐Eilean Hooper-Greenhill(2000)은 이런 새로운 형태의 박물관을 '포스트 박물관'이라고 용어를 붙였다. 마스틴Marstine은 이 입장을 이렇게 정리하였다:

'포스트 박물관'이 우리 사회에 구체적으로 자리 잡았다고 보는 시각을 가진 이들은, 그 증거로서 박물관이 소외되었던 여러 집단과 대화를 시작하고 파트너십을 맺고 마땅한 권력을 돌려주고자 하는 시도를 하고 있음을 제시한다. 이들은 동네 박물관부터 커뮤니티 센터, 대학 박물관에 이르기까지 다양한 기관들이 생겨나고 재편되는 과정에서 인종, 민족, 계급과 성별 등을 고루 재현하는 데 노력을 기울이고 있다는 데 큰 의미를 둔다.(마스틴, 2005)

이런 시각은 박물관의 가능성을 낙관적으로 바라보며, 현대 사회에서 권력이 작용하는 방식 또한 변화하고 있다는 것을 제시한다. 이들은 지배 세력과 엘리트들이 일방적으로 패권주의적인 '힘'을 휘두르며, 이에 따라 박물관의 사회적 역할과 목적이 움직인다고 보는 '권력의 이론'에 이의를 제기하고, 푸코Foucault에게서 영향을 받은 현대 사회학적 분석을 받아들인다. 즉 권력은 해체되어 있고, 상황에 따른 것이며, 또 얼마든 움직일 수 있다는 것이다. 이런 방식으로 권력을 이해한다면, 현대 박물관의 새로운 계획들을 사회 질서를 유지하기 위해 정부가 교묘하게 고안해낸 것으로만 치부하는 것은 심각한 오류가 된다.

두 번째는 아마도 가장 논란이 되는 사안일 텐데, 문화 기관이 사회 변화에 영향을 줄 수 있다면 과연 어느 정도까지 동참해야 하느냐는 것이다. 박물관이 문화/자연 유산을 보존하고 기록하고 전시하는 '주된 사업'을 자율적으로 해나갈 수 있도록, 사회 정치적 문제에서 동떨어져 자유를 보장 받아야 한다는 의견도 있다. 다른 한쪽에서는 박물관은 사회 기관으로서 사회적 가치에 반응하고 영향을 주도록 노력할 책임이 있다는 생각이다. 박물관의 사회적 역할과 책임을 고민하는 실무자들은 이 가운데서 어느 쪽으로도 결정하지 못하고 우왕좌왕하고 있다. 어떤 실무자들은 '박물관이 세상을 바꿀 수 있다'고 주장하는 자기 과장적인 해석을 불편해하기도 한다. 또 다른 사람들은 박물관을 사회 변화를 이끄는 기관으로 볼 때 불거지게 될 도덕적 딜레마와 위험을 의식하면서, 그 불확실성에 대해 불안해 한다. 편견에 반대하는 박물관에 내재한 이런 갈등과 어려움은 이 책 전체에서 계속 다루게 되겠지만, 이와 관련하여 이 연구에서 나온 발견은 결론 부분에서 다시 설명하도록 하겠다.

관람객에게로 향하는 시선

'다름'을 보는 방식을 개선할 수 있는 사회적 기관으로서 박물관은 폭넓은 신뢰를 받고 있지만, 앞에 언급했듯 이 일이 어떻게 이루어지는가, 그 '과정'에 대해서는 거의 알려진 바 없다. 실제로, '문화적 산물이 생산되는 과정'에서 '관람객이 받아들이는 과정'으로 초점을 바꾸는 근본적인 변화가 있었고, 박물관은 사회적 가치를 심어 주고 다름을 새롭게 보는 방법을 길러 왔지만, 그 효과에 대해서는 거의 다루어지지 않은 것이다. 다시 말해, 박물관이 편견과 맞서고 반대하며, 인권을 지지하고 공동체 간에 존중을 확대할 수 있다는 가능성이 지지를 받고 있지만, 이 믿음을 객관적으로 입증할 이해와 증거가 부족하다.

지난 25년간 스튜어트 홀Stuart Hall 등 학자들이 획기적이고 영향력 있는 연구를 다수 발표하였고, 그 결과 문화학과 미디어 이론 분야에서 박물관과 관람객의 관계에 대대적인 재정의가 이루어졌다. 전통적으로 일방적인 영향을 받는 존재로 여겨졌던 '수동적인 관람객'들은 이제 메시지를 직접 만들고 문화적 산물을 만드는 과정에도 적극적으로 참여하는 존재로 이해하게 되었다.(홀, 1990) 원래 초기 박물관 관람객 연구는 대부분 '컨베이어 벨트' 모델에 기반하고 있었다.(맥도널드, 2002) 이 연구 모델에서 전시의 성공 여부는 이미 박물관이 의도한 메시지를 관람객이 어느 정도로 '바르게 흡수하였느냐'에 달려 있다고 보았다. 이런 접근은 관람객을 '주체적 존재'로 인식하지 못한다는 점에서 갈수록 비판을 받게 되었고, 이후 관람객이 문화적 산물을 무궁무진한 방법으로 사용할 수 있는 '적극적인 존재'로 보는 '새로운 사상'이 출현하게 된다.(같은 책)

6장에서 더 자세히 다루겠지만, 스튜어트 홀은 기호화 해독 모델을 통해 미디어에 담긴 의미가 관람객에게 '어떤 영향을 주는가'로부터, 관람객이 어떤 의미로 '받아들이는가'로 그 초점을 바꾸어 놓았다. 관람객들은 이제 '독자적인 주체'로서, 메시지를 흡수하는 대상이 아니라 함께 만들어가는 입장이므로, 그들 자신이 만들어낸 의미는 박물관이 애초에 의도한 것과 완전히 다를 수도 있을 것이다. 이렇게 되면 '관람객에게 시선을 돌리는 것'은 사회적인 메시지를 만들고 편견과 싸워 왔던 박물관으로서는 흥미로운 도전이자 어려움이 될 수 있다. 이 과정에서 '오해'의 가능성'이나 '부메랑 효과'가 일어날 수 있다는 것인데, 즉 의도한 메시지가 무시당하고 끝나는게 아니라 도리어 반대의 의미로 되돌아올 수 있다는 것이다. 그러므로 관람객이 적극적인 존재라는 개념을 받아들임으로써, 편견에 반대하는 전시를 보고서 관람객들이 아주 다양한 반응(인종 차별주의적이거나 성차별주의, 동성애차별주의 등을 포함하여)[8]을 할 수 있다는 것을 의미하게 된다.

특히, 최근 박물관 교육분야에서는 채택하고 있는 구성주의 이론은 편견과 싸우기 위해서 방문자의 태도와 가치 체계를 바꾼다는 그 간의 전제를 위협하는 것이기도 하다. 조지 하인George Hein은 학습은 관람객이 결정하는 것이며, 표준적인 진리를 받아들이는 것이 아니라 이미 학습자가 가지고 있던 지식과 결합하여 '의미가 만들어지는지'가 관람객의 학습 여부를 결정짓는다고 했다. 예를 들어 구성주의 학습을 채택한 전시는 다양한 시각을 제시하겠지만, 정작 관람객들이 이 전시물을 보면서 자신의 삶과 경험을 유물에 연결하고 투영할 수 있어야 하는 것이다. '열린 결론'의 교육을 표방하는 이와 같은 접근은 '어떤 반응과 의

---

8 이 책 전반에서 헤테로섹시즘(이성애주의)과 호모포비아(동성애 혐오)라는 단어를 사용했는데, 이것은 성적 소수 집단을 향한 편견을 나타내는 용어로 쓰였다. '호모포비아'만큼 자주 쓰이지는 않지만, 헤테로섹시즘은 이 연구의 주제에 더 알맞은 용어인데, 편견을 개인적으로 이해하기보다 담론적인 성향을 담고 있기 때문이다. 이 부분은 2장에서 더 자세히 다루고 있다. 캐스 웨스턴Kath Weston은 이렇게 설명하였다. "정신의학 진단 분야에서 말하듯이, 호모포비아라는 단어는 병적이거나 이상 행동을 의미하는 것만이 아니라, 이것이 각 개인이 해결하고 책임져야할 상태임을 뜻한다. 그러나 헤테로섹시즘이라는 용어는 게이와 레즈비언을 향한 억압이 사회적으로 구축된 것이며 여러 요소에 의해 복합적으로 만들어된 것임을 뜻하는 단어다."(1991: 223)

제1장 | 박물관과 더 좋은 사회

미'만이 정당하다고 '허락'하여 제한을 가한다든지, 일방적으로 가르침을 주려는 자세에 대해 매우 경계한다. 오히려 박물관이 관람객에게서 배울 수 있다는 구성주의의 학습에 비추어 볼 때, 관람객이 편견적이라고 해서 이것을 바꾸려는 시도는 무효하며, 심지어 일탈적이라고 볼 수 있는 것이다. 이제 박물관이 편견과 맞서 싸울 역량에 의문을 제기하는 이러한 이론적 시각을 살펴보면서, 그렇다면 박물관이 편견과 싸우는 역할을 어떻게 수행할 수 있을지, 다양한 방법을 모색해 보는 기회로 삼을 것이다.

편견을 반대하는 메시지에 대한 관람객의 반응

편견에 맞서는 메시지를 기호화해서 사용한 미디어를 살펴보고, 관람객이 이 안에서 어떻게 의미를 구축하는가를 알아본 연구는 그리 많지 않다. 한 가지 주목할 만한 연구는 1951년에 유니스 쿠퍼와 헬렌 디너맨Eunice Cooper and Helen Dinerman이 영화 '바보같이 속지 마시오Don't be sucker'를 관람한 관람객 반응을 연구한 것이다. 20분 분량의 이 영상은 차별의 위험성과 편견의 가벼움을 보여 주어 관객들의 태도에 영향을 미치고자 제2차 세계대전 중에 미 군부대에서 제작한 것으로, 이 후에 간략한 형태로 편집하여 상업용, 또는 교육용으로 여러 곳에서 상영하였다. 쿠퍼와 디너맨은 이 영화를 본 고등학교 학생들과 성인의 반응을 연구했는데, 영화에서 전하려고 한 개념 중 몇 가지는 여러 집단에 성공적으로 전달되었으나, 반면 이렇게 의도된 메시지가 '부메랑'이 되어 '기대하지 않던 변화'를 가져올 가능성도 큰 것으로 나타났다.

이렇게 많은 사람들이 박물관을 '다름'에 대한 이해와 관용, 존중을

기를 수 있는 공간으로 받아들이는 것을 고려할 때, 전시의 메시지에 대한 관람객의 반응을 연구한 결과물이 별로 없다는 것은 사실 놀랍기까지 하다. 드물기는 하지만 50년대에 이루어진 초기 연구 중에서 사회 주체로서의 박물관을 연구하는 데 어떤 어려움이 있는지를 잘 보여주는 연구가 있어 소개하도록 하겠다.

1953년 1월, 워싱턴 D.C.에서 시작된 일본 예술품 전시는 뉴욕, 시애틀, 시카고에 이어 다음해 12월 보스턴에서 막을 내렸다. 2년에 걸친 이 순회 전시는 일본 정부가 주도한 것으로 두 가지의 분명한 목적을 가지고 있었다. "일본의 전통과 정신문화의 가치를 미국인들에게 알리고, 일본에 대해 호감을 불러일으키는 것"이었다.(로버트 바워와 로리 샤프, 1956) 이 프로젝트의 목적이 어느 정도로 이루어졌는지를 알아보기 위해, 세 곳의 박물관을 배경으로 대규모의 연구가 진행되었다.[9] 전시에 대한 반응을 살피고 일본과 일본인에 대해 태도와 생각에 '효과'가 있었는지를 밝히기 위해서 두 가지 연구 방법이 채택되었다. 첫 번째로, 전시를 보고 돌아간 관람객을 방문하여, 전시를 보고 나서 어떤 생각이 들었으며, 어떤 생각의 변화가 있었는지를 되새겨보도록 인터뷰로 요청하였다.(같은 책) 또 다른 연구는 보스턴에 있는 대학생들을 대상으로, 전시를 보기 전과 본 후에 설문지를 작성하도록 하는 소규모의 실험이었다.

1956년에 이 연구는 '대부분의 응답자들이 이 전시를 계기로 일본에 대한 생각과 태도를 바꾸거나, 호감을 갖게 되지는 않았다'고 결론을 지

---

9 이 연구는 워싱턴 D.C.에 위치한 아메리칸 대학의 재팬 소사이어티에서 수행한 것으로, 존 D. 록펠러 재단에서 연구비를 지원하였다.

었다.(같은 책) 그러나 인터뷰 자료를 보면, 응답자가 긍정적이냐의 문제를 떠나 의견 자체에 변화가 있었으며, 일본에 대한 지식이 전반적으로 늘어났음을 볼 수 있었다. 실제로, 많은 응답자들이 일본 사람들에 대해 새로이 긍정적인 점을 알게 되었다고 생각하고 있었고, 구체적으로 언급하기도 하였다. "일본인에게는 아름다움을 식별하는 능력, 종교와 정신 문화적 가치, 전통적인 공간을 귀하게 여기고, 장인 정신에 높은 기준을 가지고 있으며, 인내와 유머 감각에 중요한 가치를 둔다는 점" 등을 많이 언급하였다.(같은 책) 또한, 몇몇 인터뷰 대상자는 "일본인에 대한 경멸과 편견을 다시 생각해 보게 되었다"고 했고, 몇몇 응답자는 "일본인에게 그런 유머 감각이 있는지는 몰랐다" 또는 "일본의 종교와 나의 종교가 상당히 비슷하다는 것을 알게 됐다"고 대답하기도 했다.(같은 책)

'관람 전과 후'를 조사한 설문지에서도 응답자들의 생각의 변화가 드러났다. 설문지는 일본인을 설명하는 몇 가지의 항목에 관람객이 동의/비동의를 표시하도록 하였다. 그 결과, "일본인은 생명의 가치를 하찮게 여긴다"는 항목에 전시 관람 전에는 59퍼센트의 응답자가 동의한다고 하였지만, 전시를 본 후에는 49퍼센트만이 동의한다고 응답했다. "대부분의 일본 문화는 다른 문화로부터 가져온 것이다"는 항목에 대해서는, 전시 관람 전에는 31퍼센트가 동의했지만 보고 난 후에는 22퍼센트로 줄어들었다.(같은 책)

더욱 흥미로웠던 것은 관람객이 전시의 목적을 읽고, 오히려 그와 반대되는 반응을 보이는 경우였다. 원래 일본인에 대해 호의적이지 않았던 관람객들은, 전시를 보고 나서 오히려 비호감을 공고히 할 새로운 이유를 찾거나, 편견이 더 심해졌다고 말했다. 연구는 "이런 방문자들은 일본인은 호전적이고, 사나우며 잔인하다는 평소의 생각을 전시를

통해 더 확실하게 굳히게 되었다"고 설명하고 있다.(같은 책)

　보워와 샤프의 연구에서는 미국 관람객의 태도를 새롭게 형성하고자
한 이런 시도의 배경이나 사회문화적 맥락에 대해 자세히 언급하고 있
지 않다. 구체적으로 언급하고 있지 않다. 하지만 이 프로젝트가 전쟁이
막 끝난 상황에서 기획되었음을 보면 그 이유를 어느 정도 짐작할 수 있
을 것이다. 또한 이 연구나 쿠퍼, 디너맨의 연구에서 사용한 용어와 연
구 계획을 보면, 1950년에 성행했지만 지금은 여러 분야에서 비판하고
있는 '상호작용 모델'을 반영하고 있다. (미디어-관람객의 관계와 상호작용
모델이 어떻게 변화해 왔는지에 대해서는 5장에서 구체적으로 논의할 것이다.)

　1950년대 연구들에서처럼, 박물관이 관람객의 '문화적 차이'에 대
한 생각에 영향을 줄 수 있다는 생각은 오히려 '정반대의' 또는 '일탈
적인' 영향을 줄 수도 있는 가능성 역시 있는 것으로는 볼 수 있다. 한
예로, 노팅엄 캐슬 박물관Nottingham Castle Museum은 2000년에 있었던 전
시의 개요 설명에 작가 앨리슨 래퍼Alison Lapper(그림 1-2)의 말을 빌려 그
전시 의도를 명시했다.

　　나의 작업은 나에 대한 다른 사람들의 태도를 반영한다. 나는 아름
　다움, 정상, 장애, 성(性)에 대해 의문을 표시하고 변화를 불러일으키
　고 싶었다. 장애인으로서의 나는 못생기고, 성생활도 하지 않으며, 내
　성적이고, 무력하고, 비참할 것이라는 다른 사람들의 인식과 자주 대
　면하곤 한다.

　　그러나, 나는 내가 그렇지 않다는 것을 알고 있다.

　　그리하여 나는 작업을 통해, 나 자신을 내가 선택한 언어로 표현한
　다⋯⋯.(샌델, 2002)

그림 1-2 무제, 앨리슨 래퍼, 2000

이 전시에 대한 불만의 글과 코멘트를 보면, 이 전시가 그 목적과 의도를 분명하게 드러내고 있었음에도 관람객이 이와 완전히 반대되는 방식으로 전시를 재구성할 수도 있다는 것을 보여 준다. 노팅엄 출신인 한 여성 관람객은 친구들과 박물관에 왔다가 이 전시를 보게 되었다고 썼다.

특히, 장애 여성과 아기가 같이 있는 사진 작품을 보고 우리 모두 기분이 상했습니다. 오래 전에 유행했던 '괴물 쇼'처럼, 때 지난 사기 쇼로밖에 보이지 않았어요. 오늘날 우리가 살고 있는 이 시대에 '정치적으로 정당해야만 한다는' 압박이 있다는 것은 알지만, 이 노팅엄 캐슬(성)은 이른바 '현대 미술'이라고 불릴 그런 작품들을 전시하기에 적합한 장소가 아니라고 생각합니다.

비슷한 예로, 기자인 필립 구레비치Philip Gourevich는 칼럼을 통해 미국 홀로코스트 추모 박물관United States Holocaust Memorial Museum의 관람객의 반응을 이렇게 묘사했다. "관람객들의 다양한 반응을 보면, 박물관 울타리 안에서 새로 배우는 것들만큼이나, 그들도 자신이 가지고 있던 다양한 신념과 믿음을 박물관에 가지고 왔다는 것을 알게 된다." 짧지만 강력한 이 예시들은 결론을 뒷받침할 결정적 증거라고 할 수는 없어도, 편견과 싸우는 박물관에서 일어나는 실제적인 문제를 지적하고, 새로운 관점에서 깊이 있는 조사의 필요성을 역설했다는 데 충분한 의미가 있을 것이다.

예측불가한 것에 틀을 잡다

그렇다면 편견과 싸우는 박물관의 역할에 있어서 이러한 연구의 결과가 의미하는 바는 무엇일까? 같은 전시를 보고서도 관람객이 각각 개인적이고 다양한 의미를 만들어내고 실현한다면, 과연 박물관은 이들이 편견에 반대하도록 이끌 수 있을 것이며, 그렇다면 어떻게 가능할 것인가? 여러 이론이나 경험적 연구에서는 미디어를 대하는 관람객의 반응이 너무나 다양하며 예측 불가능하지만, 문화의 생산자도 이 반응에 어느 정도 영향력을 미친다고 주장한다. 스튜어트 홀이 말했듯이, 문화적 산물이 만들어지는 과정에서 생산자가 염두에 두고 심어 두었을 메시지와, 그 메시지를 해독하는 관람객 사이에 어떠한 연결점이 있을 것이라는 것이다. "그게 아니라면 전시에서 의미 있는 의사소통은 아예 일어나지도 않는다고 봐야 할 것이기 때문이다."(홀, 1990) 즉, 편견을 개선하려는 목적을 지닌 박물관이 관람객에게 영향을 미치는 변수들을 찾아내기 위해, 어떤 해석의 틀, 신호, 또는 자원을 제시하는지를 살펴보아야 한다. 이를 위해서는 관람객의 전시의 만남을 더 깊이 들여다 볼 필요가 있다.

문화적 권위 vs 독자의 저항

미디어를 연구하는 많은 이론가들은, 관심을 받으려 경쟁하며 여러 매체가 쏟아붓는 수많은 메시지 속에서, 독자들은 점점 더 시달리게 되었다고 말한다. 실제로 텔레비전, 신문, 극장, 영화, 박물관 등 다양한 미디어에서 쏟아지는 메시지 중 얼마간은 독자에게 인지되고 소비되지만, 선택받지 못한 것들은 무시되고 버려진다. 그렇다면, 박물관이 다른 미디어에 없는 독특하고 구체적인 속성을 지니고 있다면 이것이 관람객의 선택에 영향을 미치는 요소로 작용할 것이다. 과연 박물관이 차지하고 있는 '권위 있는 지식을 제공하는 기관'이라는 문화적 위치가 편견과 싸우는 데 있어서 더욱 효과적인 영향력을 발휘할 것인가? 샤론 맥도널드Sharon Mcdonald는 런던 과학 박물관을 배경으로 관람객들이 박물관의 문화적 권위로부터 영향을 받는다는 가설을 뒷받침하는 연구를 발표한 바 있다. 대다수의 방문자들이 박물관이 '똑 떨어지는 정답'을

제공할 것이라는 기대를 가지고 박물관에 온다는 것이다. 과학 박물관
이라는 특성상 객관적인 내용을 다룰 것이라는 인식이 관람객에게 어
느 정도 영향을 미쳤겠지만, 그렇다고 해도 관람객 연구에서 박물관의
권위를 고려하지 않을 수 없다는 것을 반증하는 예라 할 수 있다.

더욱이, 박물관의 문화적 권위(문화의 의미를 결정하고 그 의미를 권위 있
게 전달하는 능력을 말한다)는 시간이 갈수록 진화해가며, 전시 기획에서
도 이 문화적 접근을 이용한 새로운 시도들이 점차 늘어나고 있다. 예
를 들어, 관람객에게 전시가 '재구성'된 것임을 드러내거나, 전시는 본
질적으로 편파적일 수밖에 없음을 의도적으로 노출시키는 방식, 또는
관람객을 전시의 의미를 만드는 데 참여시키기 위해 다양한 해석적 기
법을 이용하기도 한다. 그러면서 박물관과 관람객의 관계도 변화하고,
새로운 형태의 권력이 만들어진다는 것이다. 이 부분은 6장에서 다룰
것이며, 이 시점에서는 능동적이든 저항적이든, 전시를 해석하는 독자
에게 중요성을 두는 입장(의미를 형성하는 데 있어서 관람객의 역할에 가장
중점을 두는 시각이다)과, 박물관을 믿을 수 있고 권위를 가진 지식 전달
기관이라는 개념(의미를 만드는 데 있어서 관람객보다는 박물관에 그 역할을
맡겨도 좋다는 시각이다) 사이에 갈등이 있다는 것을 밝혀두겠다.

여기서 우리가 관심을 가져야 할 부분은 이러한 박물관의 문화적 위
치와 권위가 사회적 대화를 형성하는 데 있어서 얼마나 효율적으로 사
용될 수 있는지를 알아보는 것이다. 개인적으로 느끼기에, 현대 박물
관학 실무에서 도덕적인 (타협 불가능한) 문제를 지지하고 이끌어내려
는 노력은 소위 '인기 없는 것'으로 여겨지는 듯하다. 최근 몇 년간 많
은 전시에서 학예사의 권위적인 의견을 내려놓고 다양한 사람들의 시
각을 담도록 하였으며, 미리 어떤 판단을 내리지 않고 관람객들이 직

접 결론을 정하도록 하는 노력들도 보인다. 물론, 이 시도들도 어떤 의견은 알맞은 것으로 받아들여 포함시키고, 어떤 것들은 아예 지워버려 들르지 않게 하는 등, 일련의 선택의 과정을 거친 결과물 일것이다. 물론 다양한 여러 의견을 포함하는 것, 그 자체도 가치 있는 시도라 하겠지만, 다음 장에서는 다양성에 중심을 두면서, 오히려 논란이 될만한 사안에 대해 박물관이 입장 표명하는 것을 기피하게 될 수도 있다는 점과, 이것은 편견에 맞서는 데 있어 박물관의 역량이 축소되는 결과를 가져올 수 있음을 지적하려고 한다. 다시 말해, 다양한 시각을 포함시키면서도 그 간극을 적절히 중재하는 데 실패하면, 박물관은 '우리 모두가 동등한 가치를 가지고 있는 건 맞지만, 군이 그렇게 되기를 원하지는 않는다'는 역설을 내포하는 것이 된다.

관람객의 반응 조사

이번에는 이 연구의 주요 이론적 사안들과 그 안의 여러 갈등을 살펴보면서, '다름'에 대한 사회의 이해를 (재)해석하는 박물관의 역할을 연구하는 데 생길 수 있는 갈등을 짚어보고자 한다. 또한 편견과 싸우려는 목적을 가진 박물관의 역할을 연구하는 데 이론적으로, 또 실제적으로도 적합한 연구 계획을 어떻게 조직하였는지 설명할 것이다.

편견에 대한 사회문화적 시각들

편견적 태도와 행동을 가진 관람객에게 박물관이 어떤 영향을 줄 수 있는지에 대한 연구를 계획하며, 처음에는 샤론 맥도널드가 설명한 것과 비슷한 '컨베이어 벨트'를 떠올렸다. 이 모델은 전시를 보기 전과 후의 관람객의 태도를 측정하여, 박물관 경험의 '효과'를 측정하는 데 적합했기 때문이다. 그러나 이 연구를 비판적으로 검토하고 이론적 개요를 세워가면서, 컨베이어 벨트 이론은 이 연구의 목적에는 적합하지 않다고 판단하게 되었다.

그 대신 연구 계획을 세우는 과정에서, 편견에 대해 '사회 문화적 담론'으로 접근하는 것이 더 적합하다는 확신을 갖게 되었다. 2장에서 보게 될 담론적 접근은 편견을 개인적이고 병적인 상태(웨더렐과 포터, 1992)가 아니라, 특정 집단은 억누르고 어떤 집단은 우월하게 여기는 사회 안에서 만들어진 구조적인 특징이라고 본다.(같은 책) 개개인의 태도에서 편견과 변화를 '측정'하기보다 이렇게 담론적 접근을 함으로써, 질적 연구의 패러다임으로 이 연구를 바라보게 되었고, 편견을 만들어내고 재생산하는 일상생활 속 대화의 구성적 본질을 알아볼 수 있었다. 그리하여, 질문지를 통해 전시를 보기 전과 본 후의 태도를 비교하는 식으로 측정하는 대신 (앞에서 예로 든 1950년대 보워와 샤프가 일본 예술 전시에 대해 사용했던 연구 방식이다) 결론을 열어두고 관람객과 대화와 설명을 나누며 태도의 변화를 포착하는 식의 심화 인터뷰를 선택했고, 또한 코멘트 카드와 방명록을 참고해 관람객이 자신들의 경험을 보고 느낀 바를 표현한 것을 연구 분석에 적용하였다. 또한 다름, 불평등, 차별과 권리와 관련하여 관람객과 나눈 대화와 이야기는 질적 연구 방식을 사용하여 분석했다. 이 안에서, 관람객이 자주 사용하는 표현과 해석에서 박애주의적이고 관용적이라 할만한 것, 또 편견에 가득 차 있거나 차별적인 것, 심지어는 모순적으로 여겨지는 것들을 골라냈고, 관람객의 언어적 능력을 드러내는 개인적이고 개별적인 설명에서도 일련의 패턴을 찾아보았다. 이 과정에서 연구자인 나의 경험과 가치가 영향을 미치는 것까지 피할 수 없었지만, 그럼에도 새로 개발한 연구 계획이 기존의 방식보다 훨씬 더 비판적이고 탐구적인 관점이 되었음을 언급해 두고 싶다.

'편견'이라는 용어는 사회심리학 분야 외에서는 거의 사용되지 않는 데다가, 문화, 정치적 재현을 담당하는 실무를 연구할 때 사회학적/문화적 연구에서도 자주 사용하는 용어는 아니다. 서로 다른 집단 사이의 관계를 연구하는 사회학적 접근에서는, 편견이라는 용어가 사회의 갈등을 지나치게 개인주의적, 인지주의적, 행동주의적으로 설명한다는 오명마저 쓰고 있다. 그럼에도 이 용어를 택한 것은, 연구자로서 익숙하게 접해 온 단어라는 것(그러므로 설명하는 데 익숙한 용어일 것이다), 그리고 더 중요하게는 '편견과 싸우다'라는 말에 분명한 정치적인 목적이 내포되어 있기 때문이다. 이 목적이란, 사회적으로 원하지 않는 무엇인가를 능동적인 자세로 제거하고자 하는 것을 뜻한다. 반면 '관용', '포괄', '인정'과 같은 단어들은 박물관 분야에서 널리 쓰이고는 있지만 이 연구에 있어서는 그리 만족스러운 용어는 아니다. 이것에 대한 설명은 2장에서 더 다루도록 하겠다.

관람객 심화 연구는 네덜란드 암스테르담의 안네 프랑크 하우스(그림 1-3)와 스코틀랜드 글래스고의 세인트 뭉고 종교적 삶과 예술 박물관(그림 1-4)에서 이루어졌다. 이 연구에서는 적합한 사례를 찾는 것도 중요한 문제였지만, 연구가 이루어지는 장소가 전형성을 띠느냐의 여부도 매우 중요했다. 이것을 염두에 두고, 두 박물관은 명확한 이유에서 연구 대상으로 선정되었다. 비교 문화적 관점으로 다른 문화를 이

그림 1-3 네덜란드 암스테르담의 안네 프랑크 하우스

그림 1-4 스코틀랜드 글래스고의 세인트 뭉고 종교적 삶과 예술 박물관

해하는 데 박물관이 도움을 줄 수 있다는 여러 주장에도 불구하고, '편견과 싸우는 것'을 주된 목적으로 내세우는 박물관은 아직도 소수에 불과하다. 그러나 이 특수한 박물관들이 전형적인 박물관보다 관람객에 대한 '효과'를 연구하기에 적합한 공간이라 할 수 있다. 즉, 극단적인 사례를 대표하기 때문에 더욱 적합한 예로 볼 수 있는 것이다. 이러한 사례 연구에서는, '특정 요소'는 그 효과가 '두드러지게 극대화되는 예를 통해 보아야'(덴스컴, 1998) 한다는 것이다. 또한, 이 박물관들은 어떤 부분에서는 '극단적'이지만 전체적으로 전형성(대표성)을 지니고 있어, 이 연구의 결과를 일반화하는 데 도움이 된다. 예를 들어, 다른 박물관과 마찬가지로, 안네 프랑크 하우스와 세인트 뭉고 박물관은 두 장소 모두 관람객과 소통하기 위한 방식으로 전시와 교육 프로그램을 활용하고 있고 두 전시에서 활용하는 해석적 도구들도 점점 많은 박물관에서 볼 수 있는 것들이다. 또한, 관람객의 상당수는 두 박물관의 사회적인 목적과 사명을 특별히 인지하지 못한 채, 다른 박물관과 다를 바 없이 여기고 방문한다는 점도 주목할 만하다. 이러한 조건들을 볼 때, 이 연구는 단순히 두 박물관에서의 관람객의 수용 과정에 국한된 것이 아니라, 다른 박물관에 적용하여 전반적인 박물관의 책임과 역할을 볼 수 있는 일반화가 가능하다. 그렇게 하여, 조금이라도 덜 불공평하고 덜 편협한 사회를 만들기 위해 서로 다른 사회적 맥락의 다양한 박물관들에게 어떤 역량과 가능성이 있을지를 탐구할 수 있을 것이다.

한편, 이 연구 공간들을 선택하게 된 또 다른 이유는 두 박물관의 독특한 속성 때문이다. 두 장소 모두 편견과 싸운다는 목적을 제시하지만, 각 박물관이 중점을 두는 편견의 종류, 해석을 위한 전략, 그 목표를 이루기 위해 사용하는 '방법'은 서로 다르다. 안네 프랑크 하우스는

'현대 사회의 또다른 나치즘인 반유대주의, 인종 차별주의, 외국인 혐오 등과 싸우는 것'과 '인류가 독특하고 개별적으로 받아들여지고 법 아래서 동등하게 취급받는 다양한 민주주의 사회를 건설하는 것'을 목적으로 한다. 이를 위해, 안네 프랑크 하우스는 주로 특별 전시와 관람객이 반응하고 소통하게 하는 해석적 기술을 사용한다. 이 특별 전시는 박물관 관람의 마지막 순서에 자리하여, 관람객들이 현재의 편견, 차별과 관련한 사례들을 보도록 꾸며져 있다. 이 연구를 진행하는 중에는 '탈선'Grensgevallen, (Out of line)이라는 전시가 열리고 있었는데(그림 1-5), 이 전시는 인종 차별주의적인 것만이 아니라 성적 지향, 장애, 종교 등의 다양한 문제에 대한 편견을 다루고 있다. 또한 '탈선' 전시는 멀티미디어를 활용해서, 우리가 사는 사회의 '실제 생활' 속에서 기본 인권, '표현의 자유'와 '차별로부터 보호받을 자유'가 서로 부딪쳐 갈등을 빚는 딜레마에 대해 관람객들이 생각해 보도록 했다.

세인트 뭉고 종교적 삶과 예술 박물관은 '글래스고 박물관협회'라는 지역 단체가 운영하는 여러 박물관의 하나로, 시공을 초월하여 사람들의 일상적인 삶에서 믿음이 얼마나 중요한가를 살펴본다. 이 박물관은 다른 종교 간에, 또는 무신론자와도 서로 이해와 존중을 증진하려는 목표를 가지고 세워졌다.(오닐, 1994) 특별히 세인트 뭉고 박물관을 연구 대상으로 정한 이유는, 안네 프랑크 하우스에서는 이 목표를 위해 특별 전시를 기획하여 활용하지만, 반대로 세인트 뭉고는 상설 전시와 소장품을 중심으로 하여, 각 전시물 간의 관계를 생각하고, 이 전시물들의 해석을 고려하여 배치함으로써 박물관의 목적을 달성하려고 했다는 점 때문이다.(그림 1-6)

관람객 심화 연구는 이 두 장소에 국한하여 이루어졌지만, 다양한 정

그림 1-5 안네 프랑크 하우스의 '탈선' 전시

그림 1-6 인도 남부의 힌두 신 시바 나타라자 청동상(자료 제공: 글래스고 박물관연합)

치적 사회적 상황에 놓여 있는 박물관에도 이 연구의 발견들을 적용할
수 있도록, 6장과 7장에는 다양한 박물관의 예를 제시하였다. 이 연구
는 지역성을 가진 공간을 조사하여 나온 결과물이지만 더 넓은 범위의
장소들에도 적용하는 것이 타당하도록 박물관-관람객 관계의 이론을
정립하는 것을 목표로 하고 있기 때문이다.

연구의 방법과 자료 출처

사례 연구의 가장 큰 장점은 다양한 출처에서 자료를 추출할 수 있고
수집 방식도 다양하게 할 수 있다는 것이다. 로버트 인Robert Yin이 언급
했듯, "사례 연구에서의 발견이나 결론은 출처가 다양한 경우 훨씬 더

　　　　　　　　　　　　　　　제1장 | 박물관과 더 좋은 사회

설득력과 정확성을 지닌다."(인, 1994) 따라서 관람객과의 심화 인터뷰를 진행하며, 관람객의 코멘트, 박물관 직원들과의 인터뷰를 사용하였고, 전시실 내의 방문객 관찰을 포함하여 맥락에 맞는 풍성한 연구 자료를 확보하였다.

개인 관람객이 박물관에서 경험하고 무엇인가를 얻을 때, 당연히 나이, 성별, 민족 등 여러 요소로부터 영향을 받기 때문에, 할 수 있는 한 다양한 참여자를 확보하려고 노력했다. 그러나 박물관 전체 관람객의 프로파일을 포괄하는 샘플을 얻으려고 의도적으로 노력하지는 않았다. 이런 방식은 양적 연구에서 자주 사용하는 것으로, 응답자의 사회적 특성에 따른 반응을 연구할 때 적합한 것이기 때문이다.

책의 구성

1장에서, 박물관학의 이론과 실무의 새로운 경향을 검토하면서 이 연구에 대한 전체적인 목적과 이유를 설명하고, 편견과 싸우는 박물관의 영향력을 분석한 연구가 너무도 부족함을 밝혔다. 이어서, 연구의 주요 쟁점과 주제를 소개하였고, 사회적 주체로서의 박물관을 연구하는 데 핵심적인 이론적 갈등과 방법론상의 문제점을 설명하였다.

2장에서는 다양한 분야의 이론적 시각들(주로 관람객 매체연구, 담론 분석과 사회심리학)을 조화시켜, 연구에서 목표로 하는 과제를 해결할 수 있는 이론적 체계를 세우려고 하였다. 편견에 대한 연구는 대부분 심리학에 기반을 두지만, 이 책에서는 사회 문화적으로 접근해 볼 것이다. 일상생활 속의 대화와 글을 분석하여, 편견이 어떻게 형성되는지 그 구성 요소를 살펴볼 것이며, 이를 통해 편견을 정치적, 맥락적으로 이해 해야 한다는 것을 주장하려고 한다. 이런 의미에서 박물관은 편견을 가 졌거나, 편견이 없거나, 또는 이 두 가지가 공존하는 모순적인 사회에 대해 관람객들이 해석해 보고, 의견을 표현하며, 실제 생활에 적용할 수 있는 독특한 공간이다. 이런 맥락에서 박물관과 관람객이 사용하는 언어를 분석하고, 편견을 만드는 구성 요소로서 이 언어들이 어떻게 사 용되었는지를 보아야 할 것이다.

3장에서, 세인트 뭉고 박물관과 안네 프랑크 하우스의 사명, 목적, 상 황을 자세히 다루고 있다. 이 본 연구 기간에 만난 전시 관람객들의 행 동을 분석하고, 이들이 박물관 경험에 어떻게 접근하며, 메시지를 받아 들였는지를 살펴볼 것이다. 또 두 박물관에서 평등에 대한 이해를 높이 기 위해 어떤 해석적 전략을 사용했는지를 살펴보고, 다른 문화에 대한 이해와 존중 등 다소 어려운 주제에 대해 관람객들이 생각해 볼 수 있 도록 어떤 전략을 사용했는지를 다룰 것이다.

4장에서는 미디어-독자(관람객) 이론을 검토하며, 관람객이 전시에 서 기호화된 메시지를 해독하는 과정에서 사용하는 여러 방식들을 살 펴 볼 것이다. 안네 프랑크 하우스와 세인트 뭉고 박물관의 관람객들 은 때로 예측하지 못했던 것들을 발견하고 놀라워하며, 그로부터 영 향을 받는다. 관람객의 다양한 반응을 분석한 개념적 체계는 사회학 자 니콜라스 애버크롬비와 브라이언 롱허스트Nicholas Abercrombie and Bryan Longhurst가 제안한 미디어-독자 이론을 바탕으로 하였다. 이 방법론을 통해, 전시(텍스트)가 박물관과 독자 사이의 주체적 행위에 중요한 영 향을 미치지만, 텍스트를 분석하는 것만으로는 관람객이 반응하고 참 여하는 복합적인 방법을 설명하기에는 부족하다는 것을 주장할 것이다. 즉, 전시를 텍스트로만 볼 것이 아니라, 더 넓은 의미에서 미디어계를 구성하는 여러 자료의 하나로 접근하여야 한다는 것이다. 물론, 이 자료들은 받아들여지고, 활용되고, 널리 퍼질 수도 있고, 또 전용되거나 재기호화될 수도 있고, 아니면 무시되고 반발을 사거나 완전히 거부될 수도 있다.

여러 의미에서 관람객은 능동적인 존재이지만, 박물관 또한 다양한 의미를 만들고 소통하는 역량이 있다. 따라서 5장에서는 편견과 싸우는 데 있어서 유일무이하고 독특한 효과를 만드는 박물관의 역량에 대해 깊이 있게 다룰 것이다. 관람객 연구에서 이끌어낸 자료를 기반으로 박물관이라는 미디어에 대한 관람객의 인식을 연구하고, 다른 미디어에서의 문화 소비와 비교해서 그 특성을 살펴볼 것이다. 여기서 나의 관심사는, 문화적 차이에 대한 규범적 이해를 돕는 다른 미디어(신문, 텔레비전 다큐멘터리 등)와 비교하여 관람객이 박물관을 어떻게 받아들이는지를 보고자 하는 것이다. 박물관의 '문화적 권위'는 독자가 전시를 읽고, 반응하고 또 '걸러내는 데' 어떤 역할을 할 것인가? 또한 이 장에서는, 박물관이 의도한 의미를 소통하고 받아들여지는 데 전시 안의 어떤 해석적 장치와 전시의 단서, 소품 등이 가장 효과적이었는지도 탐구할 것이다.

6장에서는 사회적 주체로서 박물관에 대한 논의를 조금 다른 방향으로 이끌어가고자 한다. 5장에서는 관람객과 수용 과정을 주로 다뤘다면, 이 장은 문화 생산, 즉 전시를 하고 재현하는 데 들어 있는 정치성과 시학에 관심을 두었다. 편견을 지닌 시각에 정면으로 반대하는 전시를 개발하며, 실무자가 대면하게 될 딜레마와 문제점을 보고, 장애와 '신체적 다름'에 대한 편견을 그 예로써 다루어 보려고 한다. 특히, 박물관과 미술관 연구센터에서 진행한 프로젝트를 소개할 텐데,[10] 다양한 박물관을 대상으로 전시에 숨겨져 있는 장애의 의미와 모습을 해석하고, 또 이러한 해석에 학예사가 어떤 태도로 접근했는지를 조사한 것이다. 이 프로젝트가 거둔 획기적인 결과를 보면서, 기존의 다른 박물관 및 매체에서 장애를 어떻게 재현하는지를 살펴보고, 장애인들이 문화적으로 마치 투명인간처럼 취급받는 상황에도 기회와 함께 딜레마가 있음을 논의하게 될 것이다.

마지막 장에서는 이 책에서 다룬 핵심 논점을 모아, 박물관 실무와 앞으로의 연구 주제에 연결해 보려고 한다. 먼저 이 사례 연구에서 나온 생각과 주제들을 폭넓게 적용 가능한지 알아보기 위해 다른 박물관에서의 예를 볼 것이고, 편견과 싸우는 박물관의 가능성을 다른 문화적 기관의 목적과 책임이라는 더 넓은 범위의 논의로 연결할 것이다. 이런 시도는 어떤 정답을 찾으려는 것이라기 보다, 오히려 의문을 제기함으로써, 박물관이 더 많은 실험과 도전을 할 수 있도록 자극하고 논의를 활성화하려는 의도를 가지고 있다.

편견에 맞서기 위해 박물관이 어떻게 중재하고 개입하는지, 그 방식은 간단하게 설명할 수 없다. 이 책에서는, 박물관이 가지고 있는 역량은 다채로운 방식으로 이루어진다는 것과, 편견을 줄이기 위해 박물관이 중재할 때 관람객은 복잡한 과정을 거치며 예측 불가능한 반응을 하기도 한다는 것에 중점을 두려고 한다. 관람객이 '다름'에 대해 이해하는 데 박물관 전시가 어떤 영향을 미치는지를 포착하는 것은, 의미를

---

10 박물관 갤러리 연구센터RCMG는 영국의 레스터 대학Leicester University의 박물관학과 소속 연구기관이며, 조슬린 도드Jocelyn Dodd, 리처드 샌델Richard Sandell, 애니 델린Annie Delin, 재키 게이Jackie Gay, 세리 존스Ceri Johns가 이 프로젝트에 참여하였다.

구성하는 과정에 영향을 주는 다른 요소로부터 분리하여 풀어가야 하기에, 결코 간단하지는 않다. 그럼에도, 박물관 전시에 대한 사회적 영향과 결과를 찾는 데 있어서는 해석주의로 접근한 질적 연구 방법이 유익했다고 생각한다. 다른 요소와 엉켜 있어 구분이 어렵기도 하고, 때로는 찾아내기도 힘들었지만, 이 연구의 풍부한 자료들은 편견이 없는 사회, 더 평등한 사회를 위해 박물관이 할 역할이 있다는 것을 보여 줄 수 있을 것이다. 박물관은 아주 독특한 토론의 장으로서, '다름'에 대한 대화가 시작되도록 촉발하고 자극하는 공간이다. 때로는 서로 다른 공동체의 가치가 충돌하여 분쟁이 일어나지만, 적어도 박물관에서는 이 분쟁을 두고 토론하며 방법을 찾아 나갈 수 있다. 박물관은 실제를 위한 자원과 개념적인 자원 모두를 제공함으로써, 다름에 대한 대화의 특징과 본질을 재구성하고 널리 알릴 능력을 가지고 있기 때문이다. 그리고 박물관이 제공하는 이 자원이란, '다름'을 존중하고 사회 정의라는 개념을 높이고, 편견과 차별에 도전하는 것, 서로를 존중하고 이해할 수 있는 기회의 문을 여는 것이다.

제2장

편견에 대하여

캘리포니아 로스앤젤레스에 위치한 관용의 박물관Museum of Tolerance으로 가보자. 주요 전시가 열리는 관용센터The Tolerancenter에 입장하려면, 관람객들은 두 개의 입구 중 하나를 선택해 통과해야 한다. 첫 번째 문에는 '편견이 있는Prejudiced', 두 번째 문에는 '편견이 없는Unprejudiced'이라고 쓰여 있다. 그러나 막상 '편견이 없는' 입구를 통해 입장하려고 하면, 곧 문이 잠겨 있다는 것을 깨닫게 된다. 결국 관람객은 모두 '편견이 있는' 문을 통해 관용센터에 들어가도록 되어 있었던 것이다.

이 관용센터는 다양한 인터랙티브 전시들을 통해, 편견과 차별이 만들어지는 이유와 이러한 편견이 어떤 결과를 가져오는지를 보여 주고, 우리가 일상생활에서 사용하는 말과 이미지가 어떤 영향력을 갖는지를 조명한다. 이러한 전시들은 개인의 선택이 모두 중요하다는 것을 알리고, 서로의 '다름'에 대해 존중하도록 하는 의도로 기획되었다.(게프트, 2005) 결국, 관용의 박물관은 '편견'이란 '소수의 일탈적이고 무례한 사람들의 특성'이 아니라 '모든 사회에 만연해 있는 모습'임을 알리

그림 2-1 로스앤젤레스에 위치한 관용의 박물관 내 관용센터 입구

고, 우리 모두 어떤 식으로든 편견이라는 문제와 결부되어 있음을 보여주려는 것이다. 앞으로 다루겠지만, 편견을 눈에 보이게 하여 관람객들이 생각해 보도록 하는 이러한 방식은 박물관들이 쓰는 여러 전략 중의 하나이다.

폭넓은 연구와 논의가 필요한 사회 문제로 '편견'이 떠오른 것은 20세기에 와서지만,[1] 이제는 수많은 국가들이 시급히 해결해야 할 사회적 관심사가 되었다.(더킷, 2001) 오늘날 '편견'은 우리에게 익숙하고 자주 사

---

[1] 특히 인종에 대한 편견과 관련해서 더킷Duckitt은 "19세기와 20세기 초반까지도 서구 사람들은 식민주의 사람들에 대해 경멸적이고 부정적인 태도를 가지는 것을 자연스럽게 여겼다. 제1차 세계대전 후에서야 문화적인 차이나 소수 국가 민족에 대해 편견을 갖는 것이 불공평하며 비이성적이고 부정적인 태도로 받아들여지기 시작했다."(2001)고 하였다.

용되는 용어로, '자신과 다르다고 여기는 개인이나 집단을 향해 사회적으로 바람직하지 않은 태도나 행동를 하는 것'을 일컫는다. '편견'의 대상은 상황에 따라 다르지만, 대개 사회 지배층이 젠더, 인종, 소수민족, 계층, 성, 국적, 장애, 종교, 나이, 건강, 경제적 위치 등의 근거를 들어 '다르다'고 규정하는 특정 집단을 향한다.

한편, 편견이라는 용어에서 느껴지는 익숙함 때문에, 이 현상을 정의하고 이해하려는 시도들 사이의 극단적인 차이가 잘 드러나지 않기도 한다. 지난 50년간, 여러 사회 정치적 상황을 배경으로 편견에 대해 방대한 연구[2]가 이루어졌고 다양한 분야에서 이론적 발전을 이루었다. 이렇게 편견을 개념화하고 조사하는 다각적인 방법론들 사이에서 때때로 충돌과 갈등이 일어나기도 한다.

2장에서는 이와 같은 방대한 연구 경향이나 그 발전 과정을 일일히 나열하지는 않을 것이다. 이 장의 목적은 인식론적, 정치적, 방법론적으로 의미가 있는 몇 가지의 주요 입장을 제시하여 편견에 맞설 수 있는 장소로서 '박물관'을 분석하려는 것이기 때문이다. 또한 담론 분석, 사회심리학, 박물관 관람객 연구의 이론적 관점을 근거로 다음의 질문의 답을 찾아보려고 한다. 박물관의 사회적 역할을 연구하는 데 있어 살펴보아야 할 편견의 요소들은 어떤 것들이며, 상충하는 여러 요소들 중에 어떤 것에 가장 중요성을 두어야 하는가? 편견은 어떤 집단을 대상으로 하며, 그 이유와 목적은 무엇인가? 미디어 및 여러 형태의 대중

---

2 이러한 연구들은 격렬한 논쟁이 벌어지던 상황에서 인종 차별 등 여러 사회적 갈등적 상황과 같은 정치적으로 민감하고도 논쟁이 되는 사안을 해결하려는 시도로서 이루어진 것이다. 본 연구는 특별히 인종주의와 연관된 것은 아니지만, '타자화'되어 열등하게 여겨지는 사회 집단에 대한 포괄적인 편견을 다루고 있기 때문에, 기존의 연구가 이루어졌던 정치적인 문맥을 인식하는 것이 도움이 될 것이다.

담론은 편견을 재생산하고 강화하는 과정에 어떤 역할을 해왔는가? 또한, 우리는 박물관이 편견과 싸우려는 이러한 움직임을 어떻게 인식하고, 연구하며, 또 증명할 것인가?

편견의 정의와 개념화

예술과 사회과학 분야에서는 편견에 대해 주로 인식론적, 이론적, 방법론적 관점으로 접근해 왔고, 지난 반세기 동안에는 사회심리학의 주도로 역사, 정치, 경제, 사회학 등 다양한 분야에서 편견을 주제로 많은 연구가 이루어졌다.(브라운, 1995) 그 동안의 사회심리학적 연구는 '편견의 심리 상태'를 연구하는 인지 이론을 기반으로 하고 있어, 편견을 개인의 문제로 바라보는 것이 주된 흐름이었다. 그러나 이러한 접근으로는 편견과 맞서려는 박물관의 사회적인 역할을 설명하기 어려운데, 편견의 현상을 정치 사회학적으로 보지 않을뿐더러, 기관과 개개인이 주체적으로 활동하는 상황을 무시하며, 편견과 증오를 겪는 집단의 실제 경험을 담아내지 못하기 때문이다. 한편, 최근 일어나고 있는 담론 분석 연구는 이러한 개인주의적이고 인지주의적 관점에 이의를 제기하며, 도리어 편견은 '불평등한 사회에서 권력 관계를 재생산하고 유지하는 사회학적 현상'이라고 설명한다. 개개인의 정신 상태와 그 사고 과정에만 집중하는 것으로는 편견이라는 현상을 제대로 이해할 수는 없다는 것이다. 따라서 편견에 맞서는 박물관의 역할을 정의하고 연구하는 데 있어서는 담론적 분석이 더 적절한 방법을 제시해 줄 수 있을 것이다.

정치적 정의 vs 중립적 정의

편견에 대한 정의은 '본질적으로 악하고 사회적으로 바람직하지 않은 것'이라는 부정적인 가치 판단과 추정에 근거하고 있다. 많은 연구자들이 이와 같은 부정적인 정의를 받아들이지만, 편견에 이러한 가치 판단을 개입하지 않고 중립적으로 보고 접근하는 경우도 있다. 마사 아우구스티노스와 캐서린 레이놀즈Martha Augustinos and Katherine Reynolds (2001: 3)는 인지 모델에 대한 관심이 상승하면서 중립적인 정의를 채택하는 경우가 늘어났다고 하였는데, 인지 모델은 '대상을 분류하고 고정관념을 만드는 것'을 자연스러운 인지 과정으로 보기 때문에, 편견 역시 인지 과정의 불가피한 결과로 본다는 것이다. 그러나 편견을 이렇게 중립적으로 정의한다면, 편견의 사회 정치적인 영향력을 부정하는 것이며, 일상생활 속 편견이 담긴 표현이 사회적인 억압, 배제, 차별과 결국 같은 것이라는 점을 간과한다는 이유로 비판을 받는다. 한 예로, 마크 래플리Mark Rapley는 편견에 대해 순수 심리학적으로 접근하는 것이 부적절하다고 주장하는데, 이러한 시각은 개인을 '사회와 관계없이 움직이는 존재'로 보고, 개인의 행동에 대한 도덕적 책임을 회피하게 한다고 주장하며 이러한 비유를 들어 설명했다.

주류 심리학의 관점으로 본다면, 우리는 아돌프 히틀러를 도리어 안타깝게 여겨야 할 것이다. 그는 유전적으로 나쁜 성격을 타고났고, 이것은 그에게 주어진 것이기 때문에 어쩔 도리가 없었을 것이다. 이후에도 그는 무의식적이고 인지적인 고통을 겪었고, 이 때문에 유태인을 그렇게 기생충같이 취급했을 뿐이므로 그는 (그리고 비슷한 고통을 겪

었을지 모를 독일도) 그저 희생자일 뿐이다.(2001: 233-234)

　이러한 가차없는 논평이 의미하는 바는 편견을 '심리 상태'로 본다면, 교육이나 훈련 등 개인적 수준의 개입만으로 해결할 수 있다는 것이다. 르 쿠테와 아우구스티노스Le Couteur and Augustinos는 이렇게 바라보면 사회 구조를 변화시킬 필요성에 관심을 덜 갖게 된다고 하였다. 편견이 단순히 심리 상태가 아니라는 주장은 편견에 정치적 필요와 목적이 들어 있다고 보지만, 한편 편견의 성격이 역동적이고 상대적, 불균등하기 때문에 철학적, 방법론적으로 밝히기에는 어려움이 따른다는 것 또한 인정한다. 또한 어떤 상황에서 사회적으로 수용하기 어려운 현상을 찾아내는 것이나, 사회적으로 받아들일 만한 편견과 '참을 수 없는 편견'을 구분하는 경계 역시 유동적이며 가변적이다.

누구를 향한 편견인가?

　개인적인 용어가 아닌 사회적 용어로서 편견은, 지배 집단에 비추어 '다르다고' 여겨지는 사람들, 즉 힘이 없어 억압받고 무시당하는 사람들을 대상으로 권력을 유지하고, 정당화, 합법화하려는 사회적 관계를 나타낸다. 이렇게 '다름'은 계급적 용어로 볼 수 있으며, 지배 집단의 시각에서 '나와 다를 뿐 아니라 열등하게 여겨지는' 사람들을 향한다. 그러므로 편견의 대상은 정치, 사회적 목적, 상황과 시간에 따라 달라지게 된다.

인종, 국가 정체성, 이민, 다문화주의와 같은 문제들이 어느 사회에나 존재하게 된 지금, 학문적인 연구만이 아니라 정책과 실무적인 측면에서도 인종 차별의 수많은 원인과 결과에 대한 관심이 매우 높아졌다. 예를 들면 후기 식민주의 이론[3]에서는 원시 토착 사회가 겪은 편견에 대한 연구가 많았으며, 서구 사회에서 소수 민족이 겪는 편견에 관한 영향력 있는 연구들이 꽤 이루어져 왔다.[4] 한편, 젠더, 장애, 계층, 성적근원, 종교, 나이, 건강 등에 대한 편견에 더 많은 관심을 보이는 시기와 상황들도 있었다. 20세기 후반부에 일어난 페미니즘, 다문화주의, 게이·레즈비언·장애인의 권리 찾기 등 여러 사회 운동들은 각각의 문제에 대한 편견을 조명하며, 이것이 얼마나 불공정하며 바람직하지 않은지를 알리는 데 성과를 거두기도 했다. 사법적인 체계 역시, 절대적이라고 할 수는 없어도 어느 정도 편견의 관행을 만드는데 영향을 끼친다. 실제로 어떤 정치 사회적 배경에서 특정 형태의 편견을 수용하지 못한다고 할 때, 이런 '불수용'은 결국은 법과 정부 정책의 '틀' 안에서 결정되며, 한번 만들어진 편견은 사라지지 않고 절묘하게 형태만 바꾸어 계속 진화해 나간다. 사회 규범이 변화함에 따라 편견의 관행이 진화해 온 것은 '현대적 인종 차별'이라는 용어에서도 분명하게 드러난다. 여러 연구에서 '과거의 인종 차별'이 극단적인 백인 우월주의자들이 공공연하게 표현하는 공격을 의미했다면, '현대적 인종 차별'은 인종 차별적인 목적을 가지면서도 표면적으로는 오히려 평등주의와 자유주의 논의를 차용하는 형태임을 설명하였다.(르 쿠테와 아우구스티노스, 2001; 워커, 2001)[5]

---

3 아우구스티노스와 레이놀즈Augustinos and Reynolds(2001)의 연구를 참고.

4 미국과 네덜란드의 '일상적 현대 인종 차별'에 대해서는 필로미나 이시드Philomena Essed (1991)의 연구를 참고하기를 권한다.

편견은 여러가지 형태로, 시대와 상황마다 다르게 나타난다. 질 발렌타인과 이안 맥도널드Gil Valentine and Ian McDonald가 영국 내 여러 집단에 대한 편견을 조사한 연구에서도 편견은 계속 변화하며 일관되지 않은 특성을 지닌다고 주장하였다. 이 연구는 영국 백인 주류 집단을 대상으로 여성과 소수민족, 게이, 레즈비언, 장애인, 트랜스섹슈얼과 트랜스젠더*, 집시, 여행자, 망명 신청자들을 향한 이들의 태도를 조사한 것이었다. 연구 내용에 의하면, 대부분의 응답자들은 '아무런 이유없이' 어떤 집단에 대해 편견을 가지는 것은 사회적으로 용납될 수 없다고 하면서도, 이들에 대해 '덜 긍정적인' 감정은 가질 수 있다고 응답했다. 또한 이러한 생각은 정당하고 '이성적'인 것이라고 여기고 있었다. '편견에 관한 이해: 소수를 향한 태도'라는 제목의 이 연구 보고서에서는 당시로서는 망명자들에 대해 편견이 가장 극심하게 드러난다고 하면서, "이들에 대해 편견이 담긴 시선을 갖는 것은 대체로 사회적으로 용인되거나, 최소한의 제제만이 가해진다."고 결론지었다. 존 리처드슨John Richardson도 인종주의를 만들고 재생산하는 영국 언론의 역할을 연구하며 비슷한 견해를 제시하였다.

---

* 트랜스젠더는 자신의 생물학적 성과 다른 성 정체성을 지향하는 이들의 총칭이다. 육체적 외형을 변형하여 원래의 생물학적 성과 다른 성으로 전환하려 하거나 또는 이미 전환한 사람들을 트랜스섹슈얼이라고 부른다.

5 이시드Essed가 설명한 '일상생활의 인종 차별'의 개념을 지지하며, 반 디이크van Dijk는 "인종 차별은 대화 속에서나, 미디어, 사회과학 분야에서 말하듯이 백인 우월주의자의 노골적이고 공공연하며 공격적이고 차별적인 행위만을 의미하는 것이 아니다. 인종주의는 우리의 일상 속에서 표현되는 부정적인 의견이나 태도, 이념과 관련되어 있으며, 겉으로 보기에는 알아차리기 힘든 미묘한 사회적 행동이나 불평등한 조건들을 의미한다. 다시 말해, 사회적 인식과 사회적 행동, 절차, 구조, 기관 모두가 직접적이든 간접적이든 백인 사회를 중심에 두고 소수 그룹을 종속적인 위치에 두는 행위를 돕고 있는 것이다.

대중 매체에 난민에 대해 적대적인 담론이 등장하고, 이 담론은 점점 일상적이고 당연한 것이 되었다. 특히 백인 빈곤층 집단이 이것을 받아들이게 되면서, 난민들은 악한 존재로 여겨지고, 언어적, 육체적으로 공격을 당하고 사회적으로 배제되었다. 즉 난민들이 국경에 들어오는 것을 아예 막지 못한다 해도, 사회적 자원이나 고용으로부터 이들을 배제하여, 결국 기본적 삶의 질을 갖추지 못하도록 만드는 것이다.(2004)

박물관 관람객을 조사하는 과정에서도 편견의 상황성과 유동성이 연구에서 포착되었다. 4장에서 다루겠지만, 이 연구에서 만난 관람객들 중 일부는 평등, 인권, 관용 등을 열렬히 지지하는 반응을 보였지만, 그러나 이들조차도 자신들의 기준에 '관용을 도저히 적용하기 어려운' 집단에 대해서는 예외를 두었다.

편견이 가진 상황성과 변화하는 속성은 전시 기획자들에게 다소 귀찮은 문제로 다가올 것이다. 박물관은 어떤 형태의 편견, 어떤 집단을 향한 편견에 저항해야 하며, 또는 어떤 것을 용납해야하는가? 또 이러한 결정을 내릴 때, 어떤 사회적 체계나 영향력, 권위를 바탕으로 해야 하는가? 모든 사람은 평등하다는 보편주의적 입장과, 편견을 상황적, 역동적으로 바라보며 '편견의 특수성'을 강조하는 입장 간의 갈등을 박물관은 어떻게 중재해야 할까?

이러한 편견의 변화하는 특성에 대해, 오히려 흥미로운 방식으로 대응하는 박물관들도 있다. 한 예로, 국립 일본계 미국인 박물관The Japanese American National Museum의 관장인 아이린 히라노Irene Hirano는 9.11의 여파로 미국 사회에서 무슬림과 아랍계 미국인에 대한 편견과 인종 차별적 행위와 범죄가 늘어나는 상황에 박물관이 어떻게 대응하였는지를 설명하였다.

제2차 세계대전 직후 일본계 미국인들은 12만 명이 감금되는 등 인종 차별을 겪었고, 그 때문에 9.11 이후 아랍계 미국인과 무슬림이 겪고 있는 종교적, 민족적 갈등에 공감할 수 있다. 따라서 이러한 문제에 대해. 이야기하고 개인적, 역사적 경험을 나눌 수 있는 장소를 만들 책임이 우리에게 있다고 생각했다. 이를 위해 박물관의 공공 프로그램을 어떻게 활용할지를 고민하면서, 동시에 이러한 주제를 박물관이 지속적으로 이끌어 나가야겠다고 생각했다. 우리야말로 이런 대화가 이루어지는 장소의 역할을 해야 한다고 믿었기 때문이다.(히라노, 2002: 77-78)

이어 국립 일본계 미국인 박물관은 '타운 홀 미팅Town hall meeting'을 기획하여, 아랍계 미국인 공동체의 리더, 제2차 세계대전을 겪은 일본계 미국인, 당시 인종 프로파일링에 참여했던 연방수사국(FBI) 요원 등을 초대해 이들의 경험에 대해 이야기를 나누었다. 이 모임은 2001년 10월 11일에 공영 라디오 방송으로 방송되었고, 이후 청취자들의 요구로 재방송되기도 하였다.

편견을 상대적으로 바라보는 것, 그리고 역사·지리·문화적 상황과 연계하여 편견을 이해하는 것은 박물관들에게 어려운 도전이기도 하지만, 동시에 기회이기도 하다. 다름이나 수용, 관용에 대한 사회 규범적 해석에 박물관이 어떤 관련이 있는지는 여러 요소를 복합적으로 고려해야 하는 문제다. 이러한 논의들은 이 책의 곳곳에서 드러나겠지만, 결론에서 보다 깊게 다룰 것이다.

편견에 대한 담론적 분석

지금까지의 주류 사회심리학에서는 편견을 '개인의 병리문제'로 인식하고 개인주의적, 인지주의적 용어를 사용하여 정의했지만, 편견을 정치적, 도덕적 근거로 바라보고 더 근본적으로는 사회적 현상으로 설명하는 견해도 있다. 1980년 이후 '담론 분석'은 사회심리학 안에서 비교적 주변부에 위치한다는 한계에도 불구하고, 기존의 편견 연구에 새로운 출발점을 열었다. 담론적 접근은 사람들이 머릿속에서 무슨 생각을 하는가보다는 사람들이 실제로 사용하는 언어에 들어 있는 목적과 구성 요소에 초점을 맞춘다.

사회심리학은 태도나 고정관념, 재현, 상징과 같은 개념을 통해 심리 상태의 '인지적' 내용을 조사하는 데 초점을 맞췄다. 또한 어떤 인지적 구조와 과정을 통해 이러한 인식이 만들어지는지 알아내고자 하였다.(르 쿠테와 아우구스티노스, 2001:216)

이와 반대로, 담론 분석은 편견을 '상호작용'과 소통에 의한 것으로 보고 사회에서 일어나는 대화나 담론에서 드러난다고 본다. 즉, 편견은 힘과 지배, 착취의 관계와 관련된 일상적 언어 습관이나, 공식적, 비공식적 대화를 통해 만들어지고 정당화된다는 것이다.(아우구스티노스와 레이놀즈, 2001: 10) 담론 분석에서는 편견을 '개인의 사고방식의 결과물'

로서가 아니라, 보다 사회적 차원으로, '편견이 담긴 사회의 결과물'로 본다. 그러므로, 편견 또는 인종 차별적 사고를 하는 개인을 분석할 것이 아니라 불평등한 사회에서 만들어지는 담론과 대화을 조사해야 한다는 것이다.(같은 책) 그렇다면 이러한 담론 분석 접근에서는 어떤 방식을 통해 편견을 실증적으로 조사할 수 있을까? 담론 분석에서는 언어가 가진 구성력을 설명하기 위해 공식적인 장소와 일상생활에서 실제로 나누는 말과 대화, 글을 자세히 분석한다. 이것은 편견이 반드시 언어로만 표현된다는 것은 아니며, 실제로 일부 담론 분석가들은 편견이 여러 가지 다른 형태로도 나타난다는 것을 인정하고 있다. 그러나 대체적으로, 담론 연구자들은 차별적 관행이 사회적으로 생산·재생산되는 데 담론이 매우 중요한 역할을 한다고 믿는다.(반 디이크, 1993: 13)

물론 담론 분석으로 편견에 접근하려는 연구자들 사이에도 철학적인 차이가 있다. 몇몇 연구자들은 텍스트의 해석이나 대화는 개인의 인식이 이미 반영된 것이라고 주장한다. 티운 반 디이크는 다음과 같이 분석한다.

텍스트나 말을 사용할 때, 언어 사용자는 '잠재적인 인식 체계'를 통해 그 구조적 특징을 계속 관찰하면서 해석을 거친다. 여기서 잠재적인 인식 체계란 특정한 사건과 지식, 태도, 규범, 가치, 이데올로기와 같은 재현과 기억의 과정을 의미한다. 또한 이러한 담론들은 그 상황에서의 행동만을 담아내는 것이 아니라 그가 기존에 가지고 있던 인식을 반영하는 것으로 볼 수 있는데, 이러한 잠재적 인식체계는 정치, 교육, 학문, 미디어, 기업 사회와 같은 사회 문화적 맥락에서 습득된

것이다.(반 디이크, 1993: 13)

한편 더욱 급진적으로, 비인식론적 측면을 강조하는 입장도 있다. 예를 들어, 조나단 포터와 마거릿 웨더렐Jonthan Potter and Margaret Wetherell 은 다음과 같은 의견을 제시했다.

> 우리는 태도를 인식론적 상태로 보는 데 이의를 제기한다. 이러한 입장을 주장하는 학자들은 개인의 태도를 이론적으로 개념화할 수 있다고 주장하는데, 이것은 개인이 작성하는 설문지에 응답자의 태도가 함축되어 있다는 데 근거하여, 어떤 영구적이고 내재적인 인지 체계가 존재한다는 것을 믿는다.(르 쿠테와 아우구스티노스, 2001: 218)

담론 연구자들은 개인이 처한 시대와 상황에 따라 다른 생각과 평가를 내릴 수 있기 때문에 '태도'라는 용어 대신 '해석적 레퍼토리'를 사용하는 것을 선호하는데, 해석적 레퍼토리는 사람들이 어떤 행동과 사건을 묘사하기 위해 대화 안에서 사용하는 비유, 논거, 대화 등을 통틀어 의미한다. 언어를 내면의 정신 세계를 드러내는 믿을 만한 지표로 여기기 때문에, 전통적인 연구에서는 편견이 담긴 태도와 설명에서 일관성을 찾고자 하였다.(같은 책) 이와는 반대로, 담론 연구는 담론 안에서의 변동성을 더욱 의미 있게 여긴다.

> 사람들이 하는 말은 말하는 시점의 특정 상황에서 그 말이 어떤 기능을 하느냐에 달려 있다. 일상생활의 변화에 따라, 대화 안에서의 상황과 이에 따른 기능은 계속적으로 달라지고 변화한다.(같은 책, 217)

즉, 텍스트와 대화는 기능적, 목적적, 구성적인 특성을 지니며, 특정한 사회적 역할을 수행하고 있다고 본다.

텍스트와 대화의 목적, 그리고 기능

세인트 뭉고 박물관과 안네 프랑크 하우스의 관람객들의 반응에서도 이러한 언어의 기능과 목적을 감지할 수 있었다. 전시를 보고 난 뒤, 많은 관람객들은 '평등', '관용', '과거로부터의 배움의 중요성' 등의 개념에 대해 비교적 명쾌하게 의견을 밝혔다. 다수의 사람들이 인터뷰와 방명록, 코멘트 카드 등을 통해 차별을 비난하였으며, 자신들도 관용을 실천하기를 원한다고 밝혔다. 이러한 코멘트 중 몇 가지를 소개한다.

충분한 설명을 곁들여 근사한 디스플레이를 한 흥미로운 전시! 특히, 다른 신앙을 지닌 사람들에 대한 평등과 관용에 감동받았다. 박물관에 감사를 전한다.(세인트 뭉고 박물관, 2003년 3월 17일)

이 박물관은 인종, 젠더, 종교, 장애, 성적 취향이나 여타 구조적인 차이에 대한 차별과 박해에 반대하는 생생한 증거로서 인간의 권리와 존엄을 나타내고 있다.(안네 프랑크 하우스, 2002년 7월 24일)

이 박물관은 이 도시에서 내가 가장 좋아하는 곳이에요. 달리의 훌륭한 작품을 볼 수 있을 뿐만 아니라, 모든 종교가 존엄하게 대접받는 곳이기 때문입니다. 우리가 사는 세상이 평화롭기 위해서는 이와 같은 열린 시각을 나눌 수 있어야 한다고 생각합니다.(세인트 뭉고 박물관,

2003년 1월 13일)

한마디로 아주 잘 된 전시예요. 여러 종교 작품들이 섞여 전시된 것이 좋았는데, 지금뿐 아니라 앞으로도 우리 모두에게 꼭 필요한 균형적인 시각을 제공해 주는 것이라 생각해요.(세인트 뭉고 박물관, 2003년 4월 9일)

이러한 코멘트들에서 보듯이, 관람객들은 담론적 행위를 사용하여 자신들이 열린 마음을 가지고 있으며, 비편견적이라는 정체성을 확인하고 있다. 다시 말해, 이들은 이러한 확증적인 진술들을 하면서, 자신의 시각과 가치관이 박물관이 재현한 것들과 가깝다는 데 안도감을 느끼고 있다는 것이다.

관람객들의 대화에서 찾아볼 수 있었던 또 다른 기능은, 관람객 스스로 편견이 없다는 것을 재확인하는 것만이 아니라 이런 긍정적인 모습을 다른 사람들에게 보여 주려는 것이었다. 그 예로, 일부 관람객들은 1인칭(나 또는 우리)을 사용하면서 자신을 '박물관의 의도를 수용한 관람객'으로 담론적으로 자연스럽게 표현했다. 아래의 코멘트들에서 보듯이, 이러한 관람객들은 자신들에게도 문제점이 있지만, 이 전시를 통해 배울 수 있었다고 언급함으로써, 스스로를 전시에서 제시하는 관용과 상호 이해의 메시지를 수용하는 입장으로 표현했다.

매우 감명받았어요. 나 자신을 포함해 모든 사람들에게 믿음이나 헌신, 예배가 필요하다는 생각이 들었습니다. 믿음의 표현이 다르더라도, 누구나 신을 필요로 하니까요. 감사합니다.(세인트 뭉고 박물관,

2001년 9월 16일)

우리 모두에게 무언가를 가르쳐주는 전시였다. 두말할 필요도 없이 볼 만한 가치가 있었다.(안네 프랑크 하우스, 2002년 11월 3일)

전시 마지막 부분에 인종 차별과 표현의 자유를 다룬 영상이 아주 좋았다. 이 영상을 보면서 잠시 멈춰 나의 가치관을 되돌아볼 수 있었고 그동안 우리가 내린 많은 결정들이 다른 사람들에게 어떤 영향을 미쳤을지를 생각해 볼 수 있었다.(안네 프랑크 하우스, 2002년 11월 8일)

스스로를 '이미' 관용적이고 진보적인 사람으로 생각하는 관람객들은 입장을 조금 다르게 표현했는데, '편견을 가진 관람객들'을 상정하여 스스로와 대조하기도 했다. 친구와 함께 안네 프랑크 하우스를 방문한 콜로라도에서 온 교사 조앤[6]은 다음과 같이 말하였다.

네덜란드인들의 자유롭고 개방적인 태도를 존중해왔기 때문에 여기 꼭 방문해 보고 싶었어요. 저는 차별과 편견에 대해 강력하게 반대하는 입장이라서, 인종 차별주의자나 편견에 휩싸인 사람들이 이 박물관에서 받았을 감정과는 매우 다른 것을 느꼈다고 생각해요.

비슷한 사례로, 주조 공장에서 일하는 남편과 함께 세인트 뭉고 박물

---

6 읽는 재미를 위해, 인류학 분야의 전통적인 방식을 따라 인터뷰 응답자에게 필명을 붙였다. 인터뷰 과정에서 관람객의 이름을 묻지 않았다.

관을 방문한 비서 출신의 관람객[7]은 다음과 같은 이야기를 들려주었다.

40년 전에 인도 남자와 결혼한 친구가 있어요. 결혼하고는 양가에서 그 부부와 절연하고 두 사람을 보지도 않았어요… 결국 그 부부는 미국으로 건너가 잘 되었지만, 여기(영국)에서는 남자가 일자리를 얻을 수 없었는 데도 종교를 포기하지 않아서, 신기하다고 생각했었어요. 물론 대놓고는 안 그랬지만 그가 종교를 지키는게 좀 흥미로웠죠. 또 그 남자는 시크교와 관련된 사진들을 가지고 다니더라구요. 한 번은 그가 믿고 있는 시크교에 대해 질문을 하자 대답해 주었는데, 제가 생각했던 것과는 굉장히 달랐어요. 동양 종교는 다 비슷한 건 줄 알았는데 아니더라구요. 시크교도들은 고귀한 사람들 같아요, 뭔가 높은 이상을 지닌 사람들인 것 같고, 아직도 잘 모르긴 하지만 여기 와보니까 시크교에 대해서 좀 더 알게 된 것 같네요…. 어쨌든, 사람들이 그 두 사람을 어떻게 취급했는지를 보고 너무하다고 생각했어요. 내가 어렸을 때 우리 마을에 흑인 소년이 있었는데 그애에 대해서는 거의 모든 사람들이 좋아했고 친하게 지냈거든요. 그런데, 성인이 되어 축구 선수가 된 이후 '흑인'이라는 이유로 인종 차별을 겪었대요. 우리 마을에서는 그렇지 않았는데요.[8]

---

7 관람객들의 직업은 스스로 설명한 대로 적었다.

8 이러한 전략적인 언어 사용 방식은 반 디이크van Dijk와 웨더렐과 포터Wetherell and Potter의 인종주의에 대한 연구에서도 나타난다.(르 쿠테와 아우구스티노스Lecoute and Augustinos의 연구에 재인용됨, 2001) 그러나 반 디이크나 웨더렐과 포터의 연구에서는 차별적인 언어를 사용하는 개인이 인종 차별의 이유를 다른 쪽으로 돌리기 위해 이러한 전략을 이용하였다는 것을 염두에 둘 필요가 있을 것이다.

분류와 고정관념

더 나아가, 텍스트와 대화는 다른 사람들을 분류하거나 고정관념화하는 데도 의도적으로 사용될 수 있다. 인식론에서는 이러한 일반화와 분류화하는 과정을 불가피한 것으로 여기고, 세상을 이해하고 인지하는 자연스러운 하나의 과정으로 본다. 그러나, 담론 심리학에서는 이에 대해 완전히 다른 관점으로 접근한다.

> 담론 심리학에서는 사람들이 사회에 대해 이야기하면서 사회적 분류를 사용한다는 것을 부정하지는 않지만 (실제로 사람들은 여러가지 흥미롭고 전략적인 방법을 사용하여 이러한 분류를 한다) 이 분류 체계가 엄격하게 내재화되었다거나, 융통성없이 적용되는 것이라는 시각은 받아들이지 않으며 이 분류 체계가 사람들의 머릿속에 박혀 있는 인식론적 현상이라는 시각도 부정한다. 분류 모델로서 어떤 고정된 구조를 가지고 있는 게 아니라, 사람들이 여러 가지 일을 하는 과정에서 담론적으로 이런 분류를 만들어낸다고 보는 것이다.(르 쿠테와 아우구스티노스, 2001: 219)

즉 담론의 관점에서 분류화는 '복잡하고 미묘한 사회적 결과물'로서 (포터와 웨더렐, 1987:116), 사람들은 비난이나 정당화, 부인, 고발, 변명, 설득과 같은 특정한 목적을 가지고 이것을 사용하는 것으로 본다.(르 쿠테와 아우구스티노스, 2001)

고정관념 역시 분류의 한 형태로서, 사회 집단을 일반화하는 것을 넘어 위계적으로 차별화하는 것을 말한다. 한 집단에서 두드러지게 드러나는 특징 몇 가지를 강조하거나 과장, 또는 조작하여 이 집단이 가진 복잡하고 추상적인 개념들을 무시해 버리는 것이다.(홀, 1997) 고정관념은 다름을 표현하는 눈에 띄는 몇 몇의 '지름길'을 보여 주는데, 지나치게 단순화된 이 개념이 복합적, 경멸적 의미와 연계되어 사회에 퍼져나갔다.(다이어, 1993) 사회심리학 외에 다른 여러 분야에서도 고정관념의 목적과 기능을 연구하였는데, 문화 미디어학 연구자인 스튜어트 홀 Stuart Hall(1997)은 고정관념을 상징적 권력을 지니고 있는 목적적인 행위로 보았다.

> 고정관념은 표준과 일탈, 정상과 이상, 수용 가능과 수용 불가능, 소속된 자와 '타자', 내부자와 외부자, '우리'와 '그들' 사이의 상징적 경계를 짓는다. 여기서 '정상'인 우리는 상상 속의 결속된 공동체에 소속된 자들로서, '도저히 용인할 수 없는' 그들을 상징적으로나마 추방해버리는 것이다.(1997: 258)

일상의 대화나 다양한 미디어에서도, 특정 집단에 대해 '정당한 편견'을 만들기 위해 전략적으로 고정관념을 사용한다. 고정관념은 어디에서나 볼 수 있는 것이고, 여러 상황에서 이 고정관념을 반복적으로 사용하기 때문에 이에 대한 이의와 반대에도 굴하지 않게 되는 것이다.(크라츠, 2002)

박물관 역시 사회집단에 대한 고정관념의 재현을 볼 수 있는 곳이고, 심지어 강화·재생산하기도 한다. 이와 동시에, 고정관념에 저항하고 이의를 제기할 수 있는 가능성을 지닌 장소이기도 하다. 최근 영국의 박물관과 미술관을 대상으로 장애인에 대한 표현을 조사한 연구에서는, 경멸적 고정관념이 내포된 설명이나 사진 자료를 사용하고 있음을 밝히기도 하였다. 전체적인 전시에서 장애와 장애인을 다루는 일 자체가 드물고, 설사 다룬다고 하더라도 수동적, 의존적 또는 우스꽝스럽게 표현하거나, 아예 장애를 초월한 영웅적인 경우만을 강조한 것으로 밝혀졌다. 장애인에 대한 이러한 고정관념적 표현들은 미디어, 문학(크리겔, 1987), 방송(반즈, 1992) 그리고 사진 작품(헤베이, 1992)에서도 자주 발견할 수 있었다. 이러한 고정관념에 맞서려는 시도에 어떤 어려움이 있는지에 대해서는 6장에서 좀 더 자세히 다룰 것이다.

편견의 반대는 무엇일까

그렇다면 편견은 어떤 전략적인 목표를 위해 사용되는 담론적 행위로 정리할 수 있을 것이다. 편견의 목표란 특정 사회 집단에 열등감을 느끼게 하고, 서로의 차이를 '타자성'으로 구분지음으로써 불평등한 권력 관계를 유지하는 것을 말한다. 그렇다면, 편견을 개선하려는 여러 시도와 그 결과들을 어떤 용어와 개념으로 설명할 수 있을까? 편견이 줄어들거나 사라진다면, 어떤 개념이 그 자리를 차지하게 될까?

관용은 편견과는 반대의 의미로 사용되고 있지만, 많은 문제점을 지닌 용어이기도 하다. 마이클 월처Michael Walzer는 '관용'(태도)과 '관용적인 행위'를 그 '마음의 상태'에 따라 단계별로 구분하였다.

첫 번째 단계는 그저 평화를 위해 체념적으로 '다름'을 받아들이는 것이다. 두 번째 단계는 '다름'에 대해 수동적이면서도 친절한 태도로 무관심을 보이는 태도이다. 세 번째 단계는 도덕적 극기의 정신과 비슷한데, 비록 남이 보기 싫은 방법으로 권리를 행사하더라도, '그들'도 권리를 지닌다는 원론적 인식을 갖는 것이다. 네 번째 단계는 타인에 대해 마음을 열고, 호기심과 존중심을 가지고 듣고 배우는 자세이다. 마지막 단계는 이를 넘어 서로의 '다름'을 열정적으로 지지하는 것이다.(1997: 11)

월처는 '다름'을 인정하고 받아들이는 마지막 단계는 관용의 정의에서 사실상 제외되어야 한다고 주장하였다. "만일 내가 이곳, 이 사회, 즉 우리 사이에 그들이 함께 하기를 원하는 것이라면, 그것은 다름을 관용적으로 참는 것이 아니라, 그 다름을 지지하는 것이기 때문이다." (같은 책) 이러한 맥락에서 보자면, 관용(관용적인 행위를 포함)은 다수인 지배집단이 '다름'을 마지못해서 받아들인다는 의미가 된다. 즉 이러한 수용은 순응적이거나, 동화적이거나, 적어도 '저자세를 취하는' 집단에 대해서 조건부로 허용된다는 것이다. 그러나 편견에 맞서는 박물관들은 이를 넘어서 더욱 야심찬 목표를 지닌다. 서로 다른 개인의 도덕적 가치를 평등하게 받아들이고 각 집단 사이에 상호 존중이 이루어지는 사회를 만들기 위해 노력하고 있다. 즉, 넓은 범위에서 인권 평등의 차원으로 이해할 수 있고, 집단의 독특한 정체성을 유지하면서 관용을 강조할 때 생길 수 있는 동화주의에 저항하는 의미를 지닌다.

편견에 대한 저항

지금껏 살펴본 바에 의하면, 담론 분석은 편견에 맞서는 박물관의 역할을 연구하기 위해 적합한 조사 방법이라고 볼 수 있을 것이다. 관람객의 대화, 해석, '언어적 능력'(르 쿠테와 아우구스티노스, 2001)을 분석하여, 사람들이 문화적 차이, '타인' 또는 사회적 불평등과 관련한 여러 문제에 대해 어떻게 말하는지 그 방식을 연구할 수도 있을 것이다. 그러나 과연 이러한 사람들이 나누는 담론의 표현만을 가지고, 이들이 차이를 존중한다거나, 박애주의적이라거나 혹은 편견, 차별, 모순적이라고 정의할 수 있을까? 박물관이나 여러 공공 담론이 관람객이 남긴 글이나 말에 어느 정도로 영향을 주고 변화시킬 수 있을까? 또한 박물관 방문 후, 관람객의 말 속에 들어 있는 내용, 어조, 목적에 어떠한 변화가 일어날 수 있을 것인가?

이러한 질문들은 박물관을 중심으로 이루어진 것이지만, 다른 분야에도 일반적으로 적용되는 의문이기도 하다. 편견에 대한 담론 분석에서는 정치, 경제, 교육, 미디어(정부 정책, 의회 토론, 신문과 방송, 교육 과정 등)에서 사용하는 형식적이고 제도적, 엘리트적인 텍스트와 대화를 일상생활에서의 비형식적 대화와 표현들에 비추어 보아, 이들 간에 어떤 관계가 있는지를 알아내려고 시도했다. 용어나 표현은 다소 차이가 있지만, 미디어와 관람객 연구 분야에서도 비슷한 주제들을 다루었다. 특히 지난 수십 년간 이 분야에서는 미디어가 관람객의 사고, 행동, 대화 방식에 어느 정도로 영향을 미치는지에 중점을 두었다. 미디어의 역할(편견을 구성하고 강화하거나, 반대로 편견에 반대하는 등)에 집중한 연구는 많지 않지만, 관람객 연구 분야에서 박물관의 중요한 역할을 조사하고 이해하는 풍부한 이론을 구축하는 데 있어서는 주요한 역할을 했다. 4장에서 이 미디어-관람객 이론들을 더 자세히 다룰 텐데, 여기에서는 미디어와 관람객 분야의 연구자들이 담론 분석의 흐름으로부터 지속적으로 영향을 받았으며, 연구 방식의 하나로 관람객 대화 분석을 이용한다는 것을 언급해 두려고 한다.(알라수타리, 1999)

이러한 최근의 연구 동향은 관람객 연구와 담론 연구라는 두 분야가 상호 보완적이고 통합적 관계를 이루고 있다는 것을 보여 준다. 박물관이라는 독특한 배경에서 미디어와 관람객의 관계의 본질을 밝히고, 나아가 이 책에서 제기하는 질문들에 대한 답을 제시하는 데 있어서, 이 두 접근을 결합한 융합적 관점이 도움을 줄 것이라고 생각한다.

구조와 일상을 연결짓다

여러 학자들은 담화 분석에서 편견의 과정과 표현을 더 잘 설명하기 위해서는 구조적 관점과 일상적 관점을 통합하여 바라보아야 한다고 주장했다. 한 예로, 필로메나 이시드Philomena Essed(1991)는 구조 사회학적인 관점만을 사용하는 연구들을 비판하며, 구조적 시각만을 가지고 보면 편견(특히 인종 차별적 편견)을 바라볼 때, 인종 차별 당한 사람들의 일상적인 경험을 간과하게 된다고 주장했다. 그러면서 이시드는 개개인이 일상생활에서 사용하는 언어들이 권력 구조에서 적극적이고 중요한 역할을 담당하고 있다고 하였으며, 또한 '일상적 인종 차별주의'는 인종 차별주의가 가진 구조적 힘이 일상의 평범한 상황에 연결된다고 보았다. 즉, 인종 차별주의의 이념을 일상의 태도에 연결시켜, 일 상생활의 차별적 경험을 만들고 인종 차별주의를 재생산한다는 것이 다.(같은 책) 이와 비슷하게, 티운 반 디이크Teun van Dijk는 엘리트 집단의 담론과 인종 차별주의를 통합시켜 이해하였다.

인종 차별의 사회적, 구조적 본질은 한편으로는 백인 집단이 다양 한 민족에 대해 가지고 있는 편견이나 인종 차별적 이념 등 사회적 불 평등 체계를 말하며, 다른 한편으로는, 개개인이 지닌 생각, 담론 또한 환경적 차이를 의미하는 것이다.(1993: 14)

반 디이크에 의하면, 일상에서 개인이 나누는 편견의 대화는, 거시 구조적 차원, 즉 엘리트 집단9의 담론에 의해서 그 틀이 형성되는 것이 다. 그는 편견이라는 현상의 사회 구조와 개인적인 차원이 서로 영향을 주고 받는다는 점에서 변증적10이라고 인식하면서도, 개인적, 대인 관 계에서 일어나는 대화에 거대한 구조적, 해석적 틀을 만드는 것은 엘리 트 계급이라고 전제하였다.(같은 책)

---

9 반 디이크van Dijk는 '엘리트'라는 용어를 특별한 권력과 자원을 가진 사회 집단을 지칭하는 데 사용하였다. 어떤 분야나 영역에서 그 권력이 행사되는지에 따라, 정치, 공무직, 과학, 군, 사회 분야의 엘리트 등으로 분류할 수 있을 것이다. 엘리트가 가진 권력 자원은 복수일 수 도 있고, 부동산, 수입, 결정권, 지식, 전문성, 지위, 등급뿐 아니라 사회적 이념적 자원처럼 신분, 명망, 유명세, 영향력, 존경심 등 기관이나 집단, 사회 전체에서 부여한 것들도 포함된 다.(1993: 44) 이 정의는 '문화적 엘리트'라는 개념에도 적용될 수 있는데, 박물관을 포함한 문 화적 생산물을 통제할 수 있는 자원과 힘을 의미한다.

10 반 디이크는 비엘리트의 사회적 역할을 인식하고 있었고, '대중적 인종 차별'은 아래쪽으로 부터 엘리트의 행동에 영향을 미칠 수 있다고도 주장하기도 하였지만, 또한 그는 이러한 대 중 인종 차별주의적 동기 부여와 논의들이 대부분 엘리트들로부터 만들어지고 생겨난다고 하였다.(1993: 10)

정치, 언론, 학계, 교육, 기업 경제 등 여러 사회 영역에서 지도층에 위치한 지배적 엘리트들은, 사회적으로 의미있는 자산과 특권에 대한 접근을 통제하면서 주도 집단과 소수 집단 간의 불평등을 만들어낸 다. 그런 의미에서 엘리트 담론은 이러한 지배력을 공고히 하고, 규정 하며, 유지하고, 표현하며, 합법화하는 매우 중요한 수단이 된다.(같은 책, 1993: 17)

이와 같은 분석에서, 미디어의 텍스트는 영향력을 가지고 있을 뿐 아 니라 매우 목적 지향적이라고 볼 수 있다. 반 디이크는 엘리트 담론의 목적은 비지배계층 일반인들에게 그들의 생각을 공유하고 설득하기 위한 것이라고 하였다.

이러한 담론의 주요한 기능은 소수 그룹을 설득하는 데 있다. 예를 들어, 연설가나 작가는 청중과 독자들이 자신과 비슷한 의견을 갖게 되거나, 비슷한 의견을 유지하기 위해 말하고 글을 쓴다. 이러한 방법 으로 그들은 자신이나 자신이 속한 집단의 행동을 정당화할 수 있고, 다른 집단이 이를 비판할 때 방어할 수 있게 된다.(같은 책, 30)

이시드와 반 디이크의 연구는 기본적으로 인종 차별에 중점을 두고 있지만, 이들이 제시한 중요한 이론적 접근은 편견의 다른 형태에도 충 분히 적용할 수 있는 요소를 담고 있으며, 박물관의 담론과 관람객의 텍스트와 대화 사이의 관계를 이해하는 데도 도움을 준다.

담론적 접근은 편견을 이해하는 데 긍정적인 영향을 주기도 하지만,

동시에 문제점도 있다. 먼저 담론적 접근이 가진 긍정적인 면은, 편견을 개인의 병리 현상이 아닌 사회적으로 만들어진 현상으로 본다는 것이다.(웨더렐과 포터, 1992) 이러한 시각으로 보면, 박물관 관람객을 처음부터 '편견을 지니고 있다' 또는 '전혀 편견이 없다'고 구분할 수 없다. 결국 '편견을 지닌 관람객 개인'에게 책임을 돌리는 것이 아니라, 박물관의 정치적 잠재력과 의무를 분명히 인식하게 된다. 반면에 이 이론이 불완전한 두 개의 가정에 토대를 두고 있는 점이 담론적 접근의 문제점이다. 첫 번째로, 미디어의 엘리트 담론을 의도적으로, 또 필연적으로 편견을 가지고 있는 것으로 상정한다. 편견에 반대하는 담론이 있을 수 있다는 것을 인식하기는 하지만,[11] 이러한 가능성에 대해서 다루는 실증적 연구는 거의 없고, 편견에 반하는 미디어 담론의 가능성에 대해서도 거의 가능성을 두지 않는다. 더욱 심각한 것은, 편견에 반하는 미디어 담론을 발견한다고 해도, 주류 의견에 반대하는 소수의 반체제적 의견일 뿐이라고 해석한다는 것이다.(반 디이크, 1993) 1장에서 언급하였듯 권력 자체를 분열적이고 역동적으로 보는 시각으로는, 반체제적인 담론을 상정하는 것 자체에 많은 문제점을 제기한다. 또한, 박물관이 전적으로 편견의 생산과 재생산에 동참하거나, 아니면 이에 완전히 반대한다고 보는 것도 문제가 된다. 박물관 전시에서 보여지는 담론과 재현을 이분법적으로 분류하는 것은 (편견적이고 억압적이거나, 편견이 없고 자유롭거나로 분류하는 것은) 모든 문화가 생성, 수용되는 과정에 내재되어 있는 양면성과 모순을 담아내지 못하는 것이기 때문이다.

---

11 이시드는 "인종주의는 문화를 통해서만 표현되는 것이 아니라 구조적 갈등을 통해서도 일어난다. 개인은 권력 구조의 공연자이다. 권력은 인종 차별을 재생산하는 데 쓰일 수도 있지만, 인종 차별과 싸우기 위해서도 쓰인다."고 하였다.(1991: viii)

담론 분석적 접근의 두 번째 문제는 관람객은 수동성을 가지고 묵인한다고 추정하는 데 있다. 관람객이 미디어에 순응하는 경향이 있다고 하더라도, 엘리트 담론에 대해 관람객이 반응을 보일 수 있다는 것을 아예 고려하지 않는 것이다.

> 언론, 정치, 교육, 학계, 재계, 종교와 조합, 복지 단체 등 엘리트 계층이 통제하는 여러 담론과 의사 소통의 상황에서, 대부분의 사람들은 어느 정도 수동적이다. 엘리트 계층이 이미 이러한 상징적인 재생산의 도구를 지배하고 있기 때문에, 이들은 대중적 인식을 만드는 의사소통의 수단들을 통제하게 되었고, 그 결과 국민적 합의를 좌지우지하게 된 것이다.(1993:9-10)

이보다는 덜 직접적이지만, 사회심리학의 담론적 접근에서도 개인의 영향력을 과소평가하는 경향이 있다. 르 쿠테와 아우구스티노스Le Couteur and Augustinos(2001: 229)는 "개인은 인종 차별을 정당화하기 위하여 사회적으로 가능한한 모든 이데올로기를 활용하지만, 이것은 자기 자신을 유지하고 재생산하기 위해서 끊임없이 정당화하고 합법화해야 하는 억압적인 구조 때문이다."라고 주장하였다.(2001) 이렇게 보면 담론을 결정론적, 지배구조적으로 이해하는 것이 된다. 즉 개인적, 상황적 수준에서의 일상 담론들은 무조건 형식적, 제도적인 담론에 의해 만들어지는 것이라며, 개인이 그 메시지를 재해석하거나, 저항할 수 있다는 여지는 거의 고려하지 않고 있다.

따라서, 관람객과 그들의 수용과정은 사회문화적 접근을 통해 이해할 필요가 있다. 많은 연구자들은 사회 문화적 접근을 통해 '관람객'에 관심을 가지면서, 이들이 다양하면서도 예상치 못한 놀라운 방식으로 미디어가 만드는 담론에 반응하고 있음을 확인하였다. 관람객에 대한 이해가 있어야만, 그들을 미디어의 메시지나 공공담론에 적극적으로 반응하는 소비자로서 바라볼 수 있다. 또한, 편견에 대한 인식에 있어서도 관람객을 수동적으로 묵인하는 존재로 여겼던 담론적 접근의 문제점도 해결할 수 있게 된다.

4장에서는 좀 더 구체적으로 관람객들의 반응을 살펴볼 것이다. 전시의 메시지에 다양한 방식으로 참여하는 관람객들의 반응과 함께, 심층 인터뷰 자료 해석을 통해 이러한 반응들이 편견에 맞서기 위한 박물관의 주체적 역할임을 이해하게 된다. 그에 앞서 3장에서 관람객 조사의 배경이 된 세인트 뭉고 박물관과 안네 프랑크 하우스를 살펴보겠다.

3장

목적, 그리고 메시지: 세인트 뭉고 종교적 삶과 예술 박물관과 안네 프랑크 하우스

1999년 12월, 로워 이스트사이드 공공주택 박물관Lower Eastside Tenement Museum(미국), 워크 하우스Workhouse(영국), 굴락 박물관Goulag(러시아), 노예 박물관Slave House(세네갈), 제6구역 박물관District 6(남아프리카공화국) 등 10개의 역사 박물관의 대표들은 한 자리에 모여 다음과 같은 성명을 발표하고 함께 하기로 결의했다.

"우리는 세계 여러 곳, 각기 다른 상황에서 다양한 역사적 문제와 사건, 인물을 재현하고 해석하는 역사 박물관들이다. 우리의 공동의 목표는 대중이 역사적 사건과 현대 사회의 문제를 연결할 수 있도록 도움을 주는 것이다. 또한 여러 사회 문제들을 수면 위로 드러내고 인류애와 민주주의적 가치로 대화를 시작하게 하는 것을 가장 중요하고도 핵심적인 역할로 본다. 함께 일하며 이 일을 실현해 가기 위해, 양심적인 국제역사박물관연합International Colaition of Historic site Museums of Conscience을 설립하였다."(아브람, 2002)

이런 연합의 설립 자체도 그렇지만, 이후 다양한 박물관들이 이 연합에 가입하고 활발히 활동하고 있어 사회 문제를 다루는 박물관에 전 세계적으로 관심이 높아지고 있음을 보여 준다.* 이러한 관심을 반영하여, 박물관 실무에도 구체적인 변화가 일어나고 있다. 이전에는 별로 관심을 두지 않았던 지역사회의 다양한 구성원들이 박물관에 오도록 노력을 기울이기도 하고, 사회의 목적과 가치에 대해 활발한 논의를 벌이며, 또 민주주의적 가치를 가지고 어떻게 '더 많은 사람을 포함하는 방향으로' 일할 것인지 고민한다. 동시에, 우리 사회에서도 이런 역할을 해주기를 박물관에 기대하고 있기도 하다.

실제로, 박물관은 오래 전부터 사회적 변화를 이끌 수 있는 기관으로 인식되었고, 사람들의 관점과 생각, 행동하는 방식을 바꾸는 '감화의 도구'(베넷, 2003)의 역할을 해오기도 했다. 토니 베넷Tony Bennet은 박물관의 정책과 실무를 역사적인 시각으로 분석한 연구를 통해 19세기 박물관에서도 박물관이 각 문화 간에 '구별을 짓는 기계'로서 이용되었다고 주장했다.

> (19세기 박물관에서 민속학 전시는) 서로 다른 사람들을 인종별로 '원시적'인 것부터 '문화적으로' 위계질서를 만들어 불평등한 관계를 한 눈에 볼 수 있도록 전시했다. 즉, 전시를 통해 식민지 사람들에게 서구 사회의 힘(권력)을 과시한 것이다. 이 권력은 문화적 산물에만 작용한 것이 아니라 사람에 대한 통제권도 포함하였다. 문화적 산물과 그 원

---

* 이 연합은 2019년 현재 International Colaition of sites of conscience라는 이름으로 활발하게 활동하고 있다. 웹사이트에 따르면 1999년 9개의 회원으로 시작했던 연합은 65개국의 250개의 박물관이 모여 과거를 기억하고 현재의 인권을 위해 행동으로 노력한다고 명시하고 있다.(https://www.sitesofconscience.org)

래 소유자들이 어떻게 생각하는지, 그들의 문화적 감수성을 전혀 고려하지 않고 자기식으로 전시하는 것, 그것도 이 권력을 과시하는 것이다."(같은 책)

그렇지만 최근에는 오히려 박물관이 힘과 자유를 부여하여 사회적 변화를 이끌 수 있다는 주장이 일어나고 있으며, 이런 관심으로 하여 전 세계적으로 박물관의 표현 방식과 정책도 전체적으로 변화하고 있다. 또한 1970년대부터 공적 기금을 받는 문화 기관을 비즈니스적인 시각으로 관리, 통제하는 정책이 시행되었고, 박물관도 공적 기관으로서 분명한 목적을 설정하고 기금 관리자들에게 그 과정과 성과를 보고하게 되었다. 다시 말해, 박물관마다 사명과 목적은 너무도 다양하지만, 최근의 흐름을 보면 경제적, 문화적 가치뿐 아니라 박물관의 사회적 가치에 점점 더 큰 기대를 모으고 있다는 것이다.

이 연구는 편견과 맞서기 위해 특별히 기획한 전시에 관람객의 반응을 살펴보기 위해, 그 배경으로 세인트 뭉고 박물관과 안네 프랑크 하우스를 선택했다. 이 박물관들은 각각 독특한 상황과 역사에 기반하면서도 그 목적을 사회적 언어로서 어떻게 표현하는가를 보여 주는 좋은 예가 되기 때문이다. 이 장에서는 각 박물관이 설립된 과정, 사명, 박물관이 추구해 온 목표와 배경을 살펴보고, 두 박물관의 각 전시들을 자세히 살펴볼 것이다. 박물관을 방문한 관람객이 이미 가지고 있었을 의도와 목표에 대해서도 별도로 고려하였다.

세인트 뭉고 종교적 삶과 예술 박물관_{St Mungo Museum of Religious Life and Art}

세인트 뭉고 박물관은 객관적인 박물관이 아니라 특정한 일련의 가치를 높이기 위해 존재한다. 그 가치란 바로 인류가 가진 다양한 믿음에 대한 존중이다.(오닐, 1995)

우리 사회에 새로운 해석을 제시하고 영감을 불어넣는다는 점에서, 세인트 뭉고 박물관은 V&A(빅토리아 앤 알버트 박물관) 이래로 영국에서 가장 중요한 박물관이라 할 수 있다.(아틀리, 1993)

박물관 프로젝트의 시작

1993년 4월 세인트 뭉고 박물관이 문을 열자마자, 언론과 글래스고의 시민 단체들, 관람객뿐 아니라 세계 여러 박물관으로부터 많은 주목을 받았다. 박물관은 다양한 종교의 유물과 작품을 함께 전시하는 방식으로 획기적인 접근을 하였고, 이에 대해 관심과 찬사를 받기도 했지만, 동시에 큰 논란과 비판도 불러일으켰다.

세인트 뭉고 박물관은 시간을 두고 계획된 것이 아니라 예상치 않은 계기로 시작되었다. 어쩌면 그 때문에 오히려 박물관 프로젝트가 빨리 구체화되었다고도 할 수 있을 것이다. 세인트 뭉고의 건물은 원래 '글래스고 성당의 친구들'이라는 후원 단체의 주도하에 글래스고 성당의 관람객 센터로 쓰려고 계획한 것이었다. 이 과정에서 자금 부족을 겪게 되었고, 글래스고 시의회에서 관여하여 이 건물을 어떻게 사용할 것인지를 재고하게 되었다. 종교와 삶, 예술을 다루는 박물관을 열자는 아이디어가 나왔을 때, 시의회에서는 박물관과 시市 모두의 우선 순위를 충족해 줄 것이라는 가능성을 예상했었고, 박물관 계획은 탄력을 받았다.

이 박물관 개발을 결정한 데는 그 밖에도 다양한 사회적, 정치적, 경제적 요소가 영향을 미쳤다. 시에서는 박물관이 아주 독특한, '세계적인 수준의' 관광지가 될 것이라고 보았고 다른 박물관을 보완해 주어, 국제적인 도시로 발돋움하려는 글래스고 시의 야심을 실현하는 데도 도움을 줄 것이라고 보았다. 또한 지역사회의 많은 사람들이 무종교이기는 하지만, 여전히 종교는 그들의 중요한 문화적 배경이라는 점에서 박물관이 지역의 중요한 자산이 될 것이라고 생각했다.(오닐, 1995) 즉, 종교적 삶을 다루는 박물관을 만들자는 아이디어는 다문화 사회인 글래스고의 특징을 반영하면서도, 많은 사람이 참여할 수 있는 문화적 서비스를 구축하는 것이었다. 박물관 개발 팀 책임자였던 마크 오닐Mark O'Neil은 "(기존 글래스고의 박물관과 갤러리에서) 눈에 띄게 부족하다고 여겼던 것은 글래스고가 다문화적인 사회라는 것을 전혀 고려하지 않는다는 것이었다. 이 다문화 사회에 접근하는데 있어 종교는 상당히 흥미로운 요소라고 생각했다."(오닐의 말을 글렌딜이 재인용, 1993) 다시 말해 박물관을 글래스고에 존재하는 인종 차별주의와 종교적 파벌주의와 싸울 거점으로 보았다는 것이다. 젬 프레이저Jem Fraser가 말했듯이, 세인트 뭉고 박물관은 글래스고가 겪고 있는 뿌리 깊은 문제에 대해 내디딘 용감한 첫 걸음이었다. 글래스고에는 가장 세력이 큰 두 개의 기독교 종파, 가톨릭 셸틱과 개신교 레인저스 사이에 깊은 반감의 역사가 있었다.(2005) 각 종파를 대표하는 라이벌 축구팀도 팬들도 지켜워할 정도로 만날 때마다 갈등를 빚어, 이미지에도 전혀 도움이 되지 않는 상황이었다. 더 넓게 보면 이 목표는 스코틀랜드 정부의 입장에서 볼 때도 전략적으로 긴요한 것이었다. 스코틀랜드 정부는 1990년대부터, 스코틀랜드 행정부는 1998년부터 스코틀랜드의 인종 차별주의를 없애기 위해 많은 노력을 해왔다. '하나의 스코틀랜드, 그 안의 다양한 문화'* 캠페인은 오늘날까지도 이어지고 있고 스코틀랜드 정부가 사회적 화합에 얼마나 큰 관심을 갖고 있는지를 보여 준다.[1]

박물관의 사명과 목적

세인트 뭉고 박물관은 개발 초기 단계에 이 사명문을 현재까지도 사용하고 있다.** "글래스고의 세인트 뭉고 종교적 삶과 예술 박물관은 세계 어느 곳에서나 어느 시대에서나 종교가 우리의 일상에서 얼마나 중요한 역할을 했는가를 살펴보고, 서로 다른 종교 간에, 심지어 종교가 없는 사람들 간에도 상호 존중심을 고취하는 것을 목표로 한다."

이 글은 박물관 입구에 잘 보이게 걸려 있고, 웹사이트와 박물관에서 발행하는 팸플릿과 자료에도 나와 있다. 박물관이 문을 열고 나서 얼마 되지 않은 시점에 『더 타임스』와의 인터뷰에서, 박물관 프로젝트의 책임자였던 오닐은 "우리의 목표는 서로 다른 종교 간에 존중과 이해를 높이는 것이다. 대부분의 편견은 서로를 너무 모르기 때문에 생겨난다

---

* 2019년 현재까지도 스코틀랜드 정부는 One scoland라는 캠페인을 통해 증오범죄 방지, 인종차별, 평등 문제를 다루고 있다. https://onescotland.org/campaigns/

** 글래스고 박물관 홈페이지에는 2019년에도 같은 내용으로 세인트 뭉고 박물관의 사명을 소개하고 있다.

1 웹사이트 "하나의 스코틀랜드: 인종 차별을 해도 되는 곳은 없다."는 스코틀랜드 지방 정부의 수장인 잭 맥코넬Jack McConnell의 말을 인용하여, "이 캠페인은 스코틀랜드에 존재하는 다양한 문화를 알리기 위한 것이며, 우리 모두의 태도를 비판적으로 검토할 필요가 있다는 것을 알리려는 것이다. 우리는 어떤 형태의 인종주의이든 반대할 것을 촉구한다."(스코틀랜드 행정부, 2005)라고 하였다.

는 생각으로 접근하고 있다."고 언급했다.(글덴딜, 1993)

박물관의 사회적 목적과 목표는 국제적인 것이든 지역적인 것이든 다양한 사회 정치적 요소에 의해 형성되지만, 이 프로젝트에서는 개인의 활약도 주목할 만하다. 세인트 뭉고 박물관 프로젝트의 책임자였던 마크 오닐은 이전에도 지역사회를 기반으로 한 박물관 프로젝트에 많은 경험이 있었고, 특히 사회 문제를 제기하는 박물관의 역할에 강한 믿음을 가지고 있었다. 1993년 박물관이 문을 열고, 오닐은 박물관의 목표를 실현하는 데 있어서 참여하는 사람들의 의견과 가치가 얼마나 중대한 영향을 미치는가를 알게 되었다며 "우리 박물관 직원들은 서로를 더 이해하게 되면, 서로 더욱 존중할 수 있다는 믿음을 공유하고 있다."고 했다.(1994) 박물관이 관광 자원으로서, 실제적 필요를 충족해 줄 뿐 아니라, 현대 사회의 여러 문제에 대해서도 중요한 역할을 할 수 있다는 믿음은 박물관의 사명, 전시의 분위기 또한 전체적인 박물관의 모습이 자리잡는 데 중요한 기준이 되었다.

세인트 뭉고 박물관의 전시

세인트 뭉고 박물관은 세 개의 상설 전시실과 하나의 특별 전시실로 이루어져 있고, 각각 독특한 특징과 분위기로 꾸며져 있다. 박물관에 들어와 처음 만나게 되는 공간은 '종교적 예술 전시실'로, "아름다움이 가진 힘을 통해 종교의 의미를 보여 주는 유물을 전시한 공간이다."(오닐, 1995) 이 전시실에는 다양한 종교를 대표하는 작품과 유물들이 나란히 어우러져 전시되어 있다.(그림 3-1) 오닐은 이렇게 설명한다.

그림 3-1 세인트 뭉고 박물관 내의 '종교적 예술' 전시실(자료 제공: 글래스고 박물관연합)

'종교적 예술' 전시실은 관람객이 깜짝 놀랄 만한 병치를 이루고 있다. 살바도르 달리의 그림 '십자가 성 요한의 그리스도'와 나이지리아 칼리바리족의 병풍, 17세기 터키에서 사용한 기도 자리, 오스트레일리아 원주민의 몽환시 그림들이 나란히 걸려 있는 것이다. 각각 시각적인 느낌, 효과, 크기가 다른 작품들이 동등한 존중감과 존재감을 보이는 효과를 주도록 건축가가 이 공간을 특별히 디자인하였다.(같은 책)

그림 3-2 '종교적 삶' 전시실. 우리의 일상의 많은 부분을 차지하는 종교를 들여다보려는 목적으로, 서로 다른 종교에 대한 전시물들을 테마별로 전시한 진열장(자료 제공: 글래스고 박물관연합)

'종교적 예술' 전시실의 바로 옆에 위치한 '종교적 삶' 전시실에 들어서면, 시각적으로 아주 대조적인 느낌을 받게 된다. 전체적으로 밝고 넓은 열린 구조에 예술품을 전시한 종교적 예술' 전시실과 달리, '종교적 삶' 전시실은 조명을 어둡게 해두었고 U자 모양의 동선을 따라 크게 두 가지 방식으로 작품을 진열하였다.(그림3-2) 갤러리 가장자리에 놓인 '테마 진열장'에는 각각 다른 종교의 이미지와 진열품을 한 자리에 보여 주어 일상 구석구석 스며들어 있는 종교의 면모를 살펴보도록 했다. 박물관의 목적과 마찬가지로, 테마 전시 케이스는 서로 다른 종교 간에도 비슷한 점이 있음을 보여 주기 위한 것이다. 이 전시의 학예사인 해리 던롭은 "종교와 삶 전시실에서는 사람들이 믿는 것 간에 비슷한 점은 무엇인지(예를 들어 세례 등 종교의 통과의례), 또 각 문화와 전통에서 독특하게 구별되는 것은 무엇인지를 보여 주고자 했다."(2002)

라고 말했다.

종교에 대한 논란이 있을 때 이를 피해 버리거나 다른 종교의 탓으로 돌린다면, 이것이야말로 믿음과 실제 행위가 일치하지 않는다는 것을 보여 주는 예가 될 것이다. 또한 피한다고 해서 종교의 부정적인 면이나 논란은 결코 사라지지 않는다. 오히려 오닐이 말했듯이 이 사안들에 박물관이 다학제간 주제로 접근함으로써, 서로를 더 이해하고 존중한다는 원래의 목적을 지키면서도 논란을 해결해 나갈 수 있다. "박물관 전시에서 출생, 노화, 결혼, 죽음, 내세 등을 다루면서, 선교나 율법, 평화, 전쟁과 경고 등에 대해서도 다룰 수 있는 넓은 바탕이 마련된다."(1993) 세인트 뭉고 박물관에서 전반적으로 조화와 동등성을 다루지만, '종교적 삶' 전시실에서는 특히 관람객들이 이 주제를 눈으로 확연히 볼 수 있게 했다. 테마 진열장에는 주요 종교 작품들이 어울려 균형을 이루고 있으며, 전시실 가운데에 놓인 같은 크기의 6개의 진열장에는 각각 세계에서 가장 많은 신도를 보유한 6대 종교인 불교, 기독교, 힌두교, 이슬람, 유대교, 시크교를 대표하는 유물과 작품들을 전시하고 있다.

'종교적 삶' 전시실에 관람객이 자신의 의견을 남기는 게시판인 '토크백 보드'는 이제는 많은 박물관에서 이용하고 있지만, 세인트 뭉고 박물관이 시작했을 때만 해도 잘 알려져 있지 않았다. 학예사인 해리 던롭은 "'종교적 삶' 전시실에 토크백 보드를 설치하여 각자의 생각을 나누도록 했다. 대부분의 관람객들이 종교에 관한 말할 거리를 가지고 있었고, 이 게시판은 상당히 성공적이었다. 관람객들은 서로가 남긴 흥미로운 글을 읽은 후에 답을 달며, 다른 관람객들과 대화를 나누는 것을 좋아하는 듯했다."(던롭, 2003) 한 비평가는 메모판에 대해 이렇게 언급했다.

관람객들이 전시를 보다가 전시품을 파손하기라도 할까봐, 학예사들이 각자 의견을 피력할 수 있는 방법을 마련한 게 아닐까. 관람객들이 얼마나 하고 싶은 말이 많은지 이 메모판에 가까이 가는 것도 어려울 정도다. "종교의 민얼굴을 드러내야 한다. 너무나 비논리적인 신의 이름 아래 전쟁과 기아가 일어났다… 한마디로 종교는 쓰레기다." 킬빈사이드 가든스에서 왔다는 윌리엄 월시가 쓴 내용이다. 다른 관람객은 이렇게 썼다. "살바도르 달리가 그린 놀라운 그림은 예수를 그 자신 그대로의 모습을 보여 준다. 나는 길이요, 진리요 생명이다." 그 아래에는 이런 글이 있었다. "감동적이고 영감적이다. 이 박물관은 글래스고의 최고의 장소 중 하나다." 나는 박물관 전시를 보고 이렇게 흥분할 정도로 깊게 빠져든 사람들은 처음 보았다.(아틀리, 1993)

박물관 가장 꼭대기에 위치한 세 번째 전시실 '스코티시 갤러리'는 특별히 스코틀랜드 지역의 종교 문제를 자세히 다룬다. 이 전시실의 세부 주제인 '믿음을 지키다'에서는 지난 몇 세대에 걸쳐 스코틀랜드에서 지켜온 종교를 다루고 있고, '인물과 장소'는 세계 곳곳의 종교적인 장소를 소개하며 그와 관련이 있는 스코틀랜드 인물들에 대해 이야기한다. 또한 선교의 역할은 무엇인지, 또 현재 스코틀랜드에서 개신교와 가톨릭이 빚고 있는 갈등에 대해서도 전시하고 있다.

네 번째 전시실에서는 임시 전시가 이루어지는데, 특별한 주제의 전시나 6대 종교 외에 다양한 종교를 다루는 전시가 이루어지는 곳이다. 이 연구가 진행되던 시기에는 박물관 10주년 기념 전시 '믿음을 가진 당신의 벗으로부터'가 열리고 있었다.(그림 3-3) 글래스고 박물관 전속 사진작가인 짐 던에게 의뢰하여 글래스고 시의 다양하고 풍부한 믿음

그림 3-3 세인트 뭉고 박물관 10주년 특별 전시, '믿음을 가진 당신의 벗으로부터'(자료 제공: 글래스고 박물관연합)

과 종교적 행위들을 담은 사진 작품을 전시했다.

연구 당시에는 서로 다른 종교를 가진 사람들이 박물관을 보고 난 후 소감을 동영상으로 만들어 스코틀랜드 전시실 옆 작은 교육실에서 상영하고 있었다. 야외에는 영국의 최초의 젠(일본식 선종) 정원이 있다.

협의 과정과 공동작업

첫 계획을 세우고 세인트 뭉고가 문을 열 때까지 2년 반 동안, 프로젝트는 아주 빠른 속도로 진행이 되었다. 그러다 보니 실행 계획에서도 문제가 생길 수 있었지만 전시기획 팀으로서는 더 큰 위험 부담을 하게 되었다. 시간이 촉박하지 않았다면 여러 가능성에 대해 생각하고 장기적인 계획을 짤 여유가 있었을 것이다.(오닐, 1994) 그러나 이런 제약에도 불구하고 전시 기획 팀은 관련 종교 집단들과의 상담이 꼭 필요하다는 것은 일찌감치부터 인식하고 있었다. 물론 시간은 더 걸리겠지만, 종교 단체들로부터 폭넓은 신뢰를 얻기 위해서나 또 다양한 종교 간의 존중을 증진한다는 원래의 박물관의 목적을 이루기 위해서도 이 과정은 꼭 필요했다. 마크 오닐은 박물관 프로젝트를 성공시키기 위한 지역사회와의 공동 작업의 중요성에 대해 이렇게 설명했다.

> 우리의 목표는 작품으로부터 특정한 의미를 드러내는 것이었기 때문에, 박물관이 하는 보통의 과정, 즉 위험한 의미를 모두 덜어내고 미적, 역사적, 인류학적 의미를 안정감 있게 드러내는 과정을 오히려 반대로 해야 했다. 종교에 있어서, '의미'란 감정적이고 영적인 것이며 그것을 공부해서 알게 된 사람들보다 직접 경험한 사람들이 더 강력하게 알려줄 수 있다. 그래서 진정한 믿음을 가진 사람들과 상담하고 함께 일하는 것이 꼭 필요한 것이다.(오닐, 1994)

이 과정은 매우 중요한 효과를 가져왔다. 지역사회의 다양한 종교 단체가 박물관을 지지하게 되었고, 이들의 추천사를 전시실 안에서 오디오 자료로 전시하기도 했다. 해리 던롭은 이렇게 설명했다. "이렇게 다양한 견해와 반응을 전시한 이유는, 관람객들이 각자의 방법으로 깊게 감정 이입을 하게 하기 위해서였다."(2003)

공동 작업은 다른 프로그램을 개발하는 데 있어서도 중요한 역할을 했다. 매년 세인트 뭉고 박물관에서 열렸던 공공 프로그램 '너의 이웃을 만나라'는 박물관의 벽을 넘어 뜻을 함께 하는 다양한 지역 단체와 파트너십을 통해 만들어졌다. 이 연구가 이루어진 2003년 '너의 이웃을 만나라' 페스티벌은 워크숍, 음악 공연, 학교, 여러 종교 단체가 참여한 토론 등으로 이루어졌다. '종교 간 관계를 위한 스코틀랜드 교회연합', '글래스고 종교연합', '유대교위원회', '반파벌주의연합' 등의 단체들이 이 행사에 참여했다.

글래스고 박물관연합의 모든 박물관이 그렇듯이 세인트 뭉고 박물관은 무료이며, 매해 15만 명 가량이 이곳에 방문한다.* '종교적 삶' 전시실에서 관람객이 작성한 피드백 카드는 박물관에 보관하고 있어 자료로 쓸 수 있었다. 세인트 뭉고에 대한 관람객의 반응은 '압도적으로 긍정적이다.'(글래스고 시 의회, 2001) 이 연구에서는 코멘트 카드나 항의 편지 등 글로 쓴 형태에서 극심한 비판적 반응을 가장 많이 찾을 수 있었지만, 전시를 보다가 우발적으로 아주 강한 적대감을 터트린 사례도 있었다.

1993년 박물관이 문을 열고 몇 달 후에 한 관람객이 19세기 인도 남부의 힌두 신 시바 나타라자 청동상을 밀어서 쓰러뜨린 사건이 발생한 것이다. 이 사례는 박물관이 전혀 의도하지 않은 방식으로 관람객이 반응할 수 있음을 보여 주는 강력한 예시이다.(그림 3-4) 마크 오닐은 이렇게 설명했다.

그 사람은 500킬로그램이나 되는 청동상을 밀어서 팔 여기저기에 손상을 주었다. 그를 체포한 직원이 왜 그랬는지를 묻자 '예수님을 위해

---

* 2017년에는 15만 6509명이 세인트 뭉고 박물관에 방문했다고 집계되었다. http://www.alva.org.uk 참고.

그림 3-4 세인트 뭉고 박물관이 문을 열고 몇 달 지나지 않아, 관람객 중 한 명이 19세기 인도 남부의 힌두 신 시바 나타라자 청동상을 밀어서 넘어뜨린 사건이 발생했다.(자료 제공: 글래스고 박물관연합)

그랬다'고 대답했다. 바로 이 사건이야말로, 세인트 뭉고와 같은 박물관이 왜 필요한지를 여실히 보여 주는 것이라고 생각한다.(오닐, 1994)

안네 프랑크 하우스

관람객들이 안네 프랑크 하우스를 보고 떠날 때, 이 모든 것이 나치 시대의 종말과 함께 '이미 끝났다'는 안도감을 느껴서는 안 된다. 도리어, 안네 프랑크에게 일어났던 일은 그렇게나 쉽게, 아무 이유도 없이 자신에게도 일어날 수 있다는 불편한 감정을 느껴야 한다. 또 이런 일이 다시 일어나지 않도록 막을 수 있는 유일한 방법은 우리 모두가 평등과 민주주의에 대해 분명하고 진지한 시각을 가지는 것뿐임을 알아야 한다.(반 더 발, 1985)

'안네 프랑크 하우스' 재단은 1957년 안네의 일기가 쓰인 장소인 암스테르담 프린센그라흐트Prinsengracht의 집이 무너질 위기에 처했을 때, 이 집을 지키고 보존하기 위해 세워졌다. 이때 만든 선언문은 안네 프랑크 하우스가 오늘까지도 사명을 다할 수 있게 지켜 준 두 가지 목적을 시사하고 있다.

안네 프랑크 하우스는 『안네 프랑크의 일기』가 이 세상에 유산으로 남긴 가치들을 전파하고, 암스테르담 프린센그라흐트 263번지의 집과 특별히 별채를 보존하기 위해 세워졌다. 안네 프랑크 하우스는 편견, 불평등, 억압과 싸우고 민주주의 사회를 이루기 위해 존재하며, '보편적인 인권 선언문'에 드러난 목표들이 형식과 내용 모두에서 실현될 수 있도록 노력할 것이다.(안네 프랑크 하우스, 2000)

안네 프랑크 재단의 주요한 목적은 지금도 변함 없지만, 이것을 어떻게 이룰 것인지 그 방식은 사회 정치적 상황과 함께 끊임없이 변화해 왔다. 오늘날 안네 프랑크 하우스는 박물관 운영만이 아니라 전 세계 순회 전시를 하고 웹사이트를 통해 풍부한 자료를 배포하며, 네덜란드 내 극우 극단주의와 인종 차별에 대해 연구를 진행하고, 학교에 자료를 배포하는 등 다양한 교육 프로젝트를 진행한다. 경찰 등 직업군을 대상으로 차별 방지를 위한 교육 연수를 하고, 여러 기업과 파트너를 맺어 네덜란드 노동시장에서 소수 민족에게 평등한 기회를 제공하는 등의 시도들을 하였다.*

안네 프랑크 하우스 재단은 1960년 5월 3일 박물관을 열었다. 박물관은 안네 프랑크가 일기를 쓴 공간이자 제2차 세계대전 동안 안네가 7명의 다른 사람들과 함께 숨어 있던 비밀 별채도 전시 공간으로 사용했다. 문을 연 첫해에 박물관 입장료는 무료였고 9,000명의 관람객이 찾아왔다. 10년 후, 관람객은 18만 명으로 늘었고 박물관은 건물 보수 공사를 위해 1970년에 몇 달간 문을 닫아야 했다. 1971년 다시 문을 열었을 때는 입장료가 생겼지만, 관람객은 계속 늘어갔다. 한편 안네 프랑크 하우스 재단은 박물관 외적으로도 교육 행사를 더 늘려나갔다.

1990년, 관람객 수는 1년에 60만 명을 넘어섰다. 바닥 공사와 박물관 시설 보수를 해야 할 필요가 있었고, 프린센그라흐트의 263번지의 전면을 복구하는 공사가 필요하다고 결정했다. 보수된 건물은 1999년 다시 문을 열었고, 안네 프랑크의 비밀 별채가 여전히 박물관의 중심이었지만 특별 전시와 이벤트 공간, 박물관 기념품 숍과 카페를 위한 공간들도 다수 확충하였다.**

사명과 목적

다음은 이 연구가 이루어진 시기에 박물관에서 있었던 특별 전시 '탈선'out of line의 전시 책자의 한 부분이다.

* 2019년 현재에도 안네 프랑크 하우스는 'free2choose' 온라인 자료 배포, 교육용 게임을 제공하고 동영상을 함께 만드는 워크샵, 해외 순회 전시를 이어나가고 있다.
** 2019년 현재, 특별 전시는 온라인 자료와 SNS로 대체되었고 비밀 별채는 여전히 전시 공간으로 사용중이다. 최근 보수 공사를 진행하고 2018년 11월 22일 새롭게 박물관의 문을 열었다.

1998년 10월 10일, 매슈 셰퍼드는 미국 와이오밍 주의 카스파의 무덤에 묻혔다. 그는 동성애자라는 이유로 끔찍한 증오 범죄의 대상이 되어, 심한 폭행 후 살해당했다. 그의 장례식에, 캔자스 주 한 침례교회의 목사 프레드 펠프스의 주도하에 동성애를 금지해야 한다는 시위가 벌어졌다. 시위대들은 '매슈는 지옥에서 불탈 것이다.', '에이즈는 호모를 고치는 치료제다'라는 피켓을 들고 장례 행렬을 따라다녔다. 이 사건에서, 당신은 어떤 권리가 더 중요하다고 생각하는가?

발언할 자유 이 사건에서 펠프스 목사가 직접 동성애자들과 대면하여 그들을 규탄할 자유를 말한다.

또는,

차별로부터 보호받을 권리 피해자의 친구와 가족들이 이런 차별을 겪지 않을 권리를 말한다.

어떤 답을 고를지는, 당신의 선택이다.

2002년 내가 안네 프랑크 하우스를 처음으로 방문했을 때, 일상의 다양한 편견과 차별에 대해 결정을 내리고 다른 사람들과 나누는 전시의 방식이 매우 흥미로웠지만, 동시에 불편하기도 한 복합적인 감정이 들었다. 매슈 셰퍼드의 장례식에서 시위를 했던 극우 종교 집단의 사례에서, '차별로부터 보호받을 권리'가 '표현의 자유'보다 더 중요하다는 의견을 낸 것은 전시를 같이 보던 10명 중에서 나 혼자였기 때문이다.

마찬가지로, 박물관에 해마다 방문하는 약 100만 명의 관람객들은 '탈선'과 같은 전시를 보며 신나치주의, 몇몇 팝 음악의 공격적인 가사, 텍사스의 쿠 클럭스 클랜(K.K.K.)의 시위 등에 대해 다양한 의견을 나누며 저마다 놀라고, 흥미로워하며, 기뻐하고, 때로 분노하게 된다. 안네 프랑크의 이야기를 접한 대부분의 방문자들은 박물관에서 무엇을 보고 느낄지 대략적인 예상을 할 수 있다. 이들에게 안네 프랑크와 일곱 사람들이 숨어 살던 비밀 별채를 방문하는 것은 일종의 '순례'와도 같다. 관람객들은 이 일이 아주 오래 전 일어났다는 점에 대해 상대적인 안정감과 편안함을 느끼면서, 세계적으로 유명해진 어린 유대인 소녀의 경험과 삶에 대해 깊이 생각해 볼 수 있는 그런 경험을 기대하는 것이다.

물론 안네 프랑크 하우스는 이런 관람객들의 기대를 충족시켜 준다. 하지만 안내 책자나 건물 입구에서나 그 어디서도 안네 프랑크와 그의 가족이 숨었던 장소와 유물을 넘어 그 이상을 만나게 될 것이라는 것을 미리 알려주지는 않는다. 또, 안네에게 일어난 일을 관람객의 삶과 연결하기 때문에 이 사건과 '멀리 있다'는 안전한 느낌이 위태로워질 것이라는 것도 말해 주지 않는다. 안네 프랑크 하우스의 교육부서장 얀 반 쿠텐(2003)은 이렇게 설명했다.

> … 우리 박물관을 보고 아주 깊은 감정을 느낀다 하더라도 그것은 동정심이나 슬픔에 지나지 않을지 모른다. 방문객들이 안네의 이야기가 지금도 누구에게나 일어날 수 있는 것이라는 것을 깨닫게 되기를 바란다. 우리 박물관은 오늘날 이 사회의 편견과 비관용에 대해, 또 사람들의 무관심에 도전하려는 것이기 때문이다.

박물관은 의도적으로 관람객들이 관람을 마치고 제일 마지막에서 '탈선' 전시를 보도록 동선을 디자인했다. 관람객들이 프랑크 가족이 살던 방과 집을 보고 나면, 확연하게 구별되는 현대적인 공간으로 나오게 되는데, 이것은 개인적이고 역사적인 경험을 주었던 별채에서 나와 현실 세계로 돌아온 것을 뜻하는 것이다. 전시장 입구에서 배포하는 책자에는 이렇게 설명하고 있다.

'탈선'은 현대 사회의 문제를 다루는 대화 형식의 전시이다. 이 전시에서는 두 가지의 권리에 초점을 맞춘다. 바로 '표현의 자유'와 '차별로부터 보호받을 권리'다. 민주주의 사회에서, 이 두 권리는 대부분의 시민이 당연하게 여기는 기본적인 권리일 것이다. 그런데, 그 두 기본권이 충돌한다면 어떨까? 어떤 권리가 더 중요할까? 이 전시에서, 관람객들은 이 주제에 대해 대화를 나누게 될 것이다.

이 전시에서는 우리 생활 속에서 서로의 권리가 부딪치는 다양한 예를 다룬다. 현대적인 반유대주의와 인종 차별주의에 대한 사례뿐 아니라, 장애, 종교, 성별, 성적 지향에 대한 편견과 차별 등을 폭넓게 다룬다. 바로 이것이 이 연구에서 초점을 맞추어야 할 부분인데, 대부분의 안네 프랑크 하우스 관람객은 스스로 반인종주의 정서에 반대하는 입장이라고 여기지만, 그들 역시도 주변에서 일어나는 다양한 형태의 편견에는 별로 불편함을 느끼지 않거나, 자신의 입장 자체가 분명하지 않다는 것을 전시를 통해 깨닫게 되기 때문이다.

이 '탈선'out of line 전시가 이루어지는 전시실은 삭막하고 침침한 분위기로 금속으로 된 바닥에 벽은 아무 처리도 하지 않고 노출시켜 놓았다. 관람객은 앉거나 서서, 두 벽을 꽉 채운 스크린을 통해 두 가지 영상을 보게 된다.(그림 3-5) 각 영상은 뉴스 자료와 이야기를 편집한 것이다. 하나는 '표현의 자유'(왼쪽 스크린에 빨간 글씨로 나타나는 영상)를 주

그림 3-5 안네 프랑크 하우스의 상호소통적 전시, '탈선'(자료 제공: 사진작가 클라스 폼마, 안네 프랑크 재단)

장하고, 다른 하나는 '차별로부터의 보호'(오른쪽 면에 초록 글씨로 나타나는 영상)를 주장한다. 각 영상은 약 3분에서 4분 정도 길이로, 그동안 관람객들은 양쪽 스크린을 번갈아서 감상할 수 있다. 몇몇 관람객은 이렇게 중요하고 어려운 문제의 정의를 찾아내기에는 각 영상이 너무 짧고 단순화되었다고 불평하기도 한다. 하지만 박물관 측은 관람객들이 전체 하우스를 돌아본 뒤에, 신체적으로나 감정적으로 어느 정도 지친 후에 이 전시를 보게 되기 때문에, 이 영상을 조금 빠르게 전환시키는 것이 나이와 국적이 다양한 관람객을 참여시키는 데 더 적합하다고 판단한 것이다. 또한 영상이 이루어지는 전시실 안에 한번에 너무 많은 수의 방문객을 수용하면 문제점이 생길 수 있음도 고려해야 했다.

2005년에는 '탈선' 전시의 후속으로 '선택할 자유'Free2choose*가 열렸는데 이 전시 역시 현대 사회의 문제들과 제시하고 관람객들이 결정을 내리도록 하는 방식을 취했다. 보통 박물관에서는 큐레이터의 입장이 '한쪽으로 치우치지 않으려' 노력하는데, 안네 프랑크 하우스는 서로 반대되는 입장을 함께 전시하는 방식으로서 큐레이터의 중립성을 유지하고자 했다. 이 방식은 관람객이 전시에 반응을 보이도록 하는 데도 효과적이었다. '탈선' 전시에서는 양쪽의 시각이 보여 준 후에 관람객이 선택을 하도록 했다. 어떤 특정한 상황을 놓고 표현의 자유가 차별로부터 보호받을 권리보다 우선한다고 생각한다면 빨간색 버튼을, 그 반대라면 초록색 버튼을 누르게 되고, 투표 결과는 천장에 표를 받은 만큼 빨간색과 초록색 형광등이 켜져서 모두가 볼 수 있게 했다.

때로, '탈선' 전시에서 사용한 몇몇 사례가 왜곡되었다는 지적을 받기도 했다. 하지만 부분적인 왜곡으로 인한 부작용보다, 그 사례에서 찾을 수 있는 가치, 태도, 삶의 경험을 생각해 봄으로써 전시에서 더 많은 것을 얻는다고 볼 수 있을 것이다. '탈선' 전시는 하나의 결론을 의도한 게 아니라 표현의 자유와 차별로부터 보호받을 권리가 동등하게 중요하다는 것, 또 비록 이 가치들이 자주 부딪치지만 이것 역시 민주주의 사회의 중요한 특징이라는 것을 드러내고자 한 것이다. 실제로 전시에 새로운 일화를 넣기 전에 박물관 직원들을 대상으로 시험해 보는데, 의견이 양쪽으로 갈리는 경우에만 그 일화를 사용한다.(반 쿠텐, 2003) 박물관장인 한스 베스트라는 '탈선'과 같은 특별 전시를 기획하

* 2019년 현재, 이 전시는 차별과 인권에 대한 동영상 자료로 계속되고 있으며, 웹사이트에서 다운받거나 볼 수 있다. https://www.annefrank.org/en/education/product/94/free2choose-english/

는 방식에 박물관 조직 내에서도 그동안 변화가 있었다고 설명했다.

5년 전까지만 해도, 관람객들이 박물관 문을 나설 때 우리 박물관이 주장하는 바를 받아들이고 가기를 바랐다. 이 세상에 안네 프랑크 하우스의 생각이 통하기를 바란 것이다. 그러나 이제는 질문 자체를 중심에 놓는다. 이제 우리 박물관의 목표는 이성적인 사고와 측은한 마음, 둘 다 갖도록 하는 것이다.(발레리, 2002)

비밀 별채를 감상한 뒤 관람객이 느끼는 슬프고 괴로운 감정이 '탈선'이나 '선택할 자유'와 같은 전시를 볼 때 영향을 미친다는 것도 고려해야 할 것이다. 대부분의 관람객들이 별채를 돌아보면서 느낀 감정을 현대 문제를 다룬 전시에도 적용하게 된다. 이것은 관람객들이 생각하고 논의하는 과정에서 박물관이 이를 촉발하고 영향을 미칠 역량이 있다는 것을 뒷받침한다. 영국에서 안네 프랑크 하우스를 보러 온 40대 후반의 웹 개발자인 프레디는 이렇게 말했다.

박물관이 정치적, 역사적, 감성적으로 큰 그림을 그리고 있다고 생각해요. 관람객들이 투표를 했던 전시의 마지막 부분에서, 1945년에 있었던 일은 그저 자갈 하나가 시냇물에 떨어진 것이 아니라 지금까지도 계속되고 있음을 보여 주는 좋은 방법이라고 생각했어요. 우리는 지금도 편견을 가지고 있어요. 아일랜드만 봐도 아직 전쟁 중이고, 사람들은 그 전쟁을 겪으며 살고 있습니다. 그것 때문에 내가 지금 고통받는 건 아니지만 다른 사람들은 고통을 받고 있는 거죠. 이 전시는 이러한 양심을 찌르는 것 같아요. '이 일이 나한테 일어난다면 나는 어떻게 반응할까, 어떤 심정일까?'를 생각해 보는 계기가 됐어요.

이 연구 조사가 진행되던 중 안네 프랑크 하우스는 전시를 새롭게 보충하며, 최근에 네덜란드에서 일어난 사건들을 전시에 사례로서 포함시켰다. 네덜란드 사회에서 긴장을 조성하는 사건들과 논란을 전시에서 직접 조명한 것이다. 그동안 네덜란드가 누리던 '관용 있는 사회'라는 평판이 그저 표면적인 것에 불과하다는 연구도 있었지만,[2] 그래도 네덜란드는 다문화적인 조성을 조화롭게 잘 받아들이는 사회라고 여겨졌고, 이 이미지는 최근까지도 이어지고 있었다. 그러나 최근 몇 년 사이 세계 매체를 장식하고 주목을 받은 일련의 사건들을 통해 이 평판은 무너지고 말았고, 국가적으로 이민, 통합, 표현의 자유에 대해 봇물이 터지듯이 논의가 터져나왔다. 이에 발 맞추어 안네 프랑크 하우스 '탈선' 전시에서는 정치인 핌 포르튀인Pim Fortuyn이 헌법 제1조(차별 반대와 평등의 내용을 담고 있다)의 폐지를 주장하다가 살해당한 사건을 다루었다. 네덜란드 국회의원이었던 아얀 히르시 알리Ayaan Hirsi Ali 등이 여성에 대한 처우와 관련해 이슬람을 비난한 사건과 논란들도 사례로 포함되었다. 2004년 박물관 연례 보고서에서는 "11월에 새롭게 보충된 사례들은 네덜란드 영화감독 테오 반 고흐Theo Van Gogh가 살해당한 것과 아얀 히르시 알리가 위협을 느끼고 숨어 지내야 했던 일 등, 일련의 사건들과 시간적으로 맞았다."고 언급하고 있다.(안네 프랑크 하우스)

많은 관람객들이 여러 사례들을 읽고 생각하는 데 상당한 시간을 보내며 전시를 즐기는 듯 보이지만, 박물관 측은 현대 전시는 비밀 별채

---

2 이시드의 연구(1991)를 참고.

만큼 많은 호응을 받지는 못한다고 언급했다.(반 쿠텐, 2003) 더 자세히 다루겠지만, 실제로 어떤 관람객들은 안네 프랑크 하우스가 (또한 '박물관'이라는 기관 자체가) 현재 사안들을 다룰 적합한 장소가 아니라고 주장하기도 했다.

메시지를 받았나요?

이 연구에서는 두 박물관에서 각각 관람객들이 전시를 모두 돌아본 뒤에 인터뷰를 진행했다. "박물관이 어떤 특정한 메시지를 전하려고 한다고 느꼈는가? 그러면 그 메시지가 무엇이라고 생각하는가?"라는 질문에 대해 대답은 양쪽으로 나뉘었다. 몇몇 응답자들은 전시에 메시지가 있다는 것은 편파적이고 관람객을 조종하는 것이라며 박물관의 생각을 받아들이지 않으려는 성향을 보였다. 관람객 인터뷰 자료에서는 두 박물관 모두 특정한 메시지를 전하려는 의도를 느낄 수 없었다는 응답이 더 많았지만, 특히 안네 프랑크 하우스에서 이 경향이 두드러지게 나타났다. 영국 미들섹스에서 온 40대 후반의 교사인 클라이브는 안네 프랑크 하우스를 관람한 소감을 이렇게 말했다.

특정한 메시지라기보다는 정보를 주는 전시였다고 생각해요. 그 시대에 이 거리에서 사는 것이 어땠을지, 한 아이가 창 밖의 운하를 바라보며 어떤 기분이었을까, 말할 수도, 화장실 물을 내릴 수도 없고, 신선한 공기를 마시지도 못하는 기분이 어땠을지를 알게 하는 전시였습니다. 또 압제와 억압하에서 사는 것, 자기의 생각을 강요하는 다른 집단에게 점령당하는 것, 억압당하고 지배당하는 것이 어떤 것인지, 뭐 그런 것들요.

오스트레일리아에서 온 은퇴한 학교 교장인 나이겔에게도 "박물관이 의도적으로 관람객에게 영향력을 행사하려고 한다고 생각하는가"라는 질문을 던졌다.

박물관이 뭔가를 주장하려고 했다고 생각하지 않아요. 일어난 일들을 그대로 보여 주고, 제일 마지막 부분에 각자의 생각을 정하도록 한 것이죠. 세뇌를 하려고 한 것이 아니구요. 있는 그대로, 아니 있었던 그대로 보여 준 것이죠.

독일에서 온 컴퓨터 엔지니어인 나탈리는 이렇게 말했다.

아니오, 이 박물관은 꽤 중립적이에요. 각자 자기의 생각을 정할 수 있었으니까요. 어떤 일이 일어났는지를 보여 줄 뿐이었어요. 사람들이 한 쪽 의견으로 이끌릴 수 있겠지만, 영향을 받았서라기보다, 사실에 대해 알게 되어서죠.

반면 세인트 뭉고 박물관에서는 조금 더 많은 수의 관람객들이 박물관이 특정한 메시지를 전하려고 한다고 응답했지만, 몇몇 관람객은 안네 프랑크 하우스에서 나왔던 것과 비슷한 감상을 표현했다. 핀란드에서 온 학생인 안나는 이렇게 말했다.

제 생각에는, 이 박물관의 전체적인 의도는 사람들에게 정보를 주어 사람들이 잠시 멈춰서 다른 이들의 관점에 대해 생각하도록 하려는 것 같아요. 하긴 모두가 다른 배경과 종교를 가지고 있고, 종교적인 이유로 전쟁이 나기까지도 했으니까요. 잘은 몰라도 저는 특정한 메시지를 받았다고는 생각하지 않아요. 꼬집어 한 가지를 말할 수 없어요.

또한 이 인터뷰에서는 관람객들에게 박물관을 지식과 정보의 공급자로서 어떻게 생각하는지 (일반적으로 어떻게 생각하는지, 또 다른 종류의 미디어와 비교해서 어떤지) 물었다. 이 질문에 대해서는 박물관은 왜곡이 적고 믿을 만한 매체라는 의견이 두드러지게 많았다. 이러한 신뢰가 박물관이 편견과 싸우는 데 있어서 어떤 의미가 있는지는 5장에서 다시 설명하겠다.

박물관 전시에 특정한 메시지가 있었는지, 그 유무를 물었을 때보다 "박물관이 전하려고 하는 특정한 관점은 무엇인가"라는 질문에 대해서 두 장소의 관람객들 모두 더 쉽게 받아들였다. 다수의 관람객들이 박물관이 의도한 메시지의 몇 가지를 찾아내고 이를 설명하기도 했다. 안네 프랑크 하우스에서 나온 전형적인 대답을 몇 가지 보자.

"박물관은 아주 작은 일에서부터 점점 더 커다란 일로 우리의 주의를 이끌어가는 것 같아요. 예를 들면 누군가를 차별하는 것은 작은 일일 수도 있지만, 그 차별 때문에 수많은 사람이 죽는 것으로 이어질 수도 있다는 거죠. 아주 작은 일에서 큰 일이 생겨난다는 것이 메시지라고 생각해요."

"이미 일어났던 일을 반복하지 말자는 것이죠. 아주 중요한 메시지라고 생각합니다. 다시 그 일이 일어나게 둘 수 없고, 우리가 살고 싶은 세상이 어떤 곳인지 생각해 보자는 거죠."

"전체적으로 전시에 차별주의에 반대하는 메시지가 있는 것 같아요."

마찬가지로 세인트 뭉고 박물관에서도 많은 관람객이 메시지를 찾아 다양한 방법으로 표현했지만, 대체로 '서로를 이해하고 존중하자'는 메시지라고 응답했다.

"글래스고는 다문화 사회이고, 이것은 한 지붕 아래서 여러 가족이 사는 것과 비슷합니다. 결국 우리는 모두 이웃이고, 서로 다른 배경과 종교를 가지고 있다고 해도 잘 지내기 위해 노력해야 한다는 것을 의미한다고 생각합니다."

"우리가 사는 사회가 다문화 사회라는 것은 오래 전부터 계속 강조되어 왔죠. 영국이 기독교 국가라고 하던 때도 있었고 나 역시 기독교를 믿지만, 사실 기독교 안에서도 너무나 다른 문화가 함께 들어 있어요. 결국 우리와 다른 문화와 다른 종교에 대해서 배우려고 노력해야 하다고 생각해요."

이렇게, 많은 관람객들이 박물관이 의도한 메시지의 요점을 알아보고 이해했다고 볼 수 있지만, 이것을 관람객들이 이 메시지에 동의했다거나 깊이 받아들였다고 본다면 너무 안일한 접근일 것이다. 앞으로 보겠지만,

전시에 들어 있는 중요한 포인트를 관람객이 이해했다고 해서, 전시의 내용(텍스트)이 모든 것을 결정한다는 텍스트 중심 이론으로 해석할 수는 없기 때문이다. 4장에서는 관람객이 전시에서 받아들인 메시지에 얼마나 다양하고, 복잡하고, 예측 불가한 방법으로 반응하는지를 볼 것이다.

방문의 의도

관람객들이 박물관이 의도한 메시지를 이렇게 '알아맞히는 것'이 처음에는 놀랍기도 했다. 애초에 관람객이 관람 내용을 이해하고 해석하는 능력을 의심했기 때문이 아니라 인터뷰에서 보여 주듯이 대부분의 관람객은 박물관에 어떤 사회적 목적이 있는지를 전혀 의식하지 않고 방문했기 때문이다.

많은 관람객들이 이 두 박물관에 온 이유로 '여가 생활을 즐기기 위해서'를 꼽았다. 특정한 그림을 보거나 여유 시간을 즐기거나, 친구나 친척을 방문하는 길에 들렀다는 것이다. 이해하기 어려웠던 문화에 대해 배우고 싶다는 의식을 가지거나 편견에 관련해서 참여하려는 의도를 표명한 관람객은 거의 없었다. 즉 여느 박물관에 방문한 것과 같은 느낌과 마음으로 안네 프랑크 하우스나 세인트 뭉고 박물관에 왔다는 것이다.[3] 특히

---

3 박물관 이름이나 언론, 평판 등을 통해 (예를 들어 평화 박물관, 관용의 박물관, 인권 박물관 등) 사회적 목적과 도덕적 자세를 공공연하게 드러내는 박물관들은 이러한 장소가 '나와 맞지 않는다'고 생각하는 잠재적 관람객들을 미리 걸러낸다고 볼 수 있을 것이다. 이와는 다르게, 안네 프랑크 하우스, 세인트 뭉고 박물관 등 사회적 목적을 그 정도로 분명하게 드러내지 않는 박물관들의 경우에는, 많든 적든 간에 '미처 인식하지 못한 관람객들을 잡을 수 있다'는 것이며, 그 결과 자기 의지로는 오지 않았을 관람객들에게 영향력을 미칠 수 있다는 것이다.

세인트 뭉고 박물관에서는 살바도르 달리의 유명한 그림 '십자가 성 요한의 그리스도'를 보러 왔다는 경우가 많았다.(그림 3-6)[4]

1주간 글래스고에 다니러 온 부모님과 함께 박물관에 왔습니다. 살바도르 달리 그림이 있다는 것을 알고 있었는데 아버지께서 보고 싶어 하셨고, 엄마와 저는 박물관을 둘러보고 그 옆 성당에 가보고 싶었거든요."(루스, 글래스고의 가정주부)

회계사인 짐은 아내와 휴가차 세인트 뭉고 박물관에 왔다고 말했다.

투어 버스를 타고 관광 후 돌아가는 길에 성당을 보려고 생각했어요. 그런데 친구가 살바도르 달리 그림에 대해서 얘기했던 생각이 나더라고요. 그 그림이 여기 있다는 말을 들었으니 와서 보기로 한 거죠.

특별한 목적이 없었던 관람객들은 세인트 뭉고에 온 이유로 '우연한 기회'를 들었다. "이 도시에서 볼만한 게 있는지 호텔 리셉션에 묻자 여기를 추천했어요. 오길 잘한 것 같아요." 딸과 방문한 발레리의 대답이다. 영국 브래드포드 지역에서 살며 케이터링 업계에서 일하는 유니스라는 여성은 글래스고 여행 중에 혼자 세인트 뭉고에 방문했다.

여기 박물관이 있는지도 몰랐어요. 글래스고 성당을 보러 왔다가 이

---

4 2006년, 이 작품은 글래스고 박물관연합의 일부인 켈빈그로브 박물관·미술관Kelvingrove Museum and Art Gallery으로 옮겨졌다. 이 박물관은 세인트 뭉고 박물관이 생기기 전에 이 작품이 원래 걸려 있던 장소였다.

그림 3-6 살바도르 달리의 '십자가 성 요한의 그리스도'(자료 제공: 글래스고 박물관연합)

박물관을 찾게 되어서 저도 놀랐어요.

　세인트 뭉고에 처음 방문한 사람들은 대개 기초적인 수준의 기대를 가지고 온 경우가 많았다. 종교적 삶에 대한 박물관에 무엇이 전시되어 있을지 알 수 없는 불확실성을 가지고 왔다는 말이다. 반대로 안네 프랑크 하우스를 방문한 관람객은 이곳에 가면 무엇을 볼 것이라는 분명한 기대가 있었다. 이런 기대감은 다양한 경험에서 온 것이다. 많은 관람객들이 『안네 프랑크의 일기』를 읽고 방문했다고 응답했고, 전에 방문했던 사람들로부터 추천을 받거나, 안네 프랑크의 삶에 대해 다룬 수 많은 다큐멘터리나 드라마 등을 보고 온 경우도 많았다. 즉, 세인트 뭉고를 방문한 사람들의 대부분이 다소 충동적으로 '들러보자'고 생각해서 온 것이라면 안네 프랑크 하우스의 관람객은 분명한 목적을 가지고 결정을 내려서 온 경우가 많았고, 또 오기 위해서 상당한 노력을 기울인 경우가 많았다.(그림 3-7) 이러한 차이는 아마도 각각 박물관들이 놓여 있는 상황이 다르기 때문일 것이다. 세인트 뭉고는 무료 입장인데다가 보통 줄을 서지 않고 입장하지만, 안네 프랑크 하우스에는 입장료가 있고* 보통 오랜 시간 줄을 서야 들어갈 수 있다. 안네 프랑크라는 상징적인 인물의 영향력 또한 관람객들이 안네 프랑크 하우스에 오기로 결정한 이유가 되었다.

　그 책을 읽고 나서, 여기에 꼭 와보고 싶었어요. 너무나 놀라웠고, 여기 이 집이 있고 전시도 있다는 것을 알았을 때 정말 흥미로워서 와서 보고 싶었지요.

＊ 2019년 4월 안네 프랑크 하우스의 입장료는 성인 9.50유로이다.

그림 3-7 안네 프랑크 하우스에 입장하기 위해, 관람객들은 보통 건물 밖에 긴 줄을 서야 한다.

시드니에서 보모로 일하고 있는 린지는 친구와 방문했다

홍보가 잘되어 있잖아요. 사실 그 때문이죠. '암스테르담 패스'를 구입했는데 거기 나와 있는 다른 박물관에 대해서는 전에 들어본 적이 없었어요. 아마도 모두 흥미로운 곳이겠지만, 이 박물관은 세계적인 곳이잖아요. 일기도 있고. 그래서 온 거죠.

영국 더비 지방에서 가족과 방문한 로버트의 말이다.

사실상 암스테르담 관광 지도에 나와 있는 박물관 중에 안네 프랑크 하우스는 비교 불가능한 우위를 차지하고 있다. 때로 관광객들은 이곳을 꼭 방문해야만 한다는 어떤 의무감을 갖기도 한다. 미국 콜로라도에서 친구들과 함께 방문한 은퇴한 교사인 베티는 이렇게 설명했다.

역사의 한 부분이니까요. 암스테르담에 오면 안네 프랑크 하우스에 와야죠. 여기까지 와서 안네 프랑크 하우스에 방문하지 않는 사람은 없어요.

독일에서 온 교사 사이먼은 이렇게 말했다.

안네 프랑크는 너무나 잘 알려져 있어서, 이 박물관에 오는 건 거의 의무로 여겨졌어요. 안네에 대해 읽기도 했고, 역사 교사이기도 한 나에게, 이 방문은 필수적이었던 것 같아요.

예상치 못한 것과 마주치다

관람객은 각각 다양한 목적 의식과 의도를 가지고 박물관에 접근한다고 정리할 수 있을 것이다. 5장에서 다시 다루겠지만 아주 적은 수의 인터뷰 대상자들만이 '문화적 차이를 이해하고 싶어서' 방문했다는 이유를 들었다. 그러다 보니 대부분의 방문자들은 박물관을 돌다가 전혀 기대치 않은, 심지어 불편하기까지한 부분과 맞닥뜨리기도 하였다. 영국 타인사이드에서 사무직으로 일하는 데보라는 딸과 함께 방문했다고 하며 다음과 같이 말했다.

살바도르 달리 그림을 보러 온 것이 방문의 주요한 이유였지만, 다양한 종교를 돌아보는 것도 꽤 즐거웠어요. 삶이나 죽음, 결혼 등에 대해 서로 다르게 받아들이는 종교적 작품들이 함께 전시되어 있었는데, 달리의 그림만큼이나 흥미로웠어요.

미국에서 지역사회센터에서 일하는 50대의 마이클도, 안네 프랑크 하우스를 본 후 이렇게 소감을 말했다.

이 박물관을 나오면서 어쩐지 좀 불편한 느낌이 든 것은 사실이지만, 나는 사실 이것도 좋은 것이라고 생각해요. 사람들은 보통 불편한 감정을 느끼게 하는 곳을 좋아하지 않지만 이 어린 소녀, 아니 젊은 여성인 안네에게는 특별히 사람의 마음을 끄는 면이 있는 것 같아요. 우리를 끌어당기고, 우리가 '지금 나갈 수는 없어. 보고 싶지 않아도 꼭 대면해야 하는 문제가 있어.'라고 생각하도록 하는 것 같아요.

반면 어떤 관람객들은 전시에서 자신의 기대나 의견과 맞지 않은 부분들을 대면하고서 심하게 불편해하기도 했다. 50대 전기통신 기사인 톰과 학교 관리부서에서 일하는 그의 아내 리넷은 '탈선' 전시를 보고 난 뒤 느낀 점에 대해 그 자리에서 토론을 벌였다.

톰 네덜란드에서는 게이와 레즈비언, 그 권리에 대해서 법적으로 훨씬 보장이 잘 되어 있어. 그게 진보적인 것인지는 모르겠고, 또 다른 나라에서 이 흐름을 따라가고 있는지 아닌지는 모르겠지만….
리넷 (끼어들며) 맞는 장소가 아니었다고 생각해요. 침울한 마음으로 박물관을 돌아본 뒤에 보기에는 그 전시는 너무 뜻밖이었고, 맥락상 맞지 않았고요. 어두운 조명 아래 조용한 분위기에서 박물관을 돌아본 다음에 갑자기 극장에 앉아서 무슬림 종교의 입장에서 게이와 레즈비언이 옳으냐 틀리냐에 대한 논의를 보게 되니, 당황스러웠어요.

비슷한 예로, 세인트 뭉고 박물관에는 '종교적 삶' 전시실에 '시대의 도래'라는 주제 아래 고통스러워하는 어린 소녀의 사진이 다음과 같은 텍스트와 함께 전시되어 있다.

1980년대 이집트 카이로에서 이루어진 클리토리스 제거 의식. 여성의 성기를 제거하는 이 의식은 아프리카와 중동의 약 7,000만 명에게 행해졌다. WHO에서는 이 의식을 비판해 왔지만, 이집트와 말리 등 많은 국가에서는 최근에서야 이 의식을 법으로 금지했다.

이 전시는 충격과 논란을 불러 일으켰고, 많은 사람들이 이 사진과 텍스트를 박물관에서 보는 데 대해 불편함을 표현했다. 한 관람객은 2003년 4월 20일 전시장 내 '토크백 보드'에 다음과 같은 코멘트를 달아 두었다.

'시대의 도래' 섹션에 성적으로 학대받는 여성의 사진을 전시한 것은 도대체 무슨 생각에서였나? 당신이 고문당하는 모습을 사진 찍어서 공공 장소에서 전시한다면 좋겠는가? 그런 일을 겪는 상황에서 얼굴을 드러내고 싶겠는가? 이 일은 전체적인 전시의 신뢰를 완전히 깨뜨리는 일이다. 이런 일이 일어나는 것 자체만으로도 끔찍한 일인데,

이 사진까지 전시해야만 했는가? 한 마디로 역겨웠다.

인터뷰 대상자의 대부분이 사진에 대해 언급했고 이 사진이 박물관에 전시하기 걸맞은 것인지에 대해서 의견이 양쪽으로 갈렸다. 영국 레스터에서 온 은퇴한 인류학자인 엘리노어는 이런 불편한 사안을 다루기로 한 박물관의 결정을 지지한다고 말했다.

적어도 나에게는 아주 오래 남을 이미지예요. 어떤 사진을 말하는지 알겠죠? 여자에게는 가장 끔찍한 경험일 거라고 생각했는데, 실제로 사진을 보고 나니 글로 읽었을 때보다 더 충격적이었어요. 아직도 시행되고 있다니, 그 의식 자체도 지독한 일이지만 분명 뒤따라오는 나쁜 감염도 있을 거고 죽는 사람도 있을 거예요. 하지만 우리가 그런 일이 있다는 것을 보고 알게 되는 것은 좋은 것이죠. 안 그런가요?

많은 관람객들이 생각지도 못했던 어렵고 괴로운 주제를 박물관에서 만났다는 데 대해 불편함을 표시했다. 물론 복잡하고 어려운 주제를 다루는 박물관에서 이런 반응들은 자주 있는 일이다. 박물관이 개관한 지 1년이 채 되지 않은 시점에 발표한 논문에서, 마크 오닐은 이 사진이 전시에서 특히나 '자극적'이고 논쟁적인 부분이었다며 이렇게 설명했다.

이 전시를 기획하며, 우리는 여성의 성기 절단에 대한 전시물에 가장 중점을 두고 심각하게 논의하였다. 이 전시가 열리고, 지역사회의 페미니스트 단체들은 이것은 젠더의 문제지 종교의 문제가 아니며, 박물관이 '시대의 도래' 섹션에서 이 사안을 별것 아닌 듯이 가볍게 다루고 있다고 비난했다. 다음날, 이 단체들이 박물관에서 피켓을 들고 시위를 하며, 클리토리스를 제거당하고 고통과 배신감을 느끼는 어린 소녀의 사진을 당장 치우라고 요구했다. 사실 박물관 전시 기획 팀이 사진의 설명문을 작성할 때 '할례'라는 용어를 쓴 것은 수많은 논의 끝에 결정한 것이었다. 또 우리가 그 의식 자체를 설명문에서 직접적으로 비난하지는 않기로 결정한 것은 그 사진 자체가 이미 많은 것을 말해 주고 있었기 때문이었다. 박물관 계단에서 이 같은 설명이 한 시간가량 오간 끝에, 페미니스트 단체 시위자들은 박물관 측과 공식적으로 만나서 자세한 논의를 하기로 합의했다. 사진 설명을 수정하는 과정을 거치며, 박물관 전시 팀 직원들은 박물관이 이 사안을 다룰 권리가 있음을, 아니 그보다 의무가 있음을 확신하게 되었다.(마크 오닐, 1994)

결론

세인트 뭉고 박물관과 안네 프랑크 하우스는 박물관이 긍정적인 사회 변화를 이끌 수 있다는 것을 보여 주려는 야심찬 사명감을 공유하고 있다. 이 박물관들에서 다루는 주제나 해석 방법도 독특하지만 더 큰 특징은 사람들의 감성을 울리면서도 동시에 정치적인 문제를 직시하게 하는 전시를 하고 있다는 점이다. 그 결과, 대중의 생각이 양쪽으로 갈릴 만한 논란에 대해서는 뒤로 물러나 있는 다른 박물관에 비해, 이 박물관들은 훨씬 더 많은 비판과 질타를 받기도 한다.

이러한 전시는 관람객이 각자 의견을 표현하고 논의에 참여하는 것을 목표로 한다. 또 우리 사회로부터 사회적 정의와 동등한 인권을 지지하는 역할을 해주리라는 기대를 한 몸에 받고 있기도 하다. 박물관은 도덕적인 입장을 지키는 데는 강경해야 하지만, 한편 옹호하는 가치와 입장을 관람객이 잘 받아들이도록 하기 위해 여러 면을 세심하게 살필 필요도 있다. 실제로 이 박물관들은 관람객이 복잡하고 어려운 삶의 질문에 대해 더 생각해 보고 편안하게 대화에 참여하도록 여러 주의를 기울이고 있다.

　그렇다면 전시를 보면서 일어나는 자연스러운 반응의 과정에서, 관람객이 편견에 반하는 생각을 갖도록 이끄는 것이 정말 가능한 것일까? 이 중요한 질문의 답을 찾기 위해, 다음 두 장에서는 관람객이 전시에 참여하면서 남긴 대화, 글로 된 피드백 등을 더 자세하게 분석하여 이야기를 진행하려 한다. 특히, 관람객이 전시 내용을 받아들이는 과정에서 어떤 작용이 일어나는지를 보고, 사회학과 문화학 이론을 접목해서 미디어와 관람객(독자) 간의 관계를 해석할 것이다. 이를 통해서 궁극적으로 목표하는 것은, 박물관이 편견의 문제를 다루는 데 있어서 관람객의 참여가 어떤 효과와 영향력을 가지는지를 알아보려고 하는 것이다.

4장

관람객과 전시의 만남:
둘 사이의 조화를 다시 생각하다

전시실 안에 이미 여러 가지 세부적인 내용과 소통의 가능성이 들어 있음에도, 관람객들은 이 정보들을 대부분 지나쳐 버리고, 스스로 질문을 던지고 대답을 해가며, 작품의 어떤 부분에만 집중하거나 작품 설명은 뛰어넘어 버리는 등, 전시 기획자가 전혀 생각하지도 못했던 방식으로 자신의 관심사와 경험에 비추어 이해하려 할 것이다.(크라츠, 2002)

케냐의 오키에크Okiek 민족을 다룬 사진전을 기획하며, 코린 크라츠 Corrine Kratz는 기존의 민족 문화 전시가 대상을 지나치게 단순화시켜 특징짓는 전체주의적인 시선에 도전하고자 하였으나, 이 과정에서 양면적인 딜레마를 만났다고 했다. 관람객과 전시가 만나고 해석이 일어나는 과정에서, 관람객이 전시에서 받은 것과 전시가 관람객에게 미친 것 사이에 생각지 못한 복잡한 소통 과정이 있었기 때문이다. 관람이 진지하든 피상적이든, 짧게 끝나든 길어지든, 목적 지향적이든 자유로운 형태든, 관람객은 각각 다양한 형태로 집중하고 참여하며 감정을 이입한다. 이렇게 관람객의 참여와 몰입의 정도가 모두 다르고 예측 불가능하지만, 그렇다고 아예 유형을 찾을 수 없는 것도 아니다. 이렇게, 관람객의 몰입하는 과정의 특성을 포착하고 의미를 찾아내기가 어렵기 때문에 편견과 싸우는 박물관의 주체적 행위Agency에 대한 연구가 상대적으로 적은 것이기도 하다.

현대 사회의 독자(관객)를 '의미를 만들어내는 적극적인 존재'로서 이해하게 되면서 편견과 싸우는 박물관은 또 다른 어려움을 직면하게 되었다. 이전에 자주 사용되던 '문화 전달 이론'이나 '텍스트 중심' 모델에서는 '수동적으로 메시지를 받아 비판없이 흡수하는 독자'를 전제로 하는데, 이 같은 개념은 더 이상 호응을 받지 못하고 있다. 오히려, 박물관 관람객들은 개인적, 사회 문화적 요소와 전시에서 받은 영향을 조정하여 스스로 다양한 의미를 만들어낼 수 있다고 보는데, 심지어 이 의미는 박물관의 의도에 반하는 것일 수도 있다는 것이다. 예를 들어 박물관은 관용적이고 평등주의적인 반응을 의도했는데, 관람객은 동성애 혐오, 인종 차별, 성차별 등 편견에 가득찬 반응을 보일 수도 있다. 또한 최근 박물관학에서 통용되는 학습 모델인 구성주의 학습에서도 박물관이 어떤 결과만을 '정당한' 것으로 상정할 것이 아니라, 관람객들이 각자 구축한 의미를 인정하고 받아들일 수 있어야 한다고 주장한다.(하인, 1998) 그러면 이런 점을 고려할 때, 편견과 맞서는 데 있어서 박물관의 역할과 행위를 어떻게 이해해야 할까? 그동안 관람객과 미디어는 서로 우위를 차지하기 위해 마찰과 투쟁을 빚는 관계로 인식되었는데, 이제 둘 간에 어떻게 조화를 이루어야 할 것인가?

이 질문들을 풀어나가기 위해, 안네 프랑크 하우스와 세인트 뭉고 박물관에 온 관람객의 반응을 분석하면서 이 안에서 주제와 유형을 찾아보려고 한다. 이 장에서는 특히, 관람객들이 박물관의 메시지에 동참하는 가운데, 자신이 가진 문화적 특성을 어떻게 표현하는지에 초점을 맞춘다. 다음 장(5장)에서는 박물관 경험이 있는 독특한 특성이 관람객의 반응에 미치는 영향을 논의할 것이다. 이를 위해, 먼저 미디어와 관람객의 관계를 다루는 연구들이 그동안 어떤 방향으로 변화했는지를 보도록 할 것인데, 전체적인 그림을 먼저 보고 우리의 문제들을 설명할 수 있는 이론적 개요를 발전시켜야 이 연구가 독자 연구라는 넓은 분야에서도 연결고리를 가질 것이기 때문이다. 이후 사례 연구에서 얻은 경험적 자료를 보면서, 편견에 반대하는 박물관이 전시실 안에 '기호화'해 놓은 메시지에 관람객들이 어떻게 반응하며 관여하는지를 집중적으로 살펴볼 것이다. 이 장의 마지막 부분에서는, 이 연구에서 차용한 관람객의 수용 이론이 어떤 점에서 타당한지를 다시 한 번 짚어보도록 한다. 다시 말해, 이 장의 목적은 관람객이 박물관 전시에 깊이 몰입하면서 '다름'을 새로이 정의하고 의미 있게 느낄 수 있도록, 또한 박물관의 역할을 더 유연하고 정교하게 설명할 수 있도록 조금 더 나은 접근을 제시하려는 것이다. 또한, 이렇게 하여 관람객은 평등, 다문화적인 이해와 상호 존중이 얼마나 중요한지, 더 가깝게 느낄 수 있을 것이다.

텍스트와 능동적인 관람객, 어느 쪽이 결정적 요인일까

20세기 내내, 학자들은 미디어에 대중을 설득하고 구슬릴 능력이 있는지, 나아가 관람객에게 영향을 주어서 원하는 방향으로 움직이게 할 능력이 있는지 그 가능성에 계속 주목해 왔다. 여러 미디어 연구들에서 다양한 이론적 시각으로, 여러 접근 방식으로 이 문제를 다루었지만, 결국 이 모든 연구의 공통점으로 볼 수 있는 것은 '어떤 형태의 영향력에 대해서 어느 정도의 우려'를 공유하고 있었다는 것 정도다.(코너 외, 1997)

이 연구에서는 사회학적 이론을 적용하여 그동안 미디어가 가진 '영향을 미칠 가능성'influencability (루독, 2001)을 다룬 연구들이 기저에 가지고 있는 전제를 다시 짚어보려고 한다. 많은 연구에서 직·간접적으로 전제하기를, 미디어는 전체 사회와 독자의 이익에 반하더라도 자기 잇속을 추구하며, 이를 위해 바람직하지 않은 영향력까지도 행사하려 한다는 것이다.[1] 이 전제는 미디어 연구에서 자주 사용하는 용어와 표현에서도 드러난다. 미디어의 '영향력'을 설명할 때 '남을 조종하고' '악의적'이라는 표현이 자주 등장하며, 독자는 '불쌍할 정도로 무력한' 존재로(같은 책), 아주 드물게는 미디어의 조종에 '용감하게 저항하는' 존재로 표현되는 것이다. 나아가, 소비자가 자신의 생각과 의미를 표현하는 것은 미디어 기획자들이 심어 놓은 의미에 맞서는 것으로 보며, 권력에 맞서는 소비자의 가능성으로 보고 환영하기도 한다. 그러나 이렇게 관람객의 자발적인 행위가 강조되면, 범문화적인 존중과 이해를 높이고자 하는 박물관으로서는 어려움을 만나게 된다는 문제점이 생긴다. 주목해야 할 또 다른 모순점은, 박물관이 편견과 비관용을 개선하려는 노력이 많은 단체로부터 환영받으며 소외되었던 여러 단체에게 도움이 되는 것이지만, 이러한 전략에 숨은 의도를 비판적으로 살펴볼 필요가 있다는 것이다. 영국 국내의 비관용적인 태도를 연구한 데렉 맥

---

1 이러한 접근은 아도르노Adorno(1991)의 연구에서 전형적으로 드러난다.

기Derek McGee는 우리 사회의 편견과 증오를 사회 문제로 제기하는 것은 그 뒤에 존재하는 커다란 사회 경제적 불평등으로부터 주의를 돌리려는 정부 기관의 의도일 수 있음을 지적했다. 표면적으로는 진보적이고 호의적으로 보여도, 실상 그 뒤에는 강제와 억압이 있을 수 있다는 것이다.

이렇게 사회적인 목적을 가진 박물관에 대한 여러 비판에도 불구하고, 박물관을 사회적 통제와 조종만을 목적으로 하는 기관으로 보거나 정부의 이익에 부합하려고 사회적 변화를 꾀하는 것으로 생각한다면, 오늘날 세계 곳곳에서 편견과 싸우고 범문화적 이해를 도모하는 다양한 프로젝트와 박물관의 움직임을 도저히 다 설명할 수 없다.[2] 더욱이, 편견 방지를 위한 박물관 프로그램은 주로 소외된 집단과 함께 계획하고 실행해 왔다는 점, 때로는 이런 사안에 대해서 너무도 냉담한 정부의 정책에 맞서기도 했다는 것을 고려해야 할 것이다. 이 글에서는, 박물관이 긍정적인 사회적 '효과'와 영향력을 주기 위해 노력한다는 사실을 생각할 때, 그동안 미디어의 영향력에 대한 연구가 전제했던 개념에는 (부정적인 용어 사용으로 나타난 효과까지도 포함하여) 너무도 깊은 한계가 있다고 주장하고 싶다.

지난 약 50년간 여러 연구에서 미디어의 영향력에 대한 우려를 표했지만, 최근 미디어(텍스트)와 독자(관람객)의 관계에 있어서 패러다임에 큰 변화가 있었고, 그러면서 관람객 연구에 있어서 전통이라 할 분류 체계도 구축되었다.[3] 각 연구에서 사용하는 용어나 연구 단계 분류는 조금

---

2 애플턴Appleton의 연구(2001)를 참고.

3 맥쿼일McQuail(1997), 무어스Moores(1993), 알라수타리Alaasutari(1999), 맥도널드 McDonald(2002) 참고.

씩 다르지만, 전체의 개념은 많은 부분에서 일치한다. 니콜라스 애버크롬비와 브라이언 롱허스트Abercrombie and Longhurst(1998)의 설명이 특히 유용한데, 미디어의 영향력을 보기 위해 관람객 연구를 세 가지의 단계로 제시하였다. 바로 '효과', '이용과 충족', '기호화 해독'이다.

'효과' 모델

'전통적 효과'라고도 알려진 이 연구는 관람객이 미디어 소비를 할 때 비교적 쉽게 영향을 받는 존재라는 생각에 기반한다. 최근 관람객(독자) 연구 분야에서 이 모델에 대한 반대 의견이 높아지고 있기는 하지만, 여전히 여러 연구 전반에 스며들어 있고, 일반 대중의 생각에도 뿌리 깊게 자리 잡고 있다. 특히나 텔레비전 폭력이나 성에 대한 묘사가 관람객에게 주는 영향과 그 검열에 대한 논의에서 이 모델의 영향력이 강하게 드러난다.(같은 책) 애버크롬비와 롱허스트는 효과 모델의 특징을 이렇게 정리했다.

미디어의 효과를 다룬 연구의 초기 단계에서는 개개인과 사회에 대한 미디어의 영향을 거의 중재가 불가능할 정도로 직접적인 것으로 보았다. 이 모델의 핵심은 미디어가 대중에게 마약처럼 메시지를 주입한다고 보는 것이다. 결국 관람객은 그 자극에 아주 직접적으로 반응할 수밖에 없다.(같은 책)

다시 말해 '전통적 효과' 연구는 미디어의 적극적이고 주체적인 행위를 당연하게 받아들이고, 독자를 '무비판적이고 순진한 바보'로 치부한다. 전통적 효과를 기반으로 한 대다수의 연구가 미디어의 입장에서 수립되었다는 점을 생각하면 당연한 일이기도 하다. 미디어 기관의 이익을 중심으로, 미디어가 어떻게 더 뻗어가야 할지 대상 독자의 크기와 구성을 조사하기 위해, 즉 미디어의 성공 여부와 그 영향력을 알기 위해 이루어진 연구이기 때문이다.(맥퀘일, 1997)

'전통적 효과'의 특징은 박물관학 내부의 관람객 연구에서도 찾아볼 수 있다. 샤론 맥도널드Sharon McDonald가 언급했듯이, 그동안 이루어진 박물관 관람객 연구의 대부분은 다음과 같은 내용을 다루고 있다.

> 방문자가 무엇을 배웠는가' 또는 '관람객이 의도된 메시지를 받아들였는가, 받아들이지 않았는가' 등 관람객의 인지를 강조하는 것은 관람객을 '수동적'으로 특정 짓는 접근 방식으로, 컨베이어 벨트 모델에 기반하고 있다. 정보가 대중에게 효과적으로 '방출'되었는지를 보고 이를 방해하는 것들을 찾아내는 것을 중요하게 여기는데, 예를 들어 관람객의 교육 수준이나 이전부터 갖고 있던 '잘못된 생각' 등, 방해 요소를 골라내는 것이다.(맥도널드, 2002)

이용과 충족 연구

애버크롬비와 롱허스트Abercrombie and Longhurst가 설명한 두번째 단계에서는 '미디어의 영향력'으로부터 '독자의 활용'으로 초점을 옮긴다. 다시 말해, '이용과 충족' 연구에서는 '효과' 연구에서 했던 질문을 뒤집어서, '미디어가 관객에게 어떤 영향을 주느냐'가 아니라 '관객들이 미디어를 이용하여 무엇을 하느냐'에 관심을 가진다.

1) 사회학과 심리학의 관점에서 봤을 때 2) '필요'는 3) 대중 매체 등 여러 정보에 대한 4) 기대를 갖게 한다. 5) 이를 통해 관람객은 다양한 자료에 새롭게 노출되거나, 그 밖의 활동에 참여를 하게 된다. 6) 그렇게 해서 필요가 충족되고, 7) 전혀 의도하지 않았던 다른 결과까지도 함께 생겨날 수 있다.(크라츠 외, 1974)

여기서 상정하는 능동적인 관람객은 최근의 연구에서도 널리 받아들여지는 개념이지만, 이 '이용과 충족' 모델에도 비판을 받는 부분이 있다. 애버크롬비와 롱허스트는 '효과' 모델과 '이용과 충족' 두 접근법 모두 '행동 중심'이라는 패러다임에 근거하고 있다고 주장하며, 이 행동주의 패러다임에 대한 세 가지의 중요한 비판점을 들었다.

첫째로, '이용과 충족' 모델에서는 관람객을 개인 아니면 사회 전체로 상정하며, 사회 안에 여러 단체가 있고 그들끼리도 소통이 있다는 점은 간과한다. 이렇게 되면 개개인은 제각각 미디어의 영향을 받고 사용하고, 사회도 어떤 특정한 방향으로 이끌려가는 것이 된다. 두 번째, 독자는 자극 요인에 의해 영향을 받거나 이 자극을 이용하고 반응하는 존재가 됨으로써, 이들이 텍스트와 의미 분석을 하는 과정은 간과하고, 이에 따라 의미와 텍스트가 가진 복잡한 구조적 특징에 대해서도 지나치게 된다. 세 번째로 선전물이나 캠페인의 영향력, 또는 개인이 이용과 충족을 위한 필요 등 미디어의 '기능'만을 지나치게 강조하게 된다.(1998)

스튜어트 홀Stuart Hall도 기호화 해독 모델에서 두 접근 모두 행동주의적인 특성에 기반하고 있다는 점을 지적했다. 홀의 기호화 해독 모델은 애버크롬비와 롱허스트 연구에서 세 번째 단계로 소개되었을 뿐 아니라, 전반적인 미디어와 독자 관계 연구에 있어서 커다란 패러다임의 변화를 가져왔다. 기호화 해독 모델은 앞선 두 단계 연구에서는 "투표 상자만을 다루던 것을 넘어서, 그 이전의 포괄적인 역사적 변화와 정치적인 과정이 어떻게 형성되어 왔는지부터, 사회적 정치적 권력, 사회적 구조와 경제적 관계까지도 담으려고 노력"(홀, 1982)하고 있다.

기호화와 해독 연구: '효과'에서 '전용'으로

스튜어트 홀의 기호화 해독 연구는 생산과 소비의 구분을 희미하게 지우고 미디어-독자 간의 관계를 새로 정의하는 혁신적인 시도를 하였다. 전통적으로, 미디어의 '효과'를 일방적으로 받아들이는 존재로 인식되던 관람객은 이제는 소통이라는 회로에서 메시지 생산 과정에 참여하고, 구성하며, 유통하는 역할을 하게 되었다.(홀, 1990) 이렇게 기호화 해독 모델은 독자의 '수용'에 초점을 맞춘다는 점에서 기호의 개념을 뒤집은 새로운 연구의 시작점이 되었다. 홀에 따르면 문화를 생산하는 시점에서 메시지가 기호화되긴 하지만, "메시지가 '효과'를 갖고 '필요'를 충족하며 '사용'되기 위해서는, 먼저 의미 있는 담론으로서 '전용'되고, 또 의미 있게 '해독'이 되어야 한다. 즉, 먼저 해독이 되어야 '효과가 생기고', 영향력을 가지며, 즐거움을 주고, 가르치며 설득하는 것이 가능해진다. 그럼으로써 결국 복잡한 지각적, 인식적, 감정적, 사상적, 행동적 결과도 생겨난다는 것이다."(홀, 1990)

이 분석에 따르면, 박물관이 전시에 기호화한 목적이 관람객들에게 잘 전해졌는지 그 '효과'를 확인하기 위해서는 독자들이 메시지를 어떻게 받아들이고, 해독하고, 사용하였는지를 먼저 보아야 한다. 그렇게 해서 독자들은 소비하라고 놓아 둔 메시지를 순종적으로 흡수하는 존재가 아니라, 능동적인 주체로서 자기 자신만의 의미를 구성하고, 주어진 메시지를 해독뿐 아니라 '새로이 독해해서', 처음 만들어졌을 때와 완전히 다른 의미를 재생산해 낼 수 있는 존재로 떠오르게 되었다.

애버크롬비와 롱허스트Abercrombie and Longhurst의 '관람객 연구'의 분류 체계에서도, 초기의 행동 중심적 연구에서 새로운 방향으로 이동하는 데는 홀의 기호화 해독 모델에 의지하고 있다. 이들은 여기에 새로이 통합-저항 패러다임Incorporation/ Resistance Paradigm(IRP)이라는 이름을 붙였는데, 이것의 행동 중심적 패러다임과 가장 큰 차이점은, '관람객이 미디어의 활동에 참여함으로써 주된 사상에 통합되어 가는지, 반대로 이러한 사상에 저항하는지'로 독자 연구의 핵심을 정의하는 것이다. 또한 '패러다임은 이 통합과 저항 간의 논의에 따라 만들어지는 것이며, 단지 한 입장을 내세우는 것으로 되는 것이 아니다.'(1998) 이 두 패러다임의 요점은 〈표 4-1〉에 정리했다.

그동안, IRP를 기반으로 영향력 있는 독자 연구들이 나왔다. 대표적인 예로는 데이비드 몰리David Morley가 1980년 발표한 「전국 텔레비전 프로그램의 독자 연구」와 1984년 재니스 래드웨이Janice Radway가 쓴 「로맨스 소설의 독자 연구」가 있다. 지난 20년간 이런 경험적 연구들은 '힘의 분배'에 입각해서 미디어(텍스트)-독자(관람객) 관계를 설명하려

표 4-1 관람객 연구의 패러다임

	행동주의적 패러다임	통합 저항 패러다임(IRP)
독자	(사회적 차원의) 개개인	사회적 구조(예: 계층, 젠더, 인종)
매체	외부로부터의 자극(메시지)	텍스트
사회적 결과	기능/불능, 선전, 영향력, 사용, 효과	이념적인 차원의 통합과 저항
접근법	-효과 모델 -이용과 만족 모델	기호화와 해독

자료 제공: 애버크롬비와 롱허스트(1998: 44)

는 시도를 했는데, 특히 의미를 구성하는데 텍스트와 독자 중 어떤 쪽이 더 우위인지에 대해서는 각 분야마다 의견이 분분하다. 전체적으로는, 텍스트와 미디어에 중요성이 있고, 이들이 수동적인 독자에게 영향을 준다는 시각을 담은 중재 이론으로부터 수용성의 이론, 즉 관람객이 능동적으로 자기만의 개인적인 의미를 만들어내고 사회적으로도 조정할 수 있는 의미를 만들어낸다는 생각으로 점차 이동 중이라고 볼 수 있다.(실버스톤, 1994)[4] 애버크롬비와 롱허스트는 이 연구 변화의 방향성을 이렇게 요약했다.

관람객(독자) 연구를 하는 연구자 중 누구도 '주도적인 텍스트'나 '주도적인 독자'를 전폭적으로 지지하지 않는다. 지난 20, 30년간 미디어 연구는 양 입장 사이에서 시소를 타듯이, 때로는 독자의 활동을 지지했고 때로는 텍스트가 얼마나 중요한지를 강조했다.(애버크롬비와 롱허스트, 1998)

---

4 이러한 변화에 대한 더 자세한 논의는 실버스톤Silverstone(1994)과 맥도널드McDonald(2002)를 참고.

정리하자면, 여러 관람객 연구가 각기 다른 미디어와 다양한 형태의 관람객을 다루며 두 입장 사이를 왔다갔다하지만, 전체적으로는 주도적인 독자 모델에 더 초점을 맞추고 있다고 볼 수 있다.

박물관 학습의 구성주의적 이해

최근 박물관 관람객 연구와 논문에서 눈에 띄는 현상은 '관람객에게로 시선을 돌리는 것'이다. 박물관 분야와 박물관 학습 이론에서도 의미가 만들어지는 과정을 구성주의로 설명하는 것이 중요한 추세이다. 구성주의 모델은 소통을 '전달하는 것'으로 이해하던 전통적인 방식, 즉 박물관에서 보자면 '전시를 통해 정보를 전달하는 모델'에서 벗어나, 자기만의 목적, 배경 지식, 동기 등을 가진 방문자 하나하나가 의미를 만드는 데 더 중요한 역할을 한다는 입장이다. 구성주의자들은 방문자가 박물관 전시와 만남에서 의미 있는 경험을 얻기 위해서는 자신의 삶을 이 과정에 적용할 수 있어야 한다고 말한다. 그러나 '능동적인 관람객'을 상정한 이런 접근 방식은, 편견과 싸우는 적극적인 행위 주체인 박물관에 도리어 어려움을 가져올 수 있다. 특정한 방식으로 보고, 생각하고, 행동하는 방식이 그대로 전해져서 심지어 관람객을 변화하게 할 것이라는 주장이 너무도 순진무구한 것이라는 시각이다.

또한, 특정한 시각이나 가치를 높이려는 목적을 가진 박물관한테는, 구성주의의 다른 특징들도 문제가 된다. 한 예로 조지 하인George Hein(1998)은 단 한 가지의 '올바른 메시지'를 가져야 한다는 생각을 거부하는 구성주의 시각을 소개하며, 박물관이 다양한 시각을 받아들일 수 있어야 한다고 했다. 이를 반영한 구성주의 전시는 한 주제에 대해 편협하고 정해진 방식만을 강요하거나, 관람객들의 반응 중 아주 제한된 몇 가지만을 인정하는 교훈적이고 주입적인 접근을 피한다. 이 대신, 여러 가지 의견과 관점을 던져주고, 열린 결론의 학습을 주도하며, 방문자의 의견이 전시의 목적과 통하지 않았다고 하더라도 이 다양한 결론을 받아들이는 방식을 선호한다. 박물관이 편견과 싸우고자 하는 맥락에서 볼 때 이 방식의 문제점은, 여러 형태의 참여와 논의를 아무리 권장하더라도, '관용을 존중하는' 범위에 속하는, 즉 승인 받을 만한 반응과, 원하지 않는 대답, 즉 도저히 받아들일 수 없고 일탈적이라고까지 할 만한 대답 사이에 구분이 지어질 수밖에 없다는 것이다.

그렇다면 박물관은 편견을 비판하는 윤리적인 시각을 분명하게 하면서도, 다양한 반응을 인정하고, 촉발하는 새로운 해석 방식을 어떻게 도입할 수 있을까? 어떻게 하면 박물관 전시 기획이 구성주의 입장을 받아들이면서, 자기 자신의 삶의 경험과 연결지어 논의를 할 문제와, 이런 논의의 중심에 놓여야 할 타협 불가능한 사회적 가치를 구분해낼 수 있을까? 이것은 앞으로도 계속 다룰 문제지만, 여기서는 이 사안에서 발생할 수 있는 여러 문제들을 모아 정리해 보려고 한다.

미디어-관객 사이의 권력

이제 안네 프랑크 하우스와 세인트 뭉고 종교적 삶과 예술 박물관으로 돌아가, 위에서 설명한 이론들에 비추어 관람객의 응답을 분석해 보자. 관람객 자료를 통해 문화적 차이를 다루는 문제에 있어서 힘(권력)이 한쪽에 편중된 것이 아니라 독자(관람객)와 텍스트(전시) 간에 고르게 분배되어 있는 것임을 볼 수 있었다. 그렇다면 앞에서 언급한 대로, 능동적으로 의미를 만들어갈 수 있는 독자(관람객)는 능동적으로 의미를 만들어갈 수 있는 존재라는 것과, 텍스트(전시)는 원하는 메시지를 전하기 위해 신호를 주거나 통제하기도 한다는 개념을 충분히 고려하면서, 이둘의 만남에서 어떤 해석적 과정이 이루어지는지를 볼 것이다.

이쯤에서, 여기서 다루는 관람객의 반응이 독자 연구 분야에서 가능한 한 '자발적'이었음을 밝혀 두겠다. 이것은 독자들이 전시와 다른 관람객들과의 대화에서만 자극과 영향을 받았다는 의미다. 인터뷰는 열린 질문으로 진행되었고 관람객에게 다름, 편견, 평등에 대해서 직접적으로 질문한 경우는 없었다. 주목할 만한 것은, 오히려 관람객들이 응답하면서 이 개념들을 빈번하게 언급했다는 것이다.

관람객 응답의 변수

당연한 일이지만, 관람객의 응답은 엄청나게 다양했다. 인터뷰를 처음 진행할 때는 이 다양성을 다루는 것이 때로 좌절스러우리만큼 어려웠다. 관람객들의 다양한 배경, 시각, 경험으로부터 무한대의 반응이 나오는 것 같았기 때문이다. 각각의 응답에서 중요점이나 의미를 찾는 것도 어려웠다. 예를 들어, "박물관이 어떤 특정한 메시지를 전하려고 한다고 생각하나요?"와 같은 질문에 완전히 다른 대답들이 나왔다. 영국 체스터필드에서 전기통신 기사로 일하는 톰은 안네 프랑크 하우스의 메시지에 대해 아주 단호하게 말했다.

독일인에 대한 혐오죠. 그건 확실히 전해졌어요. 독일인들이 이 박물관에서 어떻게 느낄지는 모르지만 저는 그 시대 그 독일인들의 삶에 대해서 아주 분명하게 비난하는 것이 느껴졌어요.

같은 질문에 대해, 뉴펀들랜드에서 온 은퇴한 교사인 해럴드는 조금 다르게 응답했다.

전시를 더 나쁘게 이끌어 갈 수도 있었어요. '이 못된, 아주 못된 독일인들.' 이런 느낌으로 전시를 기획할 수도 있었죠. 하지만 우리 모두 여기서 그런 느낌을 받지 않잖아요.

마찬가지로, 세인트 뭉고의 코멘트 카드에서도 수많은 변수와 모순을 찾을 수 있었다.

이 박물관은 기독교를 끌어내리고 거짓 종교에 그 자리를 내어주고 있다. 이 세상에서 가장 잘사는 곳, 여성에 대한 대우가 좋은 곳은 기독교를 믿는 나라들이다.

세계 주요 종교에 대해 유익한 정보를 주는 전시였지만, 박물관은 특히 기독교에 대해서 호의적으로 다루는 것 같았다.

그러나 이제부터는, 이렇게 들쑥날쑥하며 변동적인 관람객의 대화와 글에도 반복적인 주제와 유형이 있음을 보도록 하겠다.

확증인가 대립인가, 아니면 타협인가

그렇다면 관람객은 범문화적 이해, 상호 존중과 동등한 인권이라는 박물관의 메시지를 어떤 방식으로 '받아들이고' 이에 참여했을까? 여러 관람객의 설명을 분석하고, 여타 미디어 연구의 분류를 참고하여 그 반응들을 정리할 수 있었다. 홀Hall의 기호화 해독 모델에서 크게 영향을 받은 미디어 연구들은 관람객의 이해를 세 가지로 나눈다. 확증적 반응은 박물관이 전시에 기호화한 메시지를 받아들이고 지지하는 반응을 말한다. 대립적 반응은 기획자가 의도한 메시지에 반대하는 반응으로 분류된다. 마지막으로 절충적 반응이란 두 입장의 모순되는 면을 모두 갖고 있는 반응들이다. 이렇게 분류함으로써 다양한 관람객의 반응을 정리하였지만, 한편 각 분류 자체가 서로 별개의 것이거나 고정 불변하는 것으로 볼 수는 없다. 인터뷰 응답 중에는 이 세 가지 요소를 모두 포함하는 경우가 왕왕 있었는데, 이것은 실제 생활에서 편견이 실상 얼마나 유동적이고 상황에 따라 달라지는 것인지를 보여 준다. 또한 각 박물관의 상황, 또는 박물관이 전하려는 메시지의 내용과 성격마다 더 세부적으로 유형을 나눌 수도 있다.

이 분류에서 사용한 텍스트-독자 모델은 박물관이 사용한 다양한 전략들이 관람객의 응답을 얻어내는 데 효율적이었는지를 알아보는 데 어느 정도 도움이 되었다. 그러나 박물관의 행위를 다루는 데 있어서 '텍스트-독자 모델'은 너무 지엽적인 부분을 본다는 점에서, 편견을 반대하는 박물관의 역할을 충분히 설명하는 데 한계가 있다. 특히, 응답자의 반응이 확증적, 대립적, 타협적이라고 분명하게 분류하기가 어려운 경우를 볼 때, 사회의 주체적 기관으로서 박물관을 개념적으로 이해하기 위해서는 이 부분을 보완해 주는 독특한 방식이 추가적으로 필요하다고 여겨진다.

확증적 반응

확증적 반응은 관람객에게서 다양한 형태로 가장 빈번하게 일어난다. 박물관이 의도한 대로 메시지를 알아보고 해독한 경우, 이 가치에 동의하며 지지하는 경우, 문화적 가치에 대해 지지하는 마음으로 와서 박물관의 가치에 동의를 표한 반응들이 여기 포함된다. 이 반응은 가장 자주 일어나기는 하지만, 차별을 비난하고 평등과 관용을 지지하는 것이 텍스트의 권력을 무조건 믿고 받아들이는 태도에 기반하는 경우도 있어 문제가 된다. 예를 들어 관람객은 전시를 보기도 전에 다름에 대해서 특정한 태도를 보여야겠다고 마음먹었을 수도 있고, 인터뷰하는 사람이 듣고 싶어 할 내용을 말하거나, 또는 같이 온 사람들이 듣기에도 적절하고 받아들일 만한 '정답'을 말하는 경우도 있다는 것이다. 하지만 이런 경우에도, 관람객의 말 속에서 일화, 반복되는 관용어구, 주장 등을 통해 관람객의 원래 독특한 시각, 생각, 다름을 다루는 태도를 찾아볼 수는 있다.

인터뷰 자료를 분석하면서, 확증적 반응 안에서도 각각 평등, 보편성, 관용의 세 가지의 개념에 기반하여 해석한다는 것이 강력하게 드러났다. 물론 이 해석들을 깔끔하게 분류할 수 없으며, 한 반응 속에 여러 해석이 함께 있거나 중첩되기도 한다. 관람객은 하나의 대화에서 한 가지, 또는 여러 가지 개념을 모두 사용할 수 있다. 그런데 여러 관람객의 말에서 어떤 내용(표현)이 반복되어 나온다면, 그렇게 해석이 되도록 영향을 미치는 제한점이나 신호가 전시 안에 들어 있다는 뜻으로 볼 수 있을 것이다. 관람객의 해석은 텍스트의 개념에 기대며, 직접적이든 간접적이든 전시에서 주어진 것에 의지하여 만들어지기 때문이다.

　이 세 가지 분류는 서로 중첩되는 부분은 있지만, 각각 강조점은 확연하게 구분된다. '평등에 기반한 해석'에서 반복적으로 사용되는 용어와 표현은 직접적이든 암시적이든 권리에 대한 논의에 기반하여, 사회 집단 간에 정당성, 평등성, 동등한 가치 등에 대한 의식을 환기시킨다. '보편성의 해석'은 인도주의적 반응에 중요성을 두고, 문화적으로 다른 집단 간에도 서로의 경험이 연결되고 공통점이 있다고 생각하는 것이 특징이다. 마지막으로, '관용의 해석'은 흥미롭게도 가장 높은 수준의 모순을 담고 있다. 많은 방문자들이 서로 다른 집단 간에 상호 이해를 위해 관용이 꼭 필요하다는 것에 적극 공감하지만, 이 '관용'이란 전에는 전혀 환영하지 않았던 소수자나 단체를 마지 못해서 겨우 받아들이는 정도만을 의미하기도 하기 때문이다.

'평등'에 기반한 해석

　'평등에 기반한 해석'에는 이 연구의 배경인 두 박물관의 목적이 가장 강력하게 반영되어 있다. 이 해석을 통해서 관람객들은 문화적으로 다른 집단과의 비슷한 점을 발견할 뿐 아니라, 각 집단은 위계 질서가 아닌 대등한 사회적 관계여야 함을 생각해 보게 된다. 글래스고의 외곽에 살고 있는 로이는 은퇴 전에 주물공장에서 일했다고 했다.

　　여기서 알게된 것은 다양한 종교와 문화가 있고, 모두 괜찮다는 것이죠. 이에 대해서는 전혀 이의가 없고 오히려 매우 흥미롭다고 생각했어요. 우리가 뭐길래 '기독교만이 옳다'고 말할 수 있나요? 모하메드든 누구든 거룩한 사람을 믿는다면 괜찮다고 생각해요.

미국에서 방문한 치과의사인 에릭은 이렇게 말했다.

미국의 복음주의교회에는 아주 강력한 명제가 있어요. 하나님께만 단 하나의 길이 있고, 기독교 신앙이 바로 그 길이라는 것이죠. 사실 나는 여전히 그 길을 믿지만, 전체를 봤을 때 그저 많은 길 중의 하나라고 생각할 수 있다고 생각해요. 즉 나에게는 하나의 길이 전체 모자이크 그림에 작은 부분에 불과할 수 있다는 거예요. 여기서 내가 받은 메시지는 나의 길이 다른 사람들의 길보다 더 유효하거나 타당한 것은 아니라는 것이죠.

"박물관이 이렇게 흥미로울 수 있다는 생각을 못했어요. 종교 박물관은 나와는 전혀 상관없고 재미없는 곳이라고 생각했거든요." 영국 버밍엄에서 온 은퇴한 교사인 샐리는 남편과 함께 방문했다. "지루할 거라고 생각했는데, 여러 가지를 포괄하는 방식이 대단하다고 생각해요. 교황을 그린 그림을 가나에서 온 작품과 함께 볼 수 있다는 것, 그리고 이 모든 것들이 동등하게 전시되어 있다는 게 아주 좋았어요."

때로 방문자들은 박물관에 대해 어떻게 이해했는지를 말하며 인권에 대한 논의와 바로 연결시키기도 했다. 한 예로 안네 프랑크 하우스의 방명록에 써 있는 글을 보자.

이 박물관은 인종, 성, 종교, 교리, 성적 지향 등 모든 '다름'에 대한 억압과 차별을 드러내는 증언자의 역할을 하고 있다. 박물관의 이런 활동은 인권과 존엄성을 지지하는 것이다.

인터뷰와 방명록 자료를 통해, 전시에 들어 있는 평등한 인권이라는 메시지를 사회의 소수자의 입장에서 어떻게 받아들이는지도 볼 수 있었다. 안네 프랑크 하우스의 한 방문자는 방명록에 이렇게 남겼다. "이 박물관이 게이에 대한 문제를 조명하고 있는 데 대해 얼마나 감사한지 몰라요. 다음에는 이라크 전쟁과 부시가 미쳐 날뛰는 것에 대해서도 다루면 어떨까요?" 글래스고에서 방문했다는 30대 초반의 회사원 클로다는 '토착 종교'를 믿는다고 했는데 글래스고의 다양한 종교를 다룬 특별 전시를 보고 환영을 표했다. 이 전시가 어떤 면에서 본인에게 특별히 의미가 있는지를 묻자 클로다는 이렇게 말했다.

뭐, 그동안 토착신을 믿는다고 하면 뭔가 무섭고, 이상한 의식과 연관된 것으로 표현되어 왔잖아요. 그래서 이 전시에서 주요 종교와 함께 동등하게 전시된 것이 저에겐 큰 의미가 있어요. 이 전시실에서 우리는 사이비가 아니라 하나의 진정한 종교로 표현된 거니까요.

최근에 인도에서 글래스고로 이주했다는 한 간호사는 박물관에서 다양한 종교를 받아들여 의미 있게 다룬다는 점에 만족을 표시했다.

우리 나라의 종교들이 전시되어 있더라구요. 다양한 여러 종교들, 힌두, 시크, 불교, 이슬람 전부요. 여기서는 우리 나라가 존중받고 있다는 생각이 들었고 우리 나라의 가치, 삶의 방식도 받아들여진다고 여겨져서 자랑스러웠습니다. 기분 좋았어요. 심지어 우리 지역에서 쓰는 부족 언어도 여기 전시되어 있다니까요.

다른 연구에서도 비슷한 반응들을 볼 수 있다. 코린 크라츠Corrine Kratz 는 오키에크Okiek 전시를 본 한 케냐 관람객의 반응을 이렇게 기술했다. "그 관람객은 그에게 익숙한 지역 사람들과 풍광이 국립 박물관인 나이로비 박물관에 존중을 받으며 전시되어 있다는 데 긍지와 기쁨을 느끼는 듯했다." 이런 반응에서 보듯이, 자신을 더 잘 표현하여 안정감을 갖고 싶어 하는 집단에게, 박물관이 가진 권위가 존중과 평등, 정당성을 부여할 수 있다. 다음 장에서는 이와 관련하여 박물관의 '사회적 행위'를 이해하는 것이 어떤 의미를 갖는지를 깊게 논의하려고 한다.

보편성에 기반한 해석

'보편성에 기반한 해석'은 특히 세인트 뭉고 박물관의 관람객의 반응(코멘트 카드와 관람객끼리의 대화 등)에서 가장 자주 등장하였다. 많은 사람들이 다른 문화와 종교를 묘사할 때, 공통점과 비슷한 경험을 자연스럽게 꺼내어 이야기했다. 영국 브래드퍼드에서 케이터링 업계에 종사하는 유니스는 박물관의 입장에 지지를 표하며 다음과 같이 말했다.

학교에서 단체로 이런 장소에 오면 좋을 것 같아요. 기본적으로 사람은 같고, 공유하는 부분이 많다는 것을 보여 주는 거죠. 우리는 같은 것을 믿어요. 유대교도 기독교가 믿는 것과 많은 부분이 비슷하고, 또 이슬람교도 그렇구요. 그런데도 서로 그렇게 비슷하다는 것을 사람들은 모르고 있는 것 같아요.

영국 하트퍼드셔에 사는 은퇴한 간호사인 발레리는 서점을 운영하는 딸 캐롤과 세인트 뭉고를 보러 왔다고 했다.

모든 면을 잘 포함하는 전시라고 생각해요. 영성이나 그런 것들까지도요. 주요 종교가 아닌 다양한 종교를 아우르고, 또 토착 종교까지 다루고 있어서 좋았어요. 하나님-어떤 이름으로 부르는가가 중요하지는 않은 것 같아요. 우리는 모두 같은 가지 아래 있다고 생각해요.

각자의 경험과 문화적 차이를 동일시하여 이해하면서, 관람객들은 서로 간의 공통점이 있다는 것에 확신을 가지는 듯했다. 많은 관람객들이 박물관 전시를 보면서 박물관 밖에서 경험했던 문화적 차이와 충돌을 다시금 생각해 보았고, 그것이 개인적인 삶에서 일어났든(이웃과의 문제나, 개인적인 기억, 친구와 가족들에게 있었던 일화, 자신의 고향에서 있었던 인종 차별적인 폭동 등) 세계적인 문제든(이라크 전쟁과 2001년 9·11사건이 자주 언급되었다) '보편성에 기반한 해석'을 이용하여 연결하였다. 관람객들은 박물관이 주는 메시지를 받아들였고, 다양한 문화 간 관계에 대해 긍정적인 이미지를 갖게 되기도 했다.

대부분의 보편성에 대한 이해는 전시의 한 가지 부분에서만이 아니라 여러 가지 요소가 연관되어 만들어진다. 세인트 뭉고 박물관의 경우, 여러 종교의 전시물을 주제별로 통합한 진열 방식이 관람객의 이해와 학습을 돕는 데 특히 효과적이었다. 글래스고 시 공무원인 제프는 "기독교, 이슬람과 불교가 한 전시에 어울려 있는 것을 보며, 이 세상 모든 것이 함께 있는 것처럼 보였습니다."라고 말했다. 어떤 관람객들은 전시의 형태나 내용 중에 어떤 부분을 꼭 집어서 언급하기도 했다. 핀란드에서 온 학생인 아나는 "박물관의 목적이 전체적으로 무엇이라고 생각하십니까?"라는 질문에 대해 전시실의 배치와 내용을 언급했다.

저는 여러 종교의 유물들을 한 진열장에 전시한 것이 아주 좋은 아이디어라고 생각했어요. 서로 비슷한 요소가 있더라구요. 인생의 커다란 일들, 죽음, 탄생, 그런 것들요. 모든 사람에게 이런 일들이 일어나고, 종교마다 이런 삶의 문제들에 대해 설명하는 방식이 있으니까요.

보편성에 기반한 해석을 하기 위해서는 전시물을 자신과 관련지어 생각해 보는 것이 필요하다. 코린 크라츠는 이렇게 설명했다.

사람들은 전시를 볼 때, 그 안의 정치적인 속성에 영향을 받을 뿐 아니라 자신의 지난 경험과도 연결하여 자신의 정체성을 만들어낸다. 이 과정에서, 다른 사람, 상황과 자기 자신 간에 비슷한 점과 차이점을 끊임없이 발견하게 된다. 우리 자신을 다른 입장에 놓아 봄으로써 다른 이의 삶이나 공간을 상상해 보고, 비로소 자신의 삶과 정체성에 독특한 면을 발견하는 것이다.(2002)

학교에서 비서로 일하고 있는 40대 초반의 마리아는 남편 짐과 함께 세인트 뭉고에 방문했다고 했다. 관람객이 동질감을 느끼는 과정의 한 예로써 그녀의 이야기를 들어보자.

여기 와보기 전에는 나만의 생각을 가지고 있었죠. 다른 종교를 보면서 비로소 나의 종교와 비교하면서 "이게 맞는 건가, 틀리는 건가?"

를 생각해 보았어요. 제 말은, 우리는 성경을 신의 말씀으로 믿다 보니, 이 믿음이 다른 종교를 보는 눈에 영향을 미치게 되잖아요. 코란과 같은 책에 성경의 구절과 비슷한 점이 많다는게 흥미로워요. 남아프리카의 친척을 방문한 적이 있는데, 그곳에서 본 것도 그랬어요. 배경이 남아프리카였다는 점, 세부 묘사와 모습은 조금 달랐지만, 그들이 믿는 것은 우리가 믿는 것과 너무도 닮아 있었거든요.

이런 경향은 세인트 뭉고에서 더 두드러지기는 했지만, 두 장소의 관람객 모두 문화적으로 다르다고 느낀 것과 자기의 삶을 다양한 방식으로 병치시켰다. 이것은 크라츠가 오키에크 전시에서 관찰한 관람객의 반응과도 상당히 유사하다.

때로 관람객들은 전시에서 본 것과 자신의 삶을 동화시키며 공통점에 집중한다. 또 어떤 경우에는, 전시되어 있는 인물과 장소들이 나와 아주 다르다며, 이국적으로 바라보기도 한다. 그러나 보통, 이런 동화 작용과 이국화 작용은 동시에 일어나며, 전시물과 자신의 삶과 연결하는데 이 두 작용을 결합하여 이용한다. 그렇게 하여 전시에서 만난 전시품과 나의 상황, 정체성을 연결하는 것이다.(크라츠, 2002)

한 예로, 교사인 린은 세인트 뭉고에서 자신과 다른 종교를 믿는 사람들 사이에 공통점을 발견했다고 했다.

저는 천사들을 정말 좋아하거든요. 저는 기독교인인데 다른 종교에서도 천사의 존재를 인식하고 있다는 것을 박물관에서 알게 됐어요.

기독교인만 천사를 받아들이는 것이 아니라는 것도요.

마리아의 인터뷰 내용에서 동화적인 것과 이국적인 요소 간에 상호
작용을 볼 수 있어 흥미로웠다. 마리아는 전시를 보면서 자신과 다른
사람 사이에 공통점을 알게 되었지만, 여전히 거리감을 느끼고 있었는
데, 이것은 특히 전시에서 본 여성의 성기 절단 의식 때문이었다.

몇몇 종교의 바탕은 상당히 비슷하다고는 생각해요. 유일신을 섬긴
다든지…. 하지만 신체를 가지고 의식을 치른다든지 하는 것은 정말
싫었어요. 절단 같은 것들 말이에요. 신이 우리가 그런 일을 하도록 원
한다고 믿을 수 없고, 애초에 우리를 그런 모습으로 만들었다고도 생
각하지 않아요.

관람객의 반응에서 보편성에 기반한 해석이 자주 나타나는 것을 보
면, 박물관은 문화 간의 차이를 다룰 때 비편견적인 텍스트와 내용을
잘 받아들이도록 '보편화' 전략을 사용한다고 볼 수 있다. 실제로도 점
점 더 많은 박물관에서 보편화 전략을 사용하고 있기도 하다. 그러나
여기서 전시 기획자가 주의해야 할 점은, 보편화 전략을 쓰다 보면 우
리 사이에 존재하는 중요한 차이를 숨기거나, 주류·비주류 간에 분명
히 존재하는 권력의 불평등까지도 감춰 버릴 수 있다는 것이며, 그러므
로 문화 사이의 공통점을 단순화시켜서 낭만적으로 해석하는 것을 피
해야 한다는 것이다. 크라츠는 이렇게 지적했다.

인도주의적인 시각을 도입하면 보는 자와 객체가 실은 연결되어 있

음을 알게 함으로써, 우리 사이에 존재하는 사회 문화적 정치적 경제
적 차이를 진지하게 생각하는 기회를 제공한다. 하지만 동시에 그 의
미나 역사, 삶의 배경에 존재하는 중요한 '차이'마저도 무시하고, 지나
치게 감성적인 보편주의를 제시할 위험성도 있다.(크라츠, 2002)

범문화적으로 '우리 모두 연관이 있다'고 보는 이상주의적인 전시는
다양한 종교와 문화적 집단의 가치를 존중해야 한다고 하면서도, 타인
의 기본권을 제한하는 종교에 대해서는 존중받을 자격이 없다는 입장
을 보일 수도 있다. 예를 들면 여성에 대한 학대를 용인하거나 성적 소
수자들을 억압하는 종교들에 대해서, 의도적이든 아니든 '자격이 없는
것으로' 취급할 수 있는 것이다. 많은 박물관들이 이렇게 논란이 커질
부분을 다루고 싶어 하지 않는다. 이런 두려움에 대해서는 마지막 장에
서 자세히 보도록 하자.

또한 우리가 주목할 만한 것은, 몇몇 관람객들이 세인트 뭉고 박물관
의 전시에서 '공통점'이 강조되고 있다는 것을 알아보고, 다문화주의를
비판하는 시각의 핵심을 똑같이 지적했다는 점이다. 2003년 2월 17일
한 관람객은 방명록에 이런 글을 남겼다.

흥미롭기는 했지만 기대했던 만큼 유익하지는 않았다. 이 박물관에
서는 모든 종교가 비슷하게 보이도록 의도했다는 것이 느껴졌다. 차
이점을 볼 때만이, 우리는 다른 종교와 우리 자신의 종교를 (진정한 믿
음을 가지고 있는 몇 안 되는 사람들이나마) 정말로 받아들일 수 있게 되는
데도 말이다.

세인트 뭉고 박물관에서는 종교적 차이에서 일어나는 불일치, 적개심, 폭력 등을 전시 안에 그대로 재현하였는데, 이것은 우리 사회의 현실을 있는 그대로 보게 하기 위한 하나의 전략임과 동시에, 보편적인 조화와 평등이라는 감성적이고 낭만적인 생각을 따끔하게 찌르는 것이기도 하다. 재미있는 것은, 많은 관람객들이 박물관에서 인도주의와 낙관주의를 보고 싶어 한다는 것이다. 실제로 전시에서 북아일랜드에서의 충돌, 스코틀랜드의 파벌주의 등 낙관적인 해석에 방해가 될 문제를 다루었을 때 상당히 많은 불만이 접수되기도 하였다.

또한 이른바 '주변부'에 속하는 공동체와 단체들 중에는 이런 보편화 전략에 통합되는 것을 원하지 않는 사람들도 있다. 물론, 문화 다원적인 전시 안에 포함되는 것 자체에 의미가 있으며, 이런 전시를 통해 소수 단체가 동등한 위치와 권리를 지니고 있음을 보여 주는 기회가 된다고 보는 시각도 있다. 자신이 믿는 토속 신앙이 주류 종교와 동등한 자리에 전시된 것을 반갑게 받아들였던 클로다가 한 예가 될 것이다. 그러나 어떤 사람들은 이런 전시가 지나치게 '동일성'을 강조함으로써 서로의 차이를 부인하고, 때로는 받아들일 수 없을 정도로 주류 종교와 비슷해지기를 요구하는 것이라고 주장하기도 한다.

관용의 개념을 통한 해석

세 번째, '관용에 기반한 해석'은 관람객이 박물관의 의도에 지지를 표명하는 가장 확증적인 표현으로 볼 수 있다. 관람객은 자신과 다르다는 것을 이성적으로 받아들이지만 어떤 부분에 대해서는 반대 의견을 표명하기도 하는 등, 문화 상대주의의 구조 안에서 서로의 차이를 받아들인다. 관용에 기반한 이해의 주요한 특징은 추상적으로라도 서로의 다름을 받아들이거나 적어도 참아 주는 것이지만, 실제로는 문화적 차이가 그 자체로 동등하고 정당하다는 것을 인정하는 데까지 미치지 못하는 경우가 많다. 다음의 인터뷰 발췌는 오스트레일리아에서 온 사회복지가인 제니퍼가 세인트 뭉고 박물관의 전시를 보고 믿음과 실제 간의 차이, 그리고 친구들의 믿음에 대해서 생각한 것을 나눈 내용이다.

내 인생에서 일어나는 일이 아니기 때문에 일상생활에서 미처 생각해 보지 못했던 것들을 이 박물관에서 깊이 있게 생각해 볼 수 있었어요. 이 세상에서 공존하는 다양성을 지지하고 각자 믿는 것을 인정하면서 함께 살아가는 거죠. 문화 다원주의가 널리 퍼지면서 모두가 섞여 잘 지내고, 다 함께 나가서 모든 일을 함께하는, 그런 차원으로 떠밀려가고 있는 것도 같지만, 사실 각자 믿고 존중하는 종교적 배경으로부터 영향을 받는다는 것도 부정할 수 없죠. 저희랑 같이 지내는 친한 친구들은 인도 출신이거든요. 아무리 우리가 그 친구들에게 중매결혼을 꼭 해야 하는 건 아니라고 해도, 그 친구들에게는 그 영향력이 정말 크다는 것을 알 수 있어요. 가족 간의 문제로 봐도 그렇고 또 특별히 종교적으로 강한 영향이 있는 것 같았고. 그 친구들도 그런 영향을 받아서 중매결혼을 할 수도 있겠죠. 물론 나는 이해하고 지지할 거예요. 나 자신은 그렇게 할 수 없지만, 이 세상에서 계속 가치를 지킨다는 것은 좋은 거라고 생각하고, 그렇게 할 수만 있다면 그것도 좋은 것 같아요.

글래스고 출신인 30대 후반 버스 기사인 제임스는 아버지와 세인트 뭉고에 방문했는데, 그도 이와 비슷한 생각을 비쳤다.

이 박물관에 몇 번이나 왔었어요. 다른 종교에 대해 알 수 있어서 흥미로웠거든요. 저는 그들의 주장이나 종교를 믿지는 않지만, 그에 대해 좀 알게 되는 것은 분명 좋은 것이죠. 왜냐하면 다른 종교를 믿는 사람들을 알게 되었거나 할 때, 그 종교에 대해 대강이라도 함께 대화할 수 있잖아요. 기본은 할 수 있다는 것이죠.

글래스고 외곽에 살고 있는 은퇴한 비서인 리타도 세인트 뭉고의 메시지를 관용적 이해로 해석했다.

제 생각에 박물관은 우리가 다른 종교에 대해 관용을 가져야 한다고 전하려는 것 같아요. 꼭 그 종교에 동의하지 않는다고 해도, 그들이 원하는 것을 믿을 수 있도록 하고, 예배드릴 자유를 주고. 모든 외국인들이 글래스고에 와서 환영받는다는 느낌을 갖게 하고 편안하게 느끼게 하려는 것 같아요.

절충적인 이해

관람객 수용을 다룬 다른 연구에서도 다루는 개념이지만, 이 연구에서도 관람객이 '절충적'인 태도를 보인다고 분류할 수 있는 반응들이 있었다. 절충적 이해란 관람객이 전체적으로는 의도된 메시지를 받아들이지만, 그 메시지를 보편적으로 적용하는 데는 의문을 가지는 것을 말한다. 스튜어트 홀은 이렇게 설명했다.

절충적인 해독에는 적응적인 요소와 대립적인 요소가 모두 들어 있다. 전체적으로 주요한 의미는 받아들이지만, 더 좁은 범위나 구체적인 상황에서는 그 상황 자체에 맞는 규칙을 만들고, 또 그 규칙에 대한 예외까지도 적용하는 것이다. 즉 중심이 되는 정의 자체에 대해서는 특권을 부여하면서도, 부분적인 상황에서는 좀 더 타협적인 적용을 허용한다.(홀, 1990)

당연하지만, 이러한 절충적인 이해는 관람객의 관점을 형성하고 교육하려는 목적을 지닌 박물관에서 더 자주 일어난다. 전시를 수용하는 과정은 관람객과 전시가 만나 서로 가지고 있는 생각을 소통한 결과물로 볼 수 있다. 물론 전시도 그 시기와 상황의 사회적 정치적 상황의 영향을 받은 결과물이지만 말이다. 그러므로, 이렇게 의미가 만들어지는 과정에는 수많은 복잡성, 가변성, 모순이 존재하게 된다. 흥미롭게도, 홀을 비롯한 미디어 이론가들은 대부분 '절충'의 과정을 매우 긍정적인 것으로 본다. 미디어가 강압적으로 영향력을 행사하는 데 대해, 관람객이 저항하고 도전하는 능력으로서 보는 것이다. 그러나 이 연구에서는 절충적 이해의 부정적인 면을 조명할 것이다. 왜냐하면 편견과 싸우려는 목적을 가진 박물관의 입장에서 절충적인 이해는 편견과 비자유적인 주장을 비롯하여, 박물관의 의도와 목적에 반하는 이해를 포함할 수 있기 때문에 반가운 일이 아닌 것이다.

대부분의 관람객의 응답에서 모순적인 요소가 있었지만, 특히 세인트 뭉고 박물관에서 나온 반응에서 절충적인 해석이 분명하게 드러나는 경우가 많았다. 박물관에서, 관람객들은 추상적인 수준에서나마 상호존중과 이해라는 박물관의 메시지를 찾아내고 지지를 표했지만, 이를 보편적으로 적용시키기는 어려워했다. 다음의 사례를 보면, 세계 주요 종교들을 조명하는 세인트 뭉고의 전시를 보고서도(그림 4-1), 몇몇 관람객들은 여기서 이슬람교를 제외하고 싶어 했다. 2001년 9·11 사태로부터 약 두 달 후에 작성된 코멘트 카드를 보자.

　　매우 좋았다. 하지만 최근에 일어난 사건으로 볼 때 이슬람 전시 부분은 없어져야 한다. 절대 다시 만들지도 말아야 한다.

　한 인터뷰에서 70대 후반의 부부는 박물관이 세계교회주의 이론에 대한 메시지를 주고 있으며, 두 사람 모두 이 입장을 지지한다는 것을 열성적으로 이야기했지만 인터뷰 중에 의견의 충돌이 일어나고 말았다. 이들의 논의가 어떻게 진행된 것인지를 보기 위해, 인터뷰 내용을 그대로 옮기는 것이 도움이 될 것이다. 인터뷰 중간쯤, 은퇴한 인류학자인 엘리노어와 은퇴한 수의사 카메론에게 "박물관에서 제일 좋았거나 흥미로웠던 부분은 무엇인가요?"라는 질문을 던졌다.

　엘리노어　글쎄요, 저는 여러 가지 종교를 함께 전시해 놓은 부분이 제일 의미 있다고 생각했고 잘 표현되었다고 생각했어요. 위층 전시를 보러 올라가면서 정말 대단한 박물관이라고, 멋지다고 서로 얘기했어요.

　질문자　박물관에서 좋아하지 않았던 부분도 있었나요? 또는 제일 흥미롭지 않았던 부분은 무엇이었나요?

　카메론　여기 며칠 더 있어도 좋겠다고 생각했을 정도였어요. 너무 볼게 많고 배울게 많았죠. 특히 세계적으로 여러 사건이 일어났던 이런 때, 무슬림과 관련한 사태 말이에요. 위층에서는 절제와 온건에 대해, 또 세계교회주의에 대해 알려주었어요.

　질문자　박물관이 어떤 메시지를 주려고 한다고 생각하세요?

그림 4-1 '완벽한 신의 조건'(1998) 하디스(마호메드의 행적을 적은 책)에서 영감을 받아 아메드 무스타파가 그린 작품, 세인트 뭉고 종교적 삶과 예술 박물관 소장(자료 제공: 작가)

카메론 이미 말했듯이 세계교회주의죠. 네, 서로 다른 종교끼리 인정하고 받아들이는 것 말입니다. 그렇지 않아도 아내와 셀틱과 레인저스 축구팀, 즉 가톨릭과 개신교 사이에 100년 이상이나 갈등 중에 있는 것을 얘기했었어요. 그리고 특정 종교에 귀속된 팀이 더 만들어지지 않은 게 잘됐다고도 얘기했구요. 1년 전까지만 해도 저는 영국에 그런 게 있는 줄 몰랐어요, 리버풀의 에버튼도 그렇다는 것도 몰랐어요. 그런….

엘리노어 (끼어들며) 저도 동의해요. 박물관은 모든 종교에 각자의 가치가 있다는 것을 보여 주고 있는 것 같아요.

질문자 이 메시지에 대해서, 특별히 공감했다거나, 반대로 동의하지 않는 부분도 있었나요?

카메론 세계교회주의에 대해서 말인가요?

엘리노어 사람들이 더 많이 와서 보고 영향을 받아야 한다고 생각해요!

카메론 글쎄, 특히나 무슬림들 말이죠. 네, 정말 무서운 집단이에요.

엘리노어 여보, 지금 이거 녹음되고 있어요, 알아요?

카메론 상관없어, 무슬림들 무서운 집단이라고 얼마든지 말할 수 있고 더 말하고 싶은 것도 있어요. 왜냐하면 이슬람교는 증오의 종교라고.

엘리노어 (끼어들며) 그렇지 않아요….

카메론 (끼어들며) 아니… 당신 생각이 아니라 내 생각을 말하는 거예요. 증오의 종교라고 한 것은 이 사람들을 죽여라, 미국인을 죽여라, 유대인을 죽여라, 이렇게 가르치는 사람들이 있다는 거죠. 그렇다고 어떤 무슬림 지도자도 앞에 나서서 미국인을 죽이라고 한 사람들을 고발하고 비난하지도 않잖아요. 또 우리 모두 사실은 이 테러리스트들을 두려워하고 있구요. 내 생각에 모든 무슬림들은 코란에 대고 대영국 테러리스트 행위에 절대 가담 안 한다고 맹세하도록 해야 해요. 아니면 이 나라를 떠나게 하구요.

엘리노어 하지만 그 사람들도 영국인이에요!

카메론 그 사람들도 영국인이라고 말하는 사람들도 있지만 그 사람들이 영국을 위해 싸우지도 않는다면….

엘리노어 이것은 우리가 서로 동의하지 않는 부분이에요.

질문자 세인트 뭉고 박물관과 같은 공간이 중요하다고 보시나요?

카메론 그렇다고 생각하고, 우리가 지금 얘기한 것만 보더라도 앞으로 더 중요한 장소가 될 것이라고 생각합니다.

이 인터뷰에는 2001년 9·11 사태 이후 방송 등 미디어에 비친 반무슬림주의와 편견의 시선이 반영된 것으로 보인다. 이 대화를 통해, 우리는 무슬림에 대한 편견, 또는 이슬람 혐오증, 더 근본적으로 무슬림이란 무엇인지를 생각해 보게 된다. 무슬림에 대한 고정관념은 대개 극단주의자라는 소수의 믿음과 행동에 의해 만들어진 것이다. 무슬림을 전체적으로 같은 것으로 바라보아 그 안에 다양성이 있음을 무시하고, 무슬림이라면 모두 폭력적이고 위협적이며 테러리즘을 지지한다는 식으로 그려내는 것이다. 영국 내에서 이슬람 혐오증이 얼마나 널리 퍼져 있으며, 이 현상의 본질이 무엇인가에 대해 극렬히 논의 중이지만[5], 분명한 것은 여러 미디어에서 무슬림 관련 사건을 보도할 때 불공평하고 편파적으로 표현하는 경우가 너무나 많다는 것이다.[6] 러니미드 기금

---

5 일부 연구자들은 인종 차별주의와 종교에 대해 비슷한 시각으로 비판하는 것은 위험성이 있음을 경고하였다. 토인비Toynbee(2004) 참고.

6 예를 들어, 아나스 알티크리티Anas Altikriti(2004)는 "최근 영국 주류 미디어에서 무슬림과 이슬람에 대한 맹렬한 공격을 보며, 우리 사회에 이러한 공포와 증오를 조장하는 것이 무엇인지에 대한 의문을 던진다. 전체 무슬림을 아주 적은 수에 해당하는 소수 극단주의자들로 치부하는 것은 악하다고밖에 표현할 길이 없다. 최근의 이러한 미디어 공격은 이 사회의 무슬림의 놀라운 역사를 더럽히는 것이며 영국이라는 국가를 정립하는 데 무슬림들이 해온 역할을 축소하려는 것이다." 반무슬림 인종 차별주의와 편견을 생산, 재생산하는 데 영국 미디어의 역할을 심층 분석한 논의를 보고 싶다면 리처드슨Richardson(2004)을 참고하기 바란다.

Runnymede trust은 「이슬람포비아: 우리 모두에 대한 위협」이라는 연구를 통해, 미디어에서 무슬림을 불공평하게 재현함으로써 반무슬림주의와 편견을 악화시켰다고 했다. 그 보고서에 따르면 "표현의 자유가 민주주의의 중요한 요소임은 분명하다. 그러나 전반적인 미디어와 방송에 팽배한 왜곡과 부정적인 표현을 줄이기 위해, 미디어에 관여하기 위한 지침이 필요하다."고 권고하였다.

이렇게, 절충적인 이해에 있어, 관람객이 수용하고 해석하는 과정에는 다양한 영향력이 작용한다. 앞서 인터뷰에서 카메론이 한 말들이 뉴스 미디어의 직접적인 결과라고 확정지을 수는 없지만, 주요 언론이 무슬림에 대해 매우 부정적인 표현을 하던 시기에 이 인터뷰가 이루어졌음을 고려할 필요가 있다는 것이다. 또한 이 사례는 개인 주체가 전시를 해석하는 과정에서 이전에 여러 미디어로부터 받은 '정보'들이 상호작용하고 서로 충돌하기도 한다는 것을 보여 준다. 이들 미디어 정보들은 서로 경쟁적으로, 또는 보완적으로 작용하는데, 이러한 미디어의 메시지에 대해서는 다음 장에서 본격적으로 다룰 것이다.

대립적인 이해

관람객이 미디어를 어떻게 수용하는지, 그 과정을 다룬 여러 연구에서는 특히 대립적인 이해의 가능성에 주목해 왔고, 때로는 관람객이 소비 주체로서 미디어의 메시지에 저항하는 것을 영웅적인 행위로까지 바라보기도 하였다. 그러나 앞의 절충적인 이해에서 다룬 것처럼, 편견과 싸우는 박물관이라는 배경에서는 대립적인 반응도 조금 다른 시각으로 볼 수 있다. 박물관이 소통하고자 하는 메시지에 인종 차별주의적이고 여성 혐오적이거나 동성애 혐오 등 차별적이고 억압적인 반응을 보인다면, 이것은 결코 환영받을 수 없기 때문이다.

이런 의미에서 '주체적인 관람객'은 편견을 없애려는 메시지를 전하려는 박물관한테 문제점이 될 수도 있고 새로운 기회가 될 수도 있을 것이다. 많은 연구에서 이 과정에서 '오해의 소지' 또는 '부메랑 효과'가 일어날 가능성을 조명했다. 부메랑 효과란 메시지가 독자의 저항에 부딪힐 뿐 아니라 완전히 다른 의미로 되돌아오는 것을 말한다. 샤론 맥도널드Sharon McDonald도 런던 과학박물관을 배경으로 한 연구에서, 박물관 기획팀이 전하고자 했던 '메시지'에 반대되는 방식으로 해석하는 관람객의 반응을 중점적으로 다루기도 하였다.

이 연구에서, 대립적인 이해는 미묘하고 은밀한 반응에서부터 명확하고 직접적으로 드러나는 것까지 다양한 형태로 표출되었다. 대립적인 반응으로 분류되는 것 중에는 '잘못 이해한 것'이 있는데, 이것은 관람객이 박물관의 메시지에 꼭 반대하는 것은 아니지만 박물관이 의도한 것을 올바르게 해석하지 못한 것이 포함된다. 세인트 뭉고 박물관 벽에 놓인 2003년 2월 1일자 코멘트 카드에서도 이 '잘못된 이해'를 찾아볼 수 있었다.

살바도르 달리가 그린 '십자가 성 요한의 그리스도'를 남편에게 보여 주고 싶어서 방문했어요. 5년 전에 처음 와서 봤을때 너무나도 멋있었거든요. 이번에 와서는, 이 그림이 타 종교의 작품들과 같이 전시되어 있다는 데 대해서 좀 실망스러웠습니다. 내 생각에 이 작품은 기독교 전시물만 따로 전시된 공간에 두어서 사람들이 조용히 그 의미를 생각하며 감상하도록 하는 게 맞는다고 생각하거든요. 다른 어떤 시각적인 방해 없이요. 사실 '종교적 삶' 전시실은 좀 혼란스러웠어요. 특히 어린이들에게도 그럴 것 같습니다. 여러 종교에서 온 모든 작품들과 유물들이 한 곳에 마구 뒤섞여서 무슨 가르침인지 알기도 어렵고요. 특히 기독교인으로서 볼 때도 그래요. 스코틀랜드 학교에서도 기독교를 교리로 가르치고 있잖아요. 하긴 요즘에는 학교에서 여러 종교를 이것저것 다 가르친다고는 하더군요.

스튜어트 홀은 이런 왜곡된 이해가 '상호소통의 불균형'(1990: 510)에서 기인한다고 말했다. 홀은 한 예로 TV의 소통을 들었다.

방송 관계자들은 본인들의 의도대로 독자들이 메세지를 해석하지 않을까봐 염려한다. 하지만 이러한 걱정이 실제로 의미하는 바는 방송국이 가치를 부여하고 선호하는 대로 독자들이 움직이지 않을까봐 걱정한다는 뜻이다. 방송국이 이상적으로 생각하는 '완전하게 투명한 소통'이란, 사실상 '체계적으로 왜곡된 의사 소통'을 의미한다.(같은 책, 514)

재미있는 것은 앞의 확증적 이해의 한 갈래로 소개했던 '관용에 기반한 이해'도 자유를 제한하고 편견적인 면을 부각하면, '대립적인 해석'으로 볼 수도 있다는 것이다. 지금부터 소개할 예에서, 세인트 뭉고의 관람객들은 기본적으로 관용을 지지하지만 다른 종교에 관용을 보일 능력이나 의지가 없다는 이유를 들어 타 종교를 비난하기도 한다. 영국 리즈 지방에서 온 마리아는 앞에서는 확증적 반응의 예를 보였지만, 인터뷰 중에 이런 내용을 말하기도 했다.

그리고, 전시에서 기독교 유물들이 별로 부각되지 않았다고 느꼈어요. 다른 종교의 유물들이 더 중요하게 다루어지는 것 같았고요. 이 나라에 기독교인이 이렇게나 많은데도 다른 사람에게 먼저 관용을 베풀어야 하고, 우리 자신의 것에 대해서는 저 뒤로 물러나게 해야 하지요.

평생 글래스고에서 살았다는 노부인 위니프레드는 친구와 세인트 뭉고 박물관에 방문해서 좋은 시간을 보냈다고 했지만, 몇 가지에 대해서는 불만을 드러냈다. 이 박물관에서 마음에 안 들었던 것을 말해 달라고 하자 위니프레드는 이렇게 말했다.

이 박물관은 글래스고와 같은 대도시에서 서로 다른 다양한 종교가 어떻게 어울려 살아가야 할지 생각해 보자는 이야기를 하는 것 같아요. 하지만 솔직하게 말해서, 어떤 종교는 스스로를 너무 우선적으로 내세우는 것 같다는 생각이 들었어요. 우리가 인도에 간다면, 우리 종교를 먼저 내세울 순 없는 거잖아요. 그들의 방법이 있다면 따라야 할 거구요. 혼재된 사회라는 건 알지만…. 지금 제가 무슨 말을 하려는지는 알 거예요. 그 종교들에 있어서도 관용이 부족하다는 거죠.

이런 응답에서 보듯이, 기독교가 주가 되는 사회의 입장에서 '새로운 종교'들을 편입시키는 데 어느 정도 불만이 있음을 볼 수 있었는데, 이런 불만은 보통 글로 쓰는 의견, 예를 들어 안네 프랑크 하우스의 방명록이나 세인트 뭉고 박물관에서 코멘트 카드 등에서 가장 강력하게 표현되었다. 이것으로만 결론을 내릴 수는 없지만, 관람객들은 인터뷰를 통해 직접 말하는 것보다 익명으로 솔직한 마음을 남기는 것을 더 편안하게 느끼는 듯하다.

　다음으로는, 박물관이 의도한 대로 메시지를 읽지 못했을 뿐 아니라, 정면으로 도전하는 예들을 보려고 한다. 레즈비언과 게이의 평등한 권리를 지지하는 메시지를 담은 '탈선' 전시를 본 한 관람객은 2003년 4월 29일에 이렇게 적었다.

　　이 여성에게 일어난 비극을 이용해서 악한 성적 행위*를 정당화하
　　려고 하다니, 정말 유감이다.

　비슷한 맥락으로 세인트 뭉고 박물관이 전하려는 메시지, 즉 '모든 종교가 동등하게 정당하고 중요하다'는 메시지에 정면으로 반대하는 코멘트들을 보자.

　　이 박물관은 쓰레기 같은 것을 가르치고 있다고 생각한다. 모든 종
　　교가 우리를 구원할 수 있다니, 믿을 수 없다. 나는 오직 하나님과 예
　　수 그리스도만을 믿는다.

　　나는 세계 종교를 해체주의와 포스트모더니즘의 시각으로 보는 것
　　에 강하게 반대하는 한 사람이다. 이 박물관은 유대 기독교 문명을 해
　　체하려는 음모에 동조하고 있다. 박물관의 문을 닫기를 촉구한다. 살
　　바도르 달리의 작품 역시 아주 흉하게 걸려 있었고 이 전시와도 전혀
　　어울리지 않았다.

* 동성애를 의미한다.

이러한 예에서는, 관람객들은 박물관이 전하려는 메시지를 알았고 정확하게 해독했으나, 그 메시지가 자신들의 세계관과 정반대의 것이기 때문에 강한 반대 의견을 피력했다. 특히 동성애나 종교 다원주의 등의 사안에 대해서, 관람객들은 극렬하게 거부하며, 자신의 의견을 남김으로써 박물관 측과 다른 관람객들에게 전할 기회로 삼고자 했다.

관용과 편견의 경계를 짓다

이러한 절충적인 이해와 대립적인 이해의 예시들은 2장에서 다룬 바와 같이 편견이 상대적이고 상황적인 속성을 지니고 있음을 뒷받침한다. 관람객의 대다수가 관용, 상호 존중, 이해 등에 대해서는 전반적으로 지지를 표명하고, 인권을 침해하거나 차별적인 언행에 대해서는 비판적인 태도를 보이는 것으로 박물관의 전반적인 메시지와 입장에 동의하기는 한다. 그러나 이 반응조차도 때로 모순적이고 일관되지 않은 것으로, 사실 편견과 관용의 경계가 유동적인 것이며, 다른 상황이나 다른 때였다면 그 반응이 얼마든지 변할 수도 있을 것이다. 세인트 뭉고 박물관에서는 관람객들은 상호 이해와 관용의 메시지를 이슬람교에 적용하는 것에 가장 어려움을 느꼈다. 관람객들은 다양한 종교를 정당하고 동등하게 전시한 것에 만족감을 표하면서도, 이 전시에 이슬람이 포함된 것에 대해서는 이의를 제기했다. 인권의 보편적 평등을 옹호하는 안네 프랑크 하우스에서는 레즈비언과 게이 문제에 대해 가장 큰 저항이 있었다. 이러한 반대의 의견은 앞서 인용한 예에서처럼 직접적이고 솔직하게 드러날 때도 있었지만, 보통은 우회적으로 불분명하게 표현되었다.

이렇게 관람객들이 문화적 차이에 대해 너무나 다양한 의견을 가지고 있음을 보며, 편견과 싸우는 데 있어서 박물관의 역할을 다시 한 번 돌아보게 된다. 박물관은 '사회적으로 용인할 수 없는 편견'과 '승인할 만한 편견' 사이의 범위를 넓히고, 구분을 없애고, 심지어 정의 자체를 새롭게 만드는 등, 편견의 지도를 새로 그리는데 어떤 역할을 할 수 있을까? 박물관은 사람들이 그동안 불편하게 여겼던 '다름'을 편견없이 보도록 할 수 있을까? 인권에 대한 논의에 있어서 '보편성'을 강조하는 입장과 '평등'의 개념을 상황마다 제한적으로 적용하고자 하는 주장 사이에 조화를 이룰 수 있을까? 자못 복잡하고 어렵게 느껴지는 이 문제에 대해서, 결론 부분에서 다시 다루기로 하자.

미디어-관람객의 관계를 다시 생각하다

이 연구에서는 초기 관람객 연구의 세 가지 분류, 확증적, 대립적, 절충적인 반응을 써서 박물관이 전하고자 하는 메시지에 독자의 반응이 참여하는지, 혹은 벗어나는지를 효과적으로 살펴볼 수 있었다. 또한, 이 분류를 통해 '다름'을 중재하는 전시를 보고 관람객들이 보통 어떻게 해석하는지를 볼 수 있었다. 그러나 이렇게 '텍스트(전시)-독자(관람객)' 접근 방식으로 미디어의 주체적 행위를 분석하는 것은 관람객과 전시의 만남에서 이루어지는 과정을 자세히 설명하는 데 분명한 한계가 있다.

왜냐하면 '텍스트-독자' 모델로 접근하는 경우, 관람객이 박물관이 기호화 해놓은 가치를 어느 정도로 받아들였는지로 지나치게 단순화하여 박물관의 '성공'을 측정하기 때문이다. 이렇게 되면 세인트 뭉고 박물관이나 안네 프랑크 하우스에서 나온 여러 반응처럼, 메시지를 거부하는 것은 '실패'한 것이 된다. 관람객이 박물관의 입장으로 '전향' 하도록, 변화하도록 강압적으로라도 설득하지 못했기 때문이다. 여기에는 또다시 세 가지의 중요한 문제점이 있다.

첫째로, 인터뷰 반응을 통해 전시실 안에 관람객이 다름을 편견 없이 보도록 도와주는 일련의 신호, 혹은 힌트가 있음을 알 수 있었지만, 이를 고려한다 하더라도 관람객의 해석에는 너무나 많은 변수와 예측 불가능성이 있다는 점이다. 두 번째 문제점은 지난 20년간 기호화 해독 모델을 통해 이루어진 관람객 연구는 대부분 애버크롬비와 롱허스트 Abercrombie and Longhurst의 IRP 모델(통합/저항 체계)을 기반으로 이루어졌는데, 이 통합-저항 체계는 힘(권력)에 대해서 주도권 중심의 해석을 기반으로 수립된 것이며, 최근 들어 점점 많은 비판을 받고 있는 모델이라는 점이다. 통합-저항 체계도 편견을 연구하는 데 있어서 중요한 '권력 (힘)'에 관심을 가지지만, 미디어와 독자 관계에 우위를 점하기 위해 투쟁하는 관계로 이분법적으로 보는 것은 해결해야 할 문제이기 때문이다. 게다가 최근 이론적/경험적 연구에서는 권력을 한 곳에 모인 것이 아니라 여러 주체에 분산되고 흩어져 있는 것으로 받아들이는데, 권력을 이렇게 움직일 수 있는 것으로 보면 애버크롬비와 롱허스트의 독자 연구와 충돌을 빚게 된다. 권력이 분산되어 있고, 몇몇 집단만이 권력을 총체적으로 행사하는 게 아니라면, 사회의 문화를 '주도 세력과 저항'이라는 두 가지 힘으로 이해하는 것은 의미가 없다. 그렇게 되면 결국 주도 세력의 통합적인 체계가 미디어와의 접촉을 하는 것이 아니라 그저 각각 따로 일어나는 이벤트에 불과할 것이기 때문이다.

역동성과 상호소통을 반영한 해석

관람객 자료 중에는 그 자체는 중요하고 흥미로운 내용인데도 확증적, 대립적, 절충적이라는 분류로 명백하게 나눌 수 없었던 반응들이 있었다. 이를 분석하며 이 이론 안에 제3의 갈등이 있으며 지나쳐서는 안 될 중요한 부분임을 인식하게 되었다. 그런데도 이 연구에서 관람객 분류체계를 이용한 것은, 연구의 시점을 정하고 각 관람객의 응답 안의 무수한 복합성과 역동성을 해결할 수 있는 일관성과 안정성을 확보하기 위한 것이었다. 한 예로 해럴드라는 관람객은 뉴펀들랜드에서 온 은퇴한 회계사인데 '탈선' 전시를 보고 동성애에 대한 박물관의 메시지에 어느 정도 동의하게 되었다고 했다. 더 중요한 것은, 해럴드의 입장과 시각에도 변화가 생겼다는 것이다.

네, 동성애라는 주제를 생각해 본다면요. 어떤 사람들은 이건 질병이라고 말하고 다른 사람들은 어디서 배워 온 것이라고 하잖아요, 그렇죠? 어, 저는 그렇게 생각하지는 않아서 길거리에서 내 곁을 지나다니는 남자 커플이나 여자 커플을 볼 때 별 생각이 없었어요. 하지만 뭐든지 좀 노골적인 사람들도 있잖아요, 그렇죠? 그래서 때로 동성애자들이 너무 노골적으로 행동할 때는, 스스로 생각하게 돼요. "잠깐, 방금 길거리에서 동성애 커플이 키스하는 걸 봤네. 하지만 뭐 괜찮지?" 그건 아마도 우리가 이성애자의 사회에서 자라 왔고, 그러다 보니 받아들이기가 쉽지 않죠. 그러다가 동성애자 사회에서도 탈선하는 사람들이 많아지고 진짜 많은 문제들을 일으킨다면, 그때는 정말 명분을 잃게 되는 거죠, 그렇죠?

이 전시에는 한 종교 지도자가 동성애를 질병에 비유하여 네덜란드의 게이 레즈비언 단체의 공분을 샀던 사건을 담은 영상 자료가 있었는데, 해럴드는 이 자료를 이용해서 상대적으로 자유주의적이고 포용적인 입장에 섰다. 그는 동성애와 이성애 행위를 다르게 보는 시각에 대해 생각했고, 박물관이 의도한 메시지를 어느 정도 받아들이는 것으로 자신의 입장을 조정하고 있다. 게이와 레즈비언의 동등한 권리에 대한 그의 입장은 무언가를 완전히 받아들이지 않지만 완강히 저항하는 것도 아니다. 자신의 성적 지향과 관계없이 인권은 동등하다는 메시지의 핵심을 이해하고 있지만, 동시에 부적절하고 자극적인 동성애 커플의 행동을 보며 개인적으로는 불편함을 느끼는 것도 사실이기 때문에, 그의 입장은 '절충적 이해'로 보일 수도 있다. 하지만 이 절충적 이해로는 동성애에 대한 그의 미묘한 입장의 변화나, 전시에서 새로 받은 메시지와 관람객이 이전에 가지고 있던 가치와 경험 간에 역동적으로 이루어지는 작용 과정을 담아내기는 어렵다.

앞서 관용의 이해에서 소개했던 위니프레드와의 인터뷰에서도 전시로부터 얻은 메시지와 관람객이 가지고 있었던 경험 간에 일어나는 상호작용을 볼 수 있다. 인터뷰 중간에 "박물관이 뭔가 특별한 메시지를 전하려고 한다고 느끼시나요?"라는 질문에, 위니프레드는 다음과 같이 대답했다.

네, 서로에 대해서 관용을 가져야 한다는 생각을 전하려는 것 같아요… 그렇지만 요즘 같은 분위기에선 상당히 어려운 일이죠. 세계적으로 무슨 일이 벌어지고 있는지 아시죠. 아랍 사람들, 이 사람 죽여라, 저 사람 죽여라 하고 있잖아요. 그런 행동이 대체 이슬람 종교와 무슨 상관인가요? 이슬람은 아주 평화로운 종교라고 알고 있었는데요.

이 같은 위니프레드의 대답은 세인트 몽고 박물관에서 접한 여러 생각과 주장을 절충해나가는 과정을 보여 준다. 존 리처드슨John Richerdson이 말했듯이, 이슬람교와 무슬림들은 최근 미디어에서 만들어낸 이미지를 통해 새로이 각인되었다. 최근 몇 년간 서구의 몇몇 국가를 중심으로 급격하게 반이슬람 정서가 높아진 것은 뉴스와 여러 미디어에서 이슬람을 부정적으로 왜곡한 이유도 있다. 무슬림에 대해 변화를 거부하고 타협도 없는 획일적인 민족이며, 서구 사회와 단절되어 열등하다는 이미지가 만들어졌고, 더욱이 이슬람과 폭력을 자연스럽게 연결하여 부정적인 이미지를 강화시켰다는 것이다. 위니프레드의 말 속에 '이 사람도 죽이고 저 사람도 죽여라'는 표현 역시 이슬람 혐오증을 드러내는데, 이것은 그녀가 본 세인트 몽고 박물관 전시에서 무슬림을 표현하는 방식과 상당히 상반된다. 위니프레드가 전에 뉴스를 통해서나 친구, 가족과 나눈 일상 대화를 접하며 고정관념이나 부정적인 이미지를 갖게 되었고, 전시를 보며 그 내용에 대해 의문을 제기하게 된 것이라고 볼 수 있다.

기존에 가지고 있던 생각이 전시를 통해 변화할 수 있음을 깨닫는 관람객들도 있었다. 20대 초반의 학생 에이드리언은 영국에서 안네 프랑크 하우스를 보러 왔다고 했다.

특히 영상으로 본 전시가 굉장히 흥미로웠어요. 표현의 자유에 대한 저의 관점을 생각해 볼 수 있었는데, 저의 경우는 몇몇 상황에서는 표현의 자유를 택하게 되었고, 어떤 경우엔 불평등을 더 중요한 문제라고 생각하게 되더라구요. 우리가 생각하는 방식을 바꾸는 전시라고 생각하고, 이 변화는 아주 좋은 것이라고 생각해요.

그의 친구 앤드루는 이렇게 덧붙였다.

한쪽의 입장을 보고나서는, '맞아, 올바른 주장이야' 했죠. 그리고 다른 입장을 듣고는 '잠깐, 이것도 맞는 말인데' 하고 생각했어요. 그리고는 내가 어느 입장에 서야 할지에 대해 진지하게 생각해 보게 됐구요.

비슷하게 입장의 변화가 있었던 예로, 세인트 뭉고의 한 관람객이 2001년 8월 15일에 남긴 코멘트 카드를 보자.

우리는 너무나 자주, 바로 앞에서 일어나는 일들을 그냥 지나쳐버린다. 한 예로, 나는 이 박물관이 여기 있는지도 몰랐다. 게다가 나는 종교를 싫어하는 사람이어서 이런 박물관에 올 생각도 하지 않았다. 그러나 오늘 여기 와보니 그동안 가지고 있었던 내 생각과 철학을 다시 검토해 봐야 한다고 느꼈다. 이 전시가 내 생각을 열리게 만들었다.

미국에서 안네 프랑크 하우스에 온 지역사회 기획자인 마이클에게, 박물관이 어떤 메시지를 주려 하는지 느끼냐고 묻자, 이렇게 대답했다.

우리는 지금 어린 소녀가 자기에게 일어났던 일을 하나하나 기록하며 살아냈던 그 역사적 장소에 와 있는 거잖아요. 또한 동시에, 이 장소는 오늘날 우리 주변에서 일어나는 일과도 연결되어 있다고 생각해요. 이게 바로 이 장소의 가치죠. 돌아보고 즐기고 하는 그런 관광지가 아니라서요. 이 장소는 안네 프랑크의 시대를 뛰어넘어 현재에도 혁신적인 일을 하고 있다고 생각해요. 여기 오기 전에는 이곳을 역사적인 장소라고만 생각했었는데 전시를 보고 나올 때는 주변 세상을 조금 다르게 보게 되었어요.

나는 이러한 예시야말로 박물관에서 역동적이고 소통적인 해석이 일어나는 증거라고 생각한다. '관람객이 박물관에 무엇을 가지고 오는가'와 '전시가 관람객에게 무엇을 주려고 하는가' 사이의 상호 소통 말이다.(크라츠, 2002) 이런 변화의 가능성은 확증, 대립, 절충이라는 세 가지 분류로는 다 담아내지 못한다. 즉, 이러한 해석들은 다름에 대해 역동성을 가질 뿐 아니라 상호 소통 속에서 이루어지는데, 이것을 단순히 관람객이 박물관의 메시지에 동의하느냐, 저항하느냐만으로 온전히 파악할 수 없다는 것이다. 관람객-전시가 만날 때 해석의 과정이 작동되고, 변화 가능성이 생겨나며, 이 안에서 일어나는 '주체적 행위'는 전시, 관람객 중에 한쪽에 의해서 생기는 결과가 아니라 복합적인 영향을 받은 것으로 보아야 한다. 즉 '다름에 대한 관점, 사고방식, 행동 방식'은 박물관의 윤리적 통제를 거칠 뿐 아니라, 개인과 사회가 가지고 있던 틀로도 걸러져서 만들어지고 널리 전달되는 것으로 것으로 보아야 한다는 것이다.

자원으로서의 전시

관람객을 고정적이고 타협 불가능한 메시지를 일방적으로 받아들이는 존재가 아니라, 의미를 함께 만들어가는 참여자로서 받아들일 때, 앞에서 논의한 긴장 관계의 많은 부분이 해소될 수 있다. 편견을 다루는 박물관 전시는 그저 받아들이거나 거절하거나 타협해야 할 대상인 '텍스트'로서가 아니라, 다른 다양한 매체와 함께 사용할 수 있는 '자원' 또는 '재료'로서 보아야 한다. 박물관의 목적은 더 이상 일방적으로 '영향'을 주거나 '강압'을 하려는 것이 아니라, 평등과 인권에 대한 '비판적 사고'에 독자를 참여시키고, 다름을 이해하고 논의하는 다양한 방법을 함께 만들어가는 것이다. 즉 편견에 대해 논의하고자 하는 박물관은, 관람객이 편견이 없는 사회를 갈망하고, 함께 만들고, 또 주변에 전할 수 있도록 풍부한 자원과 재료를 공급하는 역할을 해야 한다. 이러한 자원을 이용해서, 관람객은 편견을 조장하는 미디어의 영향력과 싸울 수 있게 되고, 또한 뜻을 같이하는 다른 미디어의 자원들과 보완하여 함께 사용할 수도 있다. 여기서 한 가지 중요한 것은, 이러한 접근 방식은 기존의 텍스트 중심적인 분석을 대체하거나 폐기하는 것이 아니라, 현대 사회의 미디어-독자 관계를 보는 또 다른 시각을 제공한다는 것이다.

게다가, 미디어를 자원으로서 보는 시각은 2장에서 본 '담론적 접근'과 일관된 시각으로 편견을 해석한다. 물론, 담론적 접근은 기본적으로 편견을 정당화하고 허용하고 지지하는 자원으로서의 가능성에 더욱 초점을 맞추고 있다는 차이가 있기는 하다. 영국, 뉴질랜드, 오스트레일리아, 네덜란드에서의 인종 차별 담론을 연구한 르 쿠테와 아우구스티노스LeCouteur and Augoustinos는 서로 다른 문화적 배경 간에서도, 텍스트와 내러티브 속에 공통적으로 존재하는 레퍼토리와 방식을 찾을 수 있었으며, 이 자원들은 "각 지역의 변화와 필요에 맞는 표현으로 섬세하게 다듬어졌다."고 설명했다.

　미디어를 자원의 공급자로 보는 시각은 다른 여러 독자 연구에서도 찾아볼 수 있다. 애버크롬비와 롱허스트는 소비의 성향이 변하고 미디어 생산 방식도 변화하면서 독자의 구성도 함께 변화했고, 미디어-독자 투쟁 이론으로 이러한 독자의 개념을 설명하는 것은 이론적으로나 실제적으로 상당히 어렵다는 것을 인정했다.

　그러면서 이들은 미디어-독자 관계를 설명하는 새로운 패러다임으로 SPP(관객-공연 패러다임)를 소개했다. 여기서 이들은 기획자와 소비자, 독자와 공연자의 역할 구분이 점점 모호해지면서 '확산적 관람객'이라는 개념이 나오게 되었다고 했다. '확산적 관람객'들에게는 관객이 되는 것은 더 이상 특별한 이벤트가 아니며, 최근에는 전례가 없을 정도로 다양한 미디어가 일상의 필수적인 요소로 포함되었다는 것이다. 애버크롬비와 롱허스트는 이렇게 정리했다. "미디어는 일상생활에서 고정적이고 필수적인 것이 되었을 뿐 아니라, 일상생활의 자원인 이미지, 공연, 생각과 행동의 틀도 제공한다. 다시 말해, 사람들은 미디어가 제공하는 자원을 일상적으로 사용한다."(앞의 책, 104)

결론

　이 시점에서, 이제까지 발전시킨 논의를 돌아보기로 하자. 다름에 대해, 박물관이 주고자 하는 메시지와 관람객의 해석의 관계를 살펴봄으로써, 우리는 루독Ruddock이 언급한 '영향 가능성'과 그 효과에 대해 생각해 보았다. 최근의 독자 연구에서 적극적인 관람객의 개념을 지지하면서, 텍스트의 영향력을 신뢰하는 것은 많은 문제점을 드러내게 되었다. 관람객의 반응을 확증, 대립, 절충으로 분명하게 나눌 수 없다는 것을 보아도, 박물관을 편견적인 개인을 개조하려는 의도를 가진 '텍스트'로서가 아니라, 해석적인 소재와 비편견적인 표현을 지지하고 조력하는 데 사용되는 '자원'으로서 바꾸어 생각하는 것이 타당하다는 것이다.

미디어는 아주 다양한 형태로 우리의 일상생활 구석구석에 스며들어 있다. 개인은 매일 무엇을 사용해야 할지 모를 정도로 다양한 자원을 마주 대한다. 이 '미디어가 몰아치는 사회'에서, 특정 미디어에서 어떤 '영향력'을 주는지 따로 구분하는 것은 거의 불가능하다. 그러나 다음 장에서 다루겠지만, 박물관을 신뢰하는 관람객들의 반응에서도 보듯이 박물관은 독특한 정보의 공급원으로서 분명한 역할과 영향력을 가지고 있다. 게다가 '확산적 관람객'이라는 개념에서는 각각의 미디어의 자원의 '영향력'이 무엇인지를 구분해내는 것도 더 이상 큰 의미가 없게 되어버렸다. 그보다, 매일의 삶 속에 존재하는 총체적인 미디어의 한 부분으로서 받아들여야 할 것이다. 애버크롬비와 롱허스트는 미디어를 상상력을 위한 자원으로 보아야 한다고 말했다.

현대 사회의 여러 강력한 매체를 접할 때도, 독자들은 많은 부분을 그냥 지나쳐버린다. 독자들이 모든 잡지 기사와 음악 한 곡, 또는 텔레비전 프로그램을 전부 흡수하여 상상력의 연료로 사용하는 것이 아니다. 즉, 독자(관객)는 그들 주변에 끊임없이 흐르는 미디어라는 강에서 자신들에게 맞는 상상의 세계를 건설하는 데 필요한 요소들을 끌어올린다고 보아야 한다는 것이다. 상상의 세계가 어떻게 구축되는지 그 과정을 경험적인 연구로 증명할 수는 없지만, 최소한 이것이 '사회적으로' 구축된다는 것만은 추측할 수 있다. 다시 말해, 특정한 미디어의 자원을 이용해서 상상을 구축하는 것은 그냥 어쩌다 일어나는 과정이 아니라는 것이다. 사람들은 지난 경험으로부터, 그리고 일상, 가족, 가정과 일반적인 사회 관계 등 일상의 삶으로부터 상상의 세계를 구축한다.

개인과 집단이 '다름'을 다룰 때, 미디어는 편견적이든 평등적이든 모순적이든, 어떤 정치적인 방향으로 이끌어가는 자원을 제공한다. 또한, 박물관은 여러 장치들을 사용해서 문화의 생산 과정에 관람객을 참여하게 하여, 이 과정에서 관람객이 각각 자기만의 의미를 만들 뿐 아니라 박물관이라는 환경에서 자신의 생각을 표현할 수도 있도록 한다. 이렇게 해서 전시는, 관람객이 퍼내야 하는 '자원'으로서뿐만 아니라 무대이자 강단으로서, 각각 만들어낸 의미를 표현하고, 나누고, 보급하는 공간이 되는 것이다.

한편 편견과 싸우려는 전시들이 내어놓는 박물관의 자원은 그 전체적인 분위기나 내용, 목적에서 중립적이지는 않다. 오히려 관람객과 상호 이해하고 소통하는 범위 안에서, 다름에 대한 윤리적 잣대와 도덕적 한계를 분명하게 확립하기 위해 치밀하게 계획된 것으로 보아야 한다. 이 윤리적, 도덕적 한계를 어떻게 결정할 것인지에 대해서는 많은 어려움이 따르며 사회적 합의도 이루어지지 않으므로, 전시 기획자들은 인권에 대한 기본 수칙을 시작점이자 지침으로 삼게 된다.

이제까지 미디어의 주체적 행위를 다시 생각해 보며, 일련의 의문들이 추가로 제기되었다. 관람객들은 TV, 신문 등 다른 미디어와 비교해 박물관이라는 독특한 자원을 어떻게 접근하고, 받아들이고, 사용할까? 편견과 싸우는 박물관의 주체적 행위를 이해하는 데 핵심이라 할 전시장 방문, 이 경험에는 어떤 독특한 특징들이 있을까? 다름을 중재하고 절충하며 이해하기 위해, 관람객은 어떤 방식으로, 또 어떤 사회적 기대를 가지고 박물관을 이용하는 것일까? 다음 장에서 미디어계 전반의 여러 지식의 공급자 사이에서 박물관이 어떤 역할을 하고 있는지를 보면서, 이 질문에 대해 더 이야기하도록 하자.

제5장

미디어 세계에서의 박물관

앞서 다룬 '자원으로서 미디어'를 보는 시각과 관련하여, 애버크롬 비와 롱허스트Abercrombie and Longhurst는 관람객에게는 다양한 형태의 미 디어로부터 거의 무한대의 자원을 받아 사용할 기회가 있는 것으로 보 았다. 물론 관람객들은 이런 자원들을 그냥 모르고 지나쳐버릴 수도 있 고, 더 적극적으로는 거부하거나, 아니면 받아들여 다양한 방식으로 활 용할 수도 있다. 이와 마찬가지로, 관람객들이 편견을 방지하고자 만 들어진 박물관 전시를 볼 때, 이를 문화적 차이로 해석하거나 절충하 는 데 자원으로 이용할 수도 있고, 버릴 수도 있을 것이다. 이렇게 관람 객들은 미디어라는 자원 중 필요에 맞는 대로 몇 가지를 선별적으로 소 비하지만, 각 미디어의 몇 가지 특징적인 요소들을 살펴보면 그 자원이 어떻게 될 것인지를 예측할 수 있다. 다시 말해, 관람객이 이 자원을 사 용할지 그냥 버릴지, 이 자원을 어떻게 받아들이고, 접근하고, 유용할 것인지뿐만 아니라 다른 자원과 경쟁하거나 서로 보완할 수 있을지를 알 수도 있다는 것이다.

현대 사회에서 관람객들이 너무나 쉽게 다양한 정보에 접근할 수 있게 되면서, 그 미디어계 전반에서 박물관의 위치는 소위 '주변부'에 처하는 것으로 보이기도 한다. 한 예로 인터넷이나 텔레비전 미디어는 하루에 몇 시간 단위로 사용량을 측정하는 반면, 박물관에서 보내는 시간은 1년에 몇 시간에 불과하다. 게다가 박물관의 '손길이 닿는' 범위, 즉 관람객의 크기나 구성 비율이 상대적으로 제한적이므로, 우리 주변에서 늘 접할 수 있는 여러 미디어가 '더 많은 수의, 더욱 다양한 관람객에게, 더 다양한 수단으로, 더 깊게' 영향을 줄 수 있다는 것이다. 만일 그렇다면, '도대체 왜 우리는 편견과 싸우는 목적에서 박물관을 특별한 의미를 가진 장소로 바라 보는 것일까' 하는 궁극적인 질문이 떠오르게 된다.

이 질문을 염두에 두고 안네 프랑크 하우스와 세인트 뭉고 박물관에서 나온 자료들을 참고하기 전에, 먼저 새로이 출현한 관람객의 유형을 살펴보고, 이에 비추어 박물관 경험이 어떤 특성을 갖는지 보도록 하자. 편견을 방지하려는 목적에서 박물관이 갖는 중요성을 이해하기 위해서는 우선 긴밀히 연결되어 있는 두 가지 요소를 고려해야 한다. 첫 번째는 박물관에 방문하는 행위를 통해 관람객이 특별히 '능동적'이 되도록 (그리하여 변화가 가능하도록) 자극하고 격려하는 능력이 박물관한테 있는가 하는 것이다. 두번째는 관람객이 문화적 차이를 대할때, 다른 미디어에서 받은 정보보다 박물관의 정보를 더 객관적으로 여기고 신뢰하느냐 하는 것이다. 물론 편견을 방지하는 데 있어서 다른 미디어 기관보다 박물관이 더 효과적이거나 영향력이 크다는 것을 주장하려는 것은 아니다. 그런데도, 이제부터는 박물관 경험의 특징을 살펴보며, 문화적 차이에 대한 논의에 관람객이 적극 참여하는 데 박물관이 독특한 역할을 할 수 있으며, 나아가 더 넓은 범위의 사회적인 변화에 기여할 수 있음을 주장하려 한다. 이런 가능성에 대해서 대부분의 박물관에서 아직 인식하지 못하고 있거나 적극 이용하고 있지 않기 때문이다.

관람객 경험의 유형

애버크롬비와 롱허스트는 관람객을 단순 관람객, 대중 관람객, 확산적 관람객이라는 세 가지 유형으로 구분했는데, 이 분류는 박물관 경험의 특징과 박물관 자원의 속성을 이해하는 데 좋은 시작점이다. 단순 관람객은 음악회나 운동경기, 연극 등을 보러가는 관객을 대표적으로 들 수 있다. 이 경험에서 소통은 '공연자'와 '관람객'이라는 서로 구분된 범주 간에서 일어나며, 둘 사이의 거리는 물리적으로나 사회적으로 계속 유지된다. 공공 장소에서 일어나는 이벤트(공연)는 특정한 격식과 의례를 갖춘 형태로, 단순 관람객들의 '경험'은 그 이벤트 중에 직접적인 형태로 일어난다. 또한 단순 관람객의 경험은 일상의 외부에서 일어나는 예외적인 것이므로, 공연자와 관람객 모두 공연에 고도로 집중하고 몰입하기를 기대한다.

라디오, 텔레비전, 인터넷 등 대중 매체가 출현하면서, 두 번째 분류에 속하는 '대중 관람객'이 나타나게 되었다. 이들은 단순 관람객과 비교해 다음과 같은 특징을 가지고 있다; 대중 관람객에게 있어서 '행사(이벤트)'는 특정 공간에 국한되지 않는다. 소통은 간접적인 형태이며, 경험은 주로 일상적이어서 '행사'와 같은 방식으로 이루어지지 않고, 집중도도 상대적으로 낮다. 공적이기보다 개인적이며, 사회적·물리적

간극은 단순 관람객과 공연자 사이에 존재하는 것보다 훨씬 더 커진다.

이제 대중 매체의 소비는 일상생활의 하나라고 볼 수 있는 만큼, 관람객들은 다른 활동과 동시에 하기도 한다. 텔레비전을 보면서 다리미질을 하기도 하고 출퇴근을 하면서 인터넷을 한다. 대중 매체를 소비할 때 늘 집중하지 않는 것은 아니지만, 전체적으로 보아 대중 관람객들은 주의를 기울이다가도 흐트러트리며, '들락날락'한다고 볼 수 있다.(같은 책)

세 번째 형태는 애버크롬비와 롱허스트가 칭한 확산적 관람객이다. 이 유형의 가장 큰 특징은 '현대 사회에서는 우리 모두 언제나 관람객이다'라는 말로 표현할 수 있다. 즉 관람객이 되는 것은 더 이상 특이한 일이나 '이벤트'가 아니라, 오히려 "일상생활을 이루는 조건이라고 해야 할 것이다."(같은 책) 정리하자면, 미디어가 가진 편재성, 침투성, 구성적인 특성에서 기인한 확산적 관람객은 근본적으로 단순 관람객이나 대중 관람객과는 다른 성격을 지닌다. 공연하는 사람과 독자 간의 구분이 불분명하고 때로 겹치기도 하며, "사람들은 문화적 생산자이면서도 동시에 독자이기 때문에, 문화 소비자들은 문화 생산자로 변하기도 하고 그 반대가 되기도 한다."(같은 책) 단순, 대중, 확산적 독자들의 특성에 대해서는 〈표 5-1〉에 정리해 두었다. 그러나 이 유형별 특징도

표 5-1 관람객 경험의 유형 자료 제공: 애버크롬비와 롱허스트(1998)

	단순 관람객	대중 관람객	확산적 관람객
소통	직접적	중재적	융합적
지역적/국제적	지역적	국제적	어디에서나
행사성	높다	중간	낮다
거리감	크다	매우 크다	적다
집중도	높다	변동적이다	정중한 무관심

서로 완전히 분리된 것이 아니며, 때로는 독자의 행위에 여러 유형이
함께 들어 있기도 한다.

박물관 관람객의 유형

이런 특징에 비추어, 박물관 관람객은 어느 유형에 속할까? 박물관
역시 인터넷 등을 이용해 대중 관객이 참여할 수 있는 기회를 점점 많
이 만들고 있기는 하지만, 이제까지 우리가 초점을 맞춘 전통적인 형
태의 박물관 관람은 단순 관람객의 경험에 속한다고 볼 수 있을 것이
다. 관람객과 '공연자'의 만남(박물관의 문맥에서는 관람객과 유물, 작품의
만남)은 특정한 공공 장소에서 일상생활과 분리되어 직접적으로 이루
어진다는 점, 박물관 관람에 의식이나 격식으로 가득차 있으며(던컨,
1991; 프레이저, 2005), 관람객이 생각하기에도 '적합한 행동'을 하게끔
한다는 점에서도 그러하다. 그러나 이제부터 보겠지만, 박물관 분야에
도 소통적이고 참여적인 전시 형태가 큰 흐름을 이루게 되고 더 지역
사회 중심적인 여러 방법을 사용하게 되면서, 확산적 독자에게 적합
한 환경을 제시하기도 한다. 박물관 안에서 해석적인 장치를 의도적으
로 배치하여, 관람객이 스스로 '언어적 공연자'(르 쿠테와 아우구스티노
스, 2001)가 되도록 하고, 기획자와 소비자 간의 경계가 불분명하게 되
기도 한다. 뒤에서 더 얘기하겠지만, 이러한 확산적 독자의 경험이야
말로, 편견과 싸우는 박물관의 역할을 이해하는 핵심적인 키워드로 볼
수 있다.

관람객의 활동과 수행성

사회학과 문화학, 매체 연구에서 활동이란 관람객이 자율적으로 기획자의 메시지에 반대하거나 저항하는 등 다의적인 해석을 할 수 있는 능력을 말한다. 박물관 전시의 경우, 관람객은 자신이 해독한 메시지에 대해 말이나 글로써 반응을 표현하는 것으로 이런 활동을 하게 된다. 미디어 이론가인 데니스 맥쿼일Denise McQuail은 "미디어를 선택하고 어떻게 관심과 반응을 보일지를 결정하는 행위는 대개 능동적으로 이루어진다. 이 선택과 결정은 동기 부여의 여부, 개인의 관심, 참여, 즐거움, 비판적 혹은 창의적인 반응, 자신의 삶과의 연결고리 등을 반영하여 만들어진다."라고 설명했다.(1997) 그러나 이 장에서는 좀 더 넓은 관점에서 보아, 모든 활동이 관람객에게 힘과 자율성을 부여한다는 전제 자체에 대해 의문을 제기하려고 한다. 샤론 맥도널드Sharon Mcdonald는 관람객의 선택을 강화하는 전시나 참여와 소통을 강조하는 전시 역시, 독자를 위축시키고 영향력을 약화시킬 가능성이 있음을 경고했다.(2002)

단순 관람객의 행사(공연)의 특징은 미디어(공연자)가 표면적으로나마 관람객들의 능동적인 활동에 한계를 정하고 제약하는 역할을 한다는 것이다. 실제로 애버크롬비와 롱허스트는 초기 연구에서, 단순 관객의 행사에서 공연자-관객 사이에 분명한 거리가 존재하기 때문에 관객들이 수동적으로 받아들이는 입장에 처하게 된다고 주장하기도 하였다.(1998) 예를 들어서 음악회에 온 관람객들은 음악을 감상하는 것 외에 다른 일은 하지 않을 것이라는 기대를 받게 된다. 만약 관객이 공연 도중에 떠들거나 전화를 건다면 모두가 눈살을 찌푸릴 것이다! 그러나 또한 이들은 외면적으로 수동적이라고 해서 공연에 참여하지 않거나, 몰입하지 않는다는 뜻은 아니라고 덧붙였다. 즉 관람객의 물리적인 행동과 해석적 과정을 무조건 통합하여 이해하는 것은 위험할 수 있다며, 극장의 관객을 대상으로 한 베넷Bennet의 연구를 인용하였다.

관객은 공연 시간 동안 수동적으로 행동하면서도, 허용 범위 안에서는 여러 신호를 적극적으로 해독하도록 훈련 받는다. 즉 공연자는 자신이 보내는 신호를 관람객이 능동적으로 해독하기를 바라지만, 동시에 계획한 것을 무대에서 펼치기 위해서는 관람객들이 수동적으로 행동하는 것도 필요하다는 것이다.(베넷, 1997)

보편적으로 단순 관람객을 대상으로 한 미디어는 "강렬하고 응축된 경험을 제공하고 자극하며, 공연 또한 그런 경험을 필요로 한다."(애버크롬비와 롱허스트, 1998) 이것은 일반 관람객이나 확산적 관람객의 경험에서 보기 드문 특징이다. 이 연구의 인터뷰 자료에서도 박물관이 다양한 방법으로 이런 강력한 경험을 제공하여 관람객으로 하여금 능동적으로 행동하게끔 이끄는 것을 확인할 수 있었다. 그렇다면, 미디어 세계 전반에서 박물관의 영향력이 한계가 있다는 것을 감안하고 우리 일상에 스며들어 있는 대중 매체의 영향력이 매우 크다는 것을 고려해도, 박물관의 '영향을 미칠 가능성'(루독, 2001)은 경험의 '강도'에 따라서 얼마든지 향상될 수 있는 것이다. 실제 박물관 방문객들의 인터뷰도 이 가설에 힘을 실어주는데, 실제로 박물관에서 새로운 것을 '발견하고', 주의를 기울이고, 참여할수록 관람객의 몰입은 더욱 고조되는 것을 볼 수 있었다.

대부분의 미디어 연구에서 관람객이 활동적일수록 텍스트의 권력은 축소된다고 본다. 즉, 관람객이 능동적일수록 다양한 해석의 여지가 생기고, 원하는 메시지를 확립하려는 미디어와 텍스트의 권력은 상대적으로 약해진다는 것이다. 그러나 앞 장의 마지막 부분에서 다루었듯이, 다름에 대한 해석을 만드는 데 박물관의 역할은 '원하는 방향으로 메시지를 이해하도록' 강압하는 게 아니라 관람객을 '파트너로서 받아들이는 것'이다. 이렇게 박물관의 작용 주체에 대해 새로운 해석을 하게 되면, 독자의 '활동'은 조금 다른 의미를 갖게 된다. 즉 관람객이 능동적인 참여를 할수록 담론적 해석을 만들고 전파하는 상황을 조성하게 되고, 결국 편견과 싸우는 박물관의 능력을 제한하는 게 아니라 오히려 확장시키는 것이라는 것이다.

이 연구에서 모은 인터뷰를 분석하면서 관람객의 활동을 나눌 세 가지 지표를 세우게 되었다. 첫 번째, 관람객이 박물관을 방문하는 데 목적성이 있었는지, 전시 관람에서 본인의 선택과 통제의 수준이 높다고 생각했는지 등, 전시에 대한 관람객의 인식을 살펴보았다. 두 번째는 관람객이 자기 자신의 삶, 기억, 경험과 전시실 안의 내러티브를 연결한 준비가 되어 있는지를 보는 것이다. 세 번째는 관람객들이 자신의 '공연'을 만들고 실행하여, 자신의 시각을 나누고 전파하도록 박물관이 기회를 제공하는지에 관련된 것이다.

관람객들과의 인터뷰에서, 같은 주제를 다루는 다른 미디어(텔레비전, 신문, 인터넷 등)을 접할 때에 비해, 전시를 보며 특별히 다른 반응을 보였다고 생각하는지를 물었다. 처음에는 관람객들은 대부분 망설이거나 대답하기 어려워했지만, 잠시 생각한 뒤에는 비교적 분명하고 풍부한 대답을 내놓았다. 이 중 많은 수의 응답자가 다양한 미디어의 서로 다른 특징을 인지하는 가운데, 박물관과 뉴스, 텔레비전과 비교하여 박물관에 주로 호의적으로 응답하였다. 이들은 박물관 방문에서 더 높은 수준의 선택과 통제가 가능하고, 다른 미디어보다 더 집중하게 되며, 세계적으로나 지역적으로 동시대에 일어나는 여러 일들과 개인의 삶을 연결해서 생각할 기회가 있다고 응답했다.

이렇게 많은 사람들이 박물관 방문에 호감을 보인 것은, 미디어에 대한 일반적인 인식으로부터 영향을 받은 결과일 수도 있다. 실제로 맥퀘일은 "미디어에 대한 평가는 내재화된 것이기보다 어느 정도 표면적인 것이며 사회적으로 학습된 것"(1997)이라고 했다. 즉, 이 연구의 응답자들도 미디어의 특징에 대해 회자화되는 이야기나, 이미 알고 있던 규범적인 인식을 이야기한 것일 수 있고, 고급 문화(박물관)와 저급 문화(매스 미디어) 간에 자주 언급되는 차이를 그대로 반복한 것일 수도 있다는 것이다. 이렇게 관람객의 인식이 어느정도 영향을 받은 결과일 수 있다는 것을 고려해야겠지만, 그러나 이러한 관람객의 인식 자체도 박물관에 접근하고 참여하는 데 영향을 미치는 중요한 요소라는 것을 말해두고 싶다.

목적이 분명한 '자유 관람'

몇몇 관람객들은 TV 보는 것이 일상적이고 평범한 일이며 심지어 선택의 여지가 없다고 보는 반면, 박물관에는 '스스로 왔다'는 '자유 선택'이 있었음을 강조했다. 런던에서 온 미술학도인 아네사는 남자 친구와 함께 세인트 뭉고 박물관에 왔다고 했다.

TV는 리모컨을 눌러서 쉽게 채널을 바꿔 보잖아요. TV에서는 나오니까 그냥 보는 경우도 많죠. 박물관은 집에서 나와야 하고, 와야 할 이유가 있으니까 오는 것이구요. 주로 문화에 대해서 알고 싶어서 오는 거죠.

비슷하게, 안네 프랑크 하우스를 방문한 맨체스터의 콜센터 직원인 줄리는 "박물관에 오려면 더 많은 노력을 해야 하고, 돈도 더 들죠. 박물관에 온 건 정말 직접 와서 보고 싶어서지만 텔레비전은 그냥 채널만 돌리면 되거든요."라고 말했다.

박물관에 오기 위해 목적을 가지고 계획하며, 실제로 방문하는 데도 많은 노력을 들인다는 것은, 전시에 접근하는 자세에도 영향을 미친다. 이러한 경우 관람객들은 문화 소비에서 자신이 통제하고 있다고 생각하고, 다른 외부적인 조종이나 영향을 받지 않는다고 여긴다. 이런 생각이 박물관 경험이 갖는 독특한 특성과 결합되어 관람객을 전시에 더욱 집중하게 만든다는 것이다. 글래스고에서 온 시 공무원인 제프는 이렇게 말했다.

박물관에 오는 것은 더 개인적인 경험이에요. 각자 골라서 보는 것이니까요. 예를 들면, 미술관 중에서도 별로 좋아하지 않는 곳이 있잖아요. 저의 경우 글래스고 시에서 꼽자면, 버렐Burrell 미술관을 별로 안 좋아해요. 건물은 멋있지만 버렐 미술관은 한 개인이 마련한 컬렉션인데, 그가 모은 태피스트리나 접시 같은 것들이 저한테는 별로 흥미롭지 않아요. 저는 그림 쪽에 더 끌리거든요. 각자 자기가 원하는 것을 선택해서 왔다는 점에서 상당히 개인적인 경험이라고 할 수 있죠.

세인트 뭉고에 방문한 학생인 베키는 이렇게 주장하기도 했다.

문화적인 측면에서 박물관이 더 중요해요. 박물관에 가는 것은 TV를 켜는 것과는 다르죠. TV에서 다큐멘터리를 보거나 인터넷, 신문을 보는 것과는 완전히 다른 마음가짐으로 박물관에 오니까요. TV를 볼 때는 이것저것 그냥 지나쳐 버릴수도 있죠. 일요일 아침에 게으르게 지내면서 뉴스를 읽을 수도 있구요. 하지만 박물관에 올 때는 특별한 목적을 가지고 능동적으로 마음을 열고 와요. 그런 면에서 박물관은 영향을 많이 받는 환경인 것 같아요.

캐롤 던컨Carol Duncan은 박물관과 예배 장소 등의 종교적 장소 사이에 공통점이 있음을 발견했다. 두 장소가 가진 특별함이 사람들이 방문하도록 이끈다는 것이다. 그는 "박물관과 사원은 건축적인 면 외에도 비슷한 점이 많다."며 다음과 같이 설명했다.

박물관에서도 사원이나 성지, 다른 기념적인 장소에서처럼 일이 돌아간다. 박물관을 방문하는 사람들은 종교적 장소에 갈 때와 마찬가지로, 어느 정도든 무언가 수용하려는 의지와 가능성을 가지고 간다. 또한, 전통적인 예배 장소처럼 박물관 공간도 특별한 용도를 위해 디자인된 것이며, 사색이나 배우는 경험을 위해 특별히 구별된 공간이다. 이런 공간에서는, 관람객들은 평소와 다른 특별한 수준의 집중을 하게 된다.(던컨, 1991)

박물관에서 관람객들은 스스로 선택하고 통제하는 부분이 많다고 여기면서도, 다른 미디어에서 지나쳐 버렸을 부분도, 박물관에서는 어쩔 수 없이 보게 된다는 점을 언급하기도 했다. 스코틀랜드 파이프에서 온 마틴(20대, 무직)은 이렇게 말했다.

> 글쎄요, 대답하기 좀 어렵지만, TV에서 이런 주제를 봤다면 지금과 같은 생각을 했을 거라고는 생각하지 않아요. 왜냐하면 TV를 그다지 집중해서 보지 않았을 테니까요. 박물관에서는 함께 전시되어 있는 것들과의 조화 속에서 생각하게 되고, 또 박물관에 있다 보니 전시물에 더 집중할 생각이 드는 것 같아요. 집에서 신문을 보거나 할 때는 그냥 내가 보고 싶은 것만 골라서 보게 되잖아요.

이렇게 관람객이 여러 선택의 가능성을 가지게 되면서 이와 함께 통제력과 권위도 갖게 되지만, 다른 한편 박물관은 이미 관람객이 선택할 수 있는 한계를 정해두고 틀을 짠다는 점을 흥미롭게 볼 필요가 있다. 앞서 안네 프랑크 하우스의 '탈선' 전시에서 평등, 차별과 관련한 각 사례를 제시하고 관람객이 두 가지 반응 중에서 하나를 선택하도록 한 것을 보았다. 관람객들은 다양한 생각과 반응을 가지고 있겠지만, 이 반응을 '투표' 형식으로 표현할 수 있는 방법은 두 가지, '표현의 자유'냐, '차별에 대해 보호받을 권리냐' 중에서 선택해야 한다. 더 중요한 것은, 이 두 선택지는 전시 기획자가 '성, 인종, 종교, 장애, 성적 지향과 관계 없이 모두가 평등한 인권'이라는 개념을 지지하려는 목적을 가지고 만들었다는 것이다. 몇몇 관람객이 차별적인 말을 하거나 방명록에 그런 글을 남길 수 있을지는 몰라도, 적어도 전시실 안의 투표에서는 동성애 혐오증이나 성차별, 인종 차별 등의 편견을 지지하는 선택을 할 수 없다. 즉 관람객들은 주어진 사안들을 생각해 보고 표현할 수는 있지만, 동등한 인권에 대한 박물관의 입장에는 타협이 불가하다. 이렇게 박물관이 관람객의 선택의 틀을 짜고 제한하는 부분이 있다는 점을 고려하면서, 문화적 소비에서 목적성이 분명하고 선택이 더 많이 주어질수록 관람객은 통제력을 발휘하면서, 보는 행위에 더욱 집중한다는 것을 받아들여야 할 것이다.

연결하고, 인지하고, 이용하다

이 연구의 관람객 자료에서 강력하게 드러난 관람객의 '활동'의 두 번째 관점은 전시에서 만난 것과 박물관 외부의 문제점 간에 연결점을 만들어낼 수 있는가에 대한 것이었다. 이러한 연결고리는 개인적인 면(일상, 가족, 친구들에게 일어난 일을 회상하는 것 등)과 추상적이나마 세계 전반에 걸친 일들을 생각해 보는 것(사회적 변화, 인구학적 변화나 여러 국제적인 문제를 생각하는 것)을 모두 포함한다. 실제로 관람객은 전시에서 본 여러 자료들을 다양한 방법으로 사용하는데, 예를 들어 어떤 관람객들은 안네 프랑크 하우스를 둘러 보면서 자신과 가족이 겪었던 차별과 충돌을 떠올렸다. 아만다(영국 미들섹스에서 온 건강상담사)는 인터뷰의 마지막 부분에서 그녀의 여러 정체성 중에 어떤 면에서 박물관이 특별한 의미가 있었는지를 묻자 이렇게 대답했다.

이게 질문의 답이 될 수 있는지는 모르겠지만, 생각나는 일이 하나 있기는 해요. 전시에서 '유대인은 들어올 수 없음'이라는 표지판을 보면서 아일랜드인인 우리 어머니가 해주신 이야기를 떠올렸거든요. 원래는 공무원이 되고 싶었는데 그때 '아일랜드인은 지원할 수 없음'이라는 문구를 보셨다고 했어요. 암스테르담이 아니라 영국에서도 일어난 일이죠… 그리고 그 일에 크게 상처받았다고도 하셨구요. 비교할 바 없이 작은 일이긴 하지만, 그 표지판을 보고 어머니에게 일어났던 일과 연결하게 됐어요.

캐나다에서 안네 프랑크 하우스를 방문한 지리학도인 로빈은 이런 말을 했다.

저희 엄마는 미국에서 오셨는데, 어렸을 때 인종별로 분리된 학교에 다녔어야 했다고 했어요. 엄마는 40대이시거든요, 그러니까 그렇게 오래된 일이 아니고 불과 얼마 전에도 그런 일이 있었던 거예요. 나중에 뉴욕 시 외곽에 있는 고등학교에 다니셨는데 여러 인종이 다 같은 학교에 다니는 게 이상하게 느껴졌다고 했어요. 저는 오히려, 이런 차별적인 일들이 지금까지 일어나고 있다는 게 이상한 일인 것 같아요.

관람객들은 뉴스에서 본 사건, 9.11 사태와 같은 세계적인 일에서부터 지역적인 일, 글래스고에서 일어나는 라이벌 축구 팀끼리의 충돌이나 지역 이민자, 난민 문제 등과도 많은 연결고리를 찾아냈다. 또 다른 예로, 영국 브래드포드에서 케이터링 업계에서 일하는 50대 초반의 유니스는 세인트 몽고 박물관의 메시지가 '우리 모두는 동등하다'는 것이라고 말했다. 이 메시지에 동의하는지를 묻자 이렇게 대답했다.

글쎄요, 동의해야만 할 것 같네요. 특히 브래드포드라는 지역에서 온 사람으로서요. 브래드포드에도 모두가 하나가 되도록 무슨 일이든 일어나야 할 것 같아요. 서로 갈라지고 있거든요. 무슬림, 기독교, 그외 여러 가지 일들 때문에 폭동도 많이 일어났었어요. 이제는 다들 정말 그만하고 싶어해요. 브래드포드에서도 이 박물관에서 하는 것과 비슷한 일들이 일어나야 할 것 같아요.

이러한 응답에서 볼 수 있듯이, 박물관은 관람객이 현대의 사회적 문제를 깊이 생각해 볼 수 있는 장소이다. 재미있는 것은, 애버크롬비와 롱허스트는 극장 등에서 일어나는 '단순 관람객의 경험'을 통해서도 관람객들이 사회적인 성찰을 하게 된다고 주장했다. 극장은 일상생활과 분리된 장소이며 특별한 시간으로, 평범한 생활과 동떨어져 있다는 것이다. 터너Turner의 연구(1982)를 인용하며, 극장도 종교적 의식처럼, 관객이 처한 사회적 상황을 깊이 생각해 볼 수 있는 분리된 환경을 조성한다고 주장했다. 그러나 한편으로는, "상상을 위한 자원이 되기에는 극장과 같은 단순 관람의 형태보다 현대 사회의 대중 매체가 더 적합하다."고 언급하기도 했다.(같은책) 대중 매체는 어디서나 접할 수 있는 반면, 단순 관람객의 경험은 일상으로부터 단절되어 있기 때문이다. 호튼과 월Horton and Wohl의 연구(1956)를 인용하며, 애버크롬비와 롱허스트는 극장에서의 경험이 충분히 강렬하고 참여를 유발하지만, 공간적으로나 현실적으로 일상생활로부터 동떨어져있다는 점에서 상상력이라는 자원을 공급하는 데 한계가 있다고 말했다. "반면에 텔레비전, 영화, 라디오 등은 일상의 현실과 공연이라는 두 세계 간에 끊임없는 상호작용을 한다."(같은책) 이 과정에서 미디어와 독자 간에 친밀감이 형성된다는 것이다. 이러한 연구결과와 함께, 대중 매체가 가진 주입성과 일상성을 고려하면 미디어계 전반에서 박물관의 역할이 미미하다고 볼 수도 있을 것이다. 그러나 실제로 박물관에서 관람객들이 자기 자신의 이야기와 박물관 전시의 이야기를 자연스럽게 연결하는 행위들을 보면, 이런 관점이 전적으로 옳다고 볼 수 없다.

한편, 관람객과 전시된 대상 사이에 인도주의적인 연결고리가 만들어지기도 한다. 안네 프랑크 하우스와 세인트 뭉고, 두 박물관 모두 아주 개인적인 이야기를 다루고 있기에, 많은 관람객들은 자신의 시각과 경험, 그리고 다른 문화적 상황 사이를 연결해 보고 공통점을 찾았다. 특히 안네 프랑크 하우스는 『안네 프랑크의 일기』에서 발췌한 내용을 오디오로 들려주고, 프랑크 가족을 알았던 사람들의 증언을 전시해 강력한 해석적 장치로 활용하고 있다.(그림 5-1) 이에 대해, 시카고에서 온 웬디는 다음과 같이 언급했다.

영상 속 인물들, 진짜 존재했던 사람들이라고 생각이 들 정도였어요. 또 일기를 발췌해서 읽어 주는 방식도 좋았어요. 일기를 보며, 낭독하는 목소리를 오디오로 들을 수 있었는데, 그게 진짜 안네의 목소리가 아닌 걸 알면서도 너무 감성적이 되어 몇 번이나 눈물을 닦았다니까요.

세인트 뭉고에서도 많은 관람객이 전시실 안에서 보고 들었던 '여러 목소리'에 대해 언급했다. 이 맥락에서 목소리란, 설명판이나 오디오의 형태 등으로 여러 사람의 다양한 의견과 관점을 보여 주는 것을 의미한다. 이런 개인적인 진술 형태로 된 전시물을 보며, 관람객은 자기의 삶과 더 편안하게 연결하게 된다. 한편, 민족학 전시에서는 전시물과 관람객 간의 거리감을 느끼게 하는 전략을 쓰기도 하는데, 관람객과 전시된 문

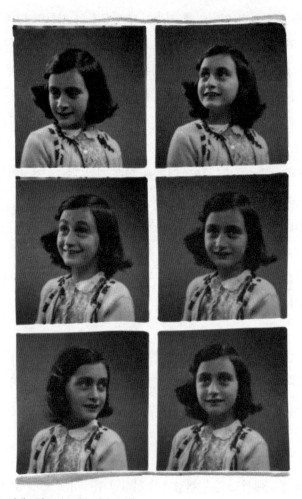

그림 5-1 안네 프랑크(자료 제공: 게티 이미지)

화 간의 시대적, 지리적 거리를 강조해서 둘 사이의 연결고리를 숨기는 방식이다. 이와 반대로 세인트 뭉고 박물관에서는 글래스고 시 안에서 같은 시대를 살아가는 다양한 문화를 전시 속에 묘사함으로써 오히려

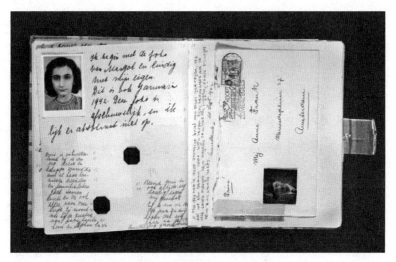

그림 5-2 실제 안네 프랑크 일기의 한 부분(자료 제공: 게티 이미지)

이 거리감을 줄인다. 마찬가지로, 안네 프랑크 하우스의 '탈선' 전시에서도 관람객이 역사적인 거리감을 극심하게 느끼지 않도록 현대 사회의 편견, 차별의 문제들을 전시해 연결하도록 하고 있다. 한편, 이런 노력들은 연결고리를 만드는 데 도움이 되지만, 이 과정에서 원치 않는 감정적인 몰입이 발생하기도 한다. 바그날Bagnal(2003)과 리에겔Riegel(1996)은 각자의 연구에서 관람객들이 불쾌했던 기억을 피하고 싶어서 전시실 안의 정보와 이야기로부터 일정한 감정적, 인지적 거리를 유지하려는 성향이 있음을 발견하였다. 이들의 연구에서 몇몇 관람객은 역사 박물관에서의 경험을 언급하며 '그리고 싶지 않았음에도 지나친 감정 이입을 하게 되었다'고 응답했다. 헨리에타 리에겔Henrietta Riegel은 독일 슈투트가르트의 한 전시를 분석하며, 관람객이 전쟁과 전후를 재현한 부분에 깊이 빠져들어, 힘든 기억이 떠올랐다는 불만이 많았다고 했다.

박물관에서도, 전시물과 관람객을 연결하는 데 있어 이러한 개인적, 인간주의적 이야기를 담은 해석적 장치가 큰 영향력을 발휘한다는 것을 인식하고 있다. 미국 로스엔젤레스의 관용의 박물관Museum of Tolerance 과 워싱턴 D.C.의 홀로코스트 추모박물관Holocaust Memorial Museum은 홀로코스트를 개인적인 경험으로 느낄 수 있도록 관람객마다 주민증을 발급해 준다. 티모시 루크Timothy Luke는 홀로코스트 박물관에서의 경험을 이렇게 묘사했다.

관람하는 동안, 사람들은 각 층마다 자신의 주민증 서류를 한 장씩 넘겨 보게 된다. 시간과 공간 사이를 여행하듯, 이들은 각자의 홀로코스트 페르소나가 된 이 주민증을 넘기며, 박물관 전시와 홀로코스트라는 좁은 통로를 함께 겪으며 걸어가는 것을 경험한다.(2002)

코린 크라츠Corrinne Kratz도 케냐의 오키에크Okiek 민족을 다룬 사진전을 예로 들며, 개인적 진술의 형식을 도입하는 것이 감정 이입에 어떤 효과가 있는지를 설명했다. 그녀는 사진 작품마다 오키에크 사람들의 관점과 이야기를 담은 대화 형식의 설명문을 만들었는데, 다른 종류의 전시에서는 이런 장치를 종종 사용했어도, 당시로서 민족학 전시에서는 흔한 방식이 아니었다. 크라츠가 이런 장치를 민속학 전시에 사용한 것은 오키에크 민족의 여러 면을 좀 더 풍부하게 재현하기 위한 것이자, 관람객들이 대상의 독특성을 느끼면서도 그 안에서 연결고리를 찾도록 의도한 것이었다.(2002) 실제로 이 설명문은 전시에서 개인적인 접근을 사용한 여러 장치 중에서도 두드러지는 효과를 내었다. 크라츠는 이렇게 설명했다. "관람객들은 대화 형식으로 된 설명판을 가장 많이 언급했지만, 이런 방식으로 만들어진 다른 요소들도 알아보았다. 인물 사진에서 얼굴을 강조한 것, 클로즈업, 색깔, 인물 장신대, 비형식적인 어조로 쓴 설명, 실제 인물의 이름을 넣은 것, 시야의 높이에 맞춰 사진을 건 방식 등을 말이다."

이 연구의 인터뷰 자료에서 관람객들은 전시에서 본 실제 물건을 자주 언급했다. 전시에서 '실제의 것'을 보여 줌으로써 관람객이 감정적으로 몰입하고 더 깊은 경험을 하는 데 도움을 주는 듯 하다.(그림 5-2) 네덜란드에서 온 로니는 안네 프랑크 하우스에서의 경험을 TV 시청과 대조하여 설명했다.

텔레비전으로 볼 때는, 여기서 안네 프랑크의 진짜 일기를 보고 그녀가 내다봤을 창문을 보며 경험하는 것만큼 가깝게 느껴지지 않죠. 여기서는 사진으로 봤을 때보다 훨씬 인상에 강하게 남았고 현실적으로 느껴졌어요.

영국 베드포드에서 온 학생인 사라는 박물관은 여러 감각을 이용한 경험을 제공하기 때문에 다른 매체를 접할때 보다 더욱 몰입하게 되었다고 말했다.

다른 사람들도 그렇겠지만 저도 신문은 읽다가 그만두기도 해요. 하지만 박물관에는 제가 결정해서 온 것이기 때문에 더 관심을 갖게 되고 비디오든, 편지든, 사진의 형태든 전시 속의 다양한 메시지를 받아들이게 되죠. 전시물들은 우리가 가진 모든 감각에 호소하는 것 같아요. 아마도 그 때문에 더 쉽게 받아들이고 계속 관심을 갖게 되는 것 같고요.

이렇게 박물관의 권위, 객관성, 진실성과 관련해 실제 전시물이 얼마나 중요한지, 또 박물관이 어떤 역할을 할 수 있을지에 대해서는 이 장의 마지막 부분에서 더 자세히 다루기로 하겠다.

박물관이 아닌 미디어에서 관람객이 연결고리를 만들고 동일시 하는 현상을 다룬 연구들도 있다. 한 예로, 이엔 앙len Ang(1985)은 TV 시리즈의 '달라스'Dallas의 독자들을 연구하면서 '감정적 사실주의'라는 개념을 발전시켰는데, 이것은 시청자가 자신을 TV쇼 안의 인물과 동일시하는 현상을 의미한다. 역시 '달라스'의 시청자의 반응을 분석한 크라츠와 리에베Kratz and Liebes는 '관계의 비평', 즉 텍스트(TV 프로그램의 내용)를 자신의 삶과 연결해서 이해하는 현상을 다루었다.(실버스톤, 1994)

조금 더 직접적으로 편견이라는 사안을 다룬 최근의 예로써, 미국 TV 드라마인 '식스 피트 언더'Six feet under*를 들 수 있다. 이 드라마는 로스엔젤레스에서 '피셔와 아들들'이라는 장의 사업을 경영하는 한 가족의 이야기를 다루었는데, '죽음'과 '죽어가는 과정'이라는 주제를 여과없이 사실적으로 표현해 논란을 일으키기도 했지만, 2001년부터 2005년 종영까지 엄청난 인기를 얻으며 비평가들의 찬사를 받았다. 특히 '식스 피트 언더'의 홈페이지 게시판은 시청자들이 각자 좋아하는 역할에 대해 얘기하거나 줄거리를 추측하는 등 의견을 나누고 토론이 벌어지는 플랫폼이 되었다. 주축이 된 줄거리 중 하나는 둘째아들인 데이비드 피셔의 '커밍아웃' 사건이었는데, 이에 대해 그의 가족들이 보인 반응을 두고 게시판에서 엄청난 논쟁이 벌어졌고, 많은 시청

---

* '아메리칸 뷰티'의 각본을 쓴 알란 볼Alan Ball의 드라마 작품으로, 『타임스』를 비롯해서 수많은 매체의 상을 받았다. 식스피트6feet는 땅에 묘를 묻기 위해 약 180센티미터를 파는 문화에서 나온 제목이다.

자들이 자신의 삶과 연결한 해석을 남겼다. 흥미로운 것은 어떤 사람들은 드라마 시청이 자신의 성 정체성을 받아들이는 데 영향을 미쳤다고까지 언급했다는 것이다. 한 시청자는 이렇게 적었다.

'식스 피트 언더'가 나에게 미친 영향을 이루 다 말할 수가 없습니다. 주인공들은 점점 더 내 삶의 일부분이 되었고, 내가 스스로에게 지어놓았던 한계를 다시 살펴봐야겠다는 생각도 들었어요. 나의 성 정체성을 포함해 모든 면에 대해 더 열린 마음을 갖게 되었어요.

또 다른 시청자는 동성애 혐오증을 가지고 행동했던 경험을 반성하며 생각이 바뀌는 계기를 제공해 준 데 대해 프로그램 기획자에게 감사하다는 글을 올리기도 했다.

여러 의미에서, 이 드라마는 나에게 많은 도움이 되었습니다. 저는 이성애자인데 그 자체가 잘못된 건 아니지만, 몇 년 전에 저는 아주 심한 호모포비아였어요. 십대 시절 가치관이 불분명할 때 내가 이성애자라는 것과 남자답다는 걸 다른 사람들에게 확인시키고 싶었던 것 같아요. 그러면서 게이인 주변 사람들에게 상처를 주었구요. 지금은 동성애자들에게 아무런 부정적인 편견이 없는데, 이건 제가 성장한 이유도 있겠지만 '식스 피트 언더'를 보고 느낀 것 덕분이기도 해요. 이전 행동에 대해 반성하고, '관용'을 배우게 해준 데 대해 기획자에게 감사하고 싶습니다.

드라마에서 둘째아들의 성 정체성에 대해 가족들이 서로 다른 태도를 보이며 갈등을 빚는 내용을 보고, 50대의 어머니 시청자도 의견을 남겼는데, 이 드라마가 실제 생활에 가진 영향력을 보여 주는 또 다른 예시라 하겠다. "이런 바람직한 일들이 계속되면 좋겠어요. 이 드라마를 보면서 저도 비슷한 대화를 시작할 수 있게 되었고, 저에게 지금 꼭 필요한 힘을 낼 수 있게 되었어요."(HBO2002)**

다시 말해, 이 게시판은 시청자가 드라마와 자신의 일상을 적극적으로 연결하는 공간이 되었는데, 이것은 윌 브룩커Will Brooker가 말한 '오버플로(범람)'의 예로도 볼 수 있다. 이는 최근 여러 미디어에서 찾아볼 수 있는 경향인데, 기획자가 미디어의 중심 내용(텍스트)을 일상에서도 경험할 수 있는 장치를 만드는 것으로, 예를 들면 인터넷 등을 통해 시청자가 참여하여 상호작용의 경험을 누리도록 하는 것이다. 물론 미디어의 '주체적 행위'가 관람객이 편견에 반대하는 데 필요한 자원을 제공한다는 것을 뒷받침하기에는 이 몇가지 예시가 충분하지는 않을 것이다. 그러나 다른 미디어의 예에서 본 것처럼, 박물관도 일상에서 문화적 차이를 타협하고 이해하도록 적절한 자원을 제공하는 역량이 있음을 제시하는 것으로 볼 수 있을 것이다.

박물관의 활용

이제 세인트 뭉고 박물관과 안네 프랑크 하우스로 돌아가 보자. 인터뷰와 다른 여러 자료를 통해, 관람객이 박물관 전시에서 사용한 개념과

---

* 이 시청자 역시 가족 중 누군가와 비슷한 대화를 시작하려 한다는 뉘앙스.

자원을 이용하고 있음을 알 수 있었지만 어떻게 이용하는지, 그 방식과 형태를 분석하기는 물론 쉽지 않았다. 예를 들어, 세인트 뭉고 관람객 중 글래스고에 거주하는 사람들은 전시를 보면서 이민 등으로 시市가 인구학적으로 변화한 것이나, 점점 많은 난민이 유입되는 것 등, 인터뷰가 이루어지던 시기에 지역 뉴스거리였던 사안들을 떠올리게 되었다. 즉 지역 주민들은 주변에서 일어나는 변화를 더 잘 이해하기 위한 자원으로서 박물관을 활용한다는 것이다. 관람객의 반응 안에서 박물관의 활용은 보통 암시적으로 깃들어 있었지만 몇몇 경우에서는 두드러지게 드러났다. 글래스고에서 사회보장기관에서 일하는 제인은 전에도 몇 번 세인트 뭉고에 온 적이 있었지만, 그날은 열 살짜리 딸을 데리고 방문했다고 했다.

제인 저는 전에도 와봤어요. 딸애도 학교에서 종교 과목을 배우기 때문에 재미있어 할 것 같아서 이번에 데리고 왔어요.

질문자 박물관에서 좋았던 부분이나 특히 흥미로웠던 부분은 무엇인가요?

제인 제일 꼭대기층 전시가 좋았어요. 글래스고의 모든 다양한 종교를 다룬 것이요. 흥미로웠고 딸애 수준에도 맞았구요.

질문자 뭔가 더 논의하고 싶었다든지, 다른 의견을 제시하고 싶었던 부분이 있었나요?

제인 (딸에게) 몇 가지 있었지, 그렇지? 살바도르 달리 그림에 대해서도 얘기했고, 기억나지? 이슬람 종교와 그밖에 다른 것에 대해서. 우리 아이는 다양한 배경의 아이들이 있는 학교에 다니거든요. 망명자들이나 난민 가족들도 있구요. 그래서 다른 아이들에 대해서 이해하는 데 도움이 될 거라고 생각했어요. 학교에서도 이런 곳에 방문해야 한다고 생각해요. 요즘 많은 것들이 변하고, 이 나라에도 다양한 종교가 들어오고, 전쟁과 같은 일들도 생겨나잖아요. 아이들도 학교에서 월요일부터 금요일까지 함께 지내는데, 서로의 문화에 대해서 더 알게 된다면 큰 도움이 될거라고 봐요. 아주 좋은 장소인 것 같아요.

인터뷰 마지막에, 제인은 본인의 일상에서 사용할 수 있는 정보를 주는 장소로서 박물관의 가치를 높이 평가하고 있음을 드러냈다.

질문자 당신에게는 여러가지 정체성이 있을 텐데, 특히 어떤 면에 비추어볼 때 이 박물관이 더 의미있게 느껴졌나요?

제인 저는 사회보장기관에서 일하니까, 다문화 배경의 사람들을 만날 때 여러 문화적 배경을 이해하는 것이 도움이 되죠. '아, 그래서 머리에 저걸 쓰고 있는 것이구나, 그런 식으로요.'

이제까지 본 박물관 방문의 두 가지 특징은 서로 긴밀하게 연결되어, 관람객이 사회적 변화와 차이를 다룰 수 있는 상상력을 제공하는 독특한 장소임을 보여 주었다. 앞에서 본 것처럼 관람객의 경험은 엄청나게 가변적이지만, 박물관을 방문하는 행위는 여전히 관람객이 관심을 집중하고, 개인적인 삶과 연결해 강력한 감정적 개입을 할 가능성이 큰 것으로 특징지을 수 있다. 이와 비슷한 생각을 애버크롬비와 롱허스트는 이렇게 정리했다.

공연에 참석할 때, 관객은 에너지와 감정과 생각을 그 공연에 집중시키고 그 안에서 저마다 독특한 의미를 추출하려고 노력한다. 상식적으로 봐도, 주의를 집중하는 것은 참여와 관계가 있고, 참여는 효과를 높인다. 즉, 관람객이 더 주의를 기울일수록 공연에 더욱 참여하게

되고, 그럴수록 지적으로나 정서적으로나 영향력이 더 받게 된다는 것이다.(애버크롬비와 롱허스트, 1998)

사회적 상호작용과 수행 행동

이 연구에서 주목하는 독자의 활동 중 세 번째는 박물관 방문에 있어서 사회적 특성에 대한 것으로, 방문자 사이에서 (함께 방문한 사람이든, 서로 모르는 방문자 사이든) 어떻게 상호작용이 이루어지는지, 또 박물관은 관람객들 사이에서 특정한 '수행 행동'이 일어나도록 어떻게 자극하는지 그 방식에 대한 것이다. 아직까지 관람객의 상호작용이 그들의 문화 경험에 어떤 영향을 미치는지에 대해서 많은 연구가 이루어지지는 않았다. 그러나 더크 봄 렌 외Dirk vom Lehn et al.의 연구는 과학 전시와 미술 전시에서 일어나는 관람객의 상호작용을 영상으로 찍어 분석하였는데, 곁에서 전시를 보는 사람이 함께 온 사람인지 모르는 사람인지에 따라 전시를 감상하고 접근하는 방식에 달라진다고 하였다.(더크 봄 렌 외, 2001) 한편, 이 연구에서는 관람객들이 박물관이라는 환경에서 관람이라는 '공연'을 하고, 또 그 공연을 보여 줄 수 있는 '무대'임을 강조하고자 한다. 특히, 이 '공연'이 공적이고 권위적인 장소인 박물관에서 일어난다는 사실은, 박물관이 가진 물리적인 한계를 넘어 이 공연이 어떻게 세상에 전해지고 받아들여지는지, 또 사람들에게 어떻게 보여지는지에 중요한 영향을 미칠 것이다.

관객과 공연자, 소비자와 기획자의 역할에 대해 새로운 정의를 내림으로써, 편견 없는 다양한 시각을 소개하는 박물관 안에서 이루어지는 관람객의 행위와 행동을 더 쉽게 이해할 수 있게 된다. 관람객들이 상호작용하며 반응하도록 전략적으로 꾸린 전시는 관람객들이 각자의 '공연'을 펼치는 무대가 되는 것이다. 관람객들은 문제를 논의하고, 개인적인 의견을 제시하고, 또 다른 관람객과 나누는 다양한 방식으로 전시에 직접적으로 보탬이 되기도 한다. 다른 박물관에서도 관람객이 문화적 생산과 전파 과정에 참여하고 무엇인가 할 수 있는 여지를 주기 위해 여러 가지 민주적인 전략을 사용하고 있다.(물론 '식스 피트 언더'의 예처럼 다른 미디어에서도 사용된다.) 이런 식으로 박물관은 개념적, 실제적인 자원을 모두 제공함으로써, 관람객이 문화적 차이에 대한 이해를 재협상하고 그들 나름의 공연을 할 수 있는 장소다. 박물관의 이러한 자원은 다양한 해석적 수단/도구를 통해 제시되는데, 이 도구는 방문자가 자신의 공연을 펼치는데 필요한 장치와 소품이 될 뿐 아니라, 나아가 그 공연의 내용 자체의 모양과 틀을 잡고 한계를 짓는 역할을 하기도 한다.

세인트 뭉고 박물관과 안네 프랑크 하우스에서도 여러 가지 해석적 장치를 사용한다. 안네 프랑크 하우스에서 관람객들이 의견을 남기고, 또 다른 사람들의 의견을 읽어볼 수 있는 코너에는 줄을 설 정도다. '탈선' 전시에서는 관람객이 투표로써 자기 의견을 표현할 뿐 아니라, 천정의 형광등이 득표만큼 켜져서 투표 결과를 보여 주는 방식으로 관람객의 의견을 '전시'한다.(그림 5-3) 세인트 뭉고 박물관에서는 관람객이 작성한 코멘트 카드를 전시실 안에 실제로 전시하고 있다. 이것은 방명록에 의견을 남기게 하는 것보다 한층 더 높은 수준의 참여를 이끄는 장치라고 볼 수 있는데, 관람객을 전시의 일부로서 참여하도록 초청하는 것이기 때문이다.

이 장치들은 관람객의 반응을 타당한 것으로 인정하고 참여하도록

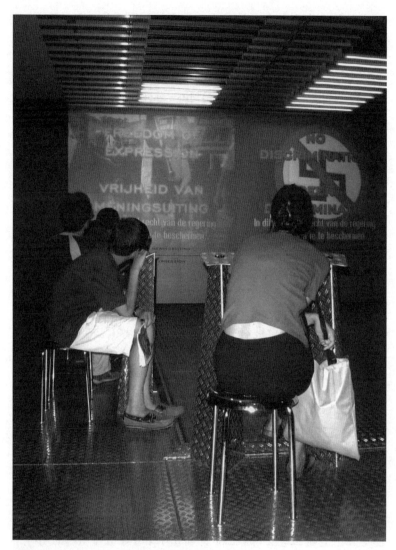

그림 5-3 '탈선' 전시의 모습, 안네 프랑크 하우스

초청하여, 관람객과 미디어, 소비자와 기획자의 구획을 새롭게 설정할 뿐 아니라, 권력을 가진 전문가인 '미디어'와 소위 문외한인 '관람객' 사이에 사회적 거리를 줄이는 흥미로운 결과를 가져온다. 이 과정에서, 박물관 경험은 '단순'한 것만이 아니라 '확산적인' 것이 된다. 애버크롬비와 롱허스트는 이렇게 말했다.

> 확산적 관람객은 현대 사회의 특징인 두 가지 과정이 상호작용하는 가운데서 생겨난다. 하나는 세상을 구경거리로서 보고 해석하는 것, 다른 하나는 자기 스스로를 자기 도취적으로 바라보는 과정이다. 사람들은 자기 자신을 관람객이자 공연자로 생각한다. 즉 관람객들은 '보는 자'이자 '보여지는 자'이다.(애버크롬비와 롱허스트, 1998)

전시를 보면서, 관람객 간에는 대화와 상호작용이 일어난다. 앞서 확증적 이해에서 본 것처럼, 관람객은 다른 사람들의 편견과 비관용을 규탄하면서 자신의 관용을 '공연'하는 기회로 삼기도 한다. 또한 이런 '관람객의 공연'은, 자신의 정체성을 확실히 하는 수단이 되기도 하고, 전시를 보면서 변화의 가능성이 열린 경우에는 정체성을 다시 구축하는 계기가 된다.

인터뷰에서 어떤 관람객은, 같이 온 사람들과 전시를 보면서 나눈 상호작용을 돌이켜 생각해 보기도 했다. 뉴질랜드에서 엔지니어로 일하는 빈스는 안네 프랑크 하우스에 열 네살짜리 딸과 함께 왔다고 했다.

> 선택의 방이라는 추가적인 공간이 있었는데, 저는 참 좋았어요. 그런데 우리 딸은 제가 계속 '표현의 자유'를 선택했다고 화를 내더라구요.

내가 무슨 신나치주의에 찬성하기라도 했다는 듯이 말이죠. 그걸 보면서 '딸 아이의 사고가 더 성숙되어야 하겠구나' 하는 생각을 했어요. 모든 일을 너무 흑과 백으로 보고 있어요. 나는 이 아이가 어느 정도 중립적인 영역을 이해한다고 생각했는데 아직 그러지 못하더군요.

이런 상호작용은 같이 온 사람들뿐만 아니라 서로 모르는 사이에서도 일어났다. 영국 더비에서 아내와 아이와 함께 네덜란드에 온 보험판매원인 로버트는 '탈선' 전시에서 다른 관람객의 반응에 흥미를 느꼈다고 했다.

전시를 보면서 스스로 내가 개인적으로 자유주의적인지, 또는 표현의 자유를 더 중시하는지를 생각해 보았고… 내가 무엇을 불편하다고 느끼는지, 또 다른 사람들은 나의 사고방식에 대해 어떻게 반응할지도 생각해 볼 수 있었습니다. 사람들의 반응이 이 박물관에 와서 본 다른 전시로부터 영향을 어느 정도 받은 게 아닐까, 만약 전시를 보기 전에, 예를 들어 어제 똑같은 투표를 했다면 어떤 결과가 나왔을까, 이런 생각도 해보았어요.

또 다른 예로 두 박물관에 비치된 방명록과 세인트 뭉고의 종교적 삶 전시실에 전시된 코멘트 카드를 보자. 재미있는 것은, 누군가가 먼저 남긴 코멘트를 읽고 지지를 표하거나 반대하며, 이 안에서 대화와 논쟁이 이루어졌다는 점이다. 다음은 2003년 4월 3일자 세인트 뭉고의 토크백 게시판에서 이루어진 대화들이다.

"이 전시는 유일하신 하나님, 성부 성자 성령에 대한 모욕이라고 생
각한다."

"위의 코멘트는 다른 사람을 전혀 이해하고자 하지 않는 비관용과
좁은 생각을 보여 준다. 이것은 진정한 기독교가 아닐 뿐 아니라 모든
갈등의 근본 이유이다."

2001년 11월 18일과 20일에 작성된 다른 예를 보겠다.

"너무 좋았다. 그렇지만 최근의 일을 봤을 때 이슬람에 대한 부분은
없어져야 한다. 다시 생기지도 말아야 한다. 존 데이비스 씀."[1]
"존 데이비스의 의견에 완전히 반대한다. 이슬람=테러리즘? 어느
종교에나, 어디에나 광신도는 있게 마련이다."

샤론 맥도널드Sharon Mcdonald(2005)도 독일 뉘른베르크 시의 전前 나치
당 유세장을 개조해 만든 기록문서센터의 관람객 방명록을 조사하며
'서로 모르는 사람끼리의 대화'가 일어나는 현상을 강조한 바 있다.
이렇게 대화를 촉발시키는 능력은 다른 미디어에서도 찾아볼 수 있
다. 특히 시청자들끼리 대화를 시작하게 만드는 텔레비전의 역량에 대
해서는 그동안 많은 논의가 있었다. 테일러와 뮬란Talor and Mullan은 다음
과 같이 보았다.

---

1 코멘트 카드에는 보통 쓴 사람의 이름이 있었지만, 이 연구에서는 인터뷰에서처럼 모두 가명
   을 사용했다.

'텔레비전 대화'에 대해 보통 등장 인물이나 배우에 대해 이런저런 얘기가 오가는 정도로 인식하지만, 이것은 세상의 여러 중요한 요소, 성, 죄, 보복, 죽음 등에 대해서 얘기할 수 있는 기회를 제공한다. 실제로 이런 대화는, 친구나 그냥 아는 사람과 어떤 윤리적인 메시지와 줄거리를 두고 곰씹고, 해석하고, 각색해 볼 수 있는 거의 유일한 기회일 것이다.(테일러와 뮬란, 1986)

박물관에서 이야기와 글이 '오가는 것'이 TV 시청 감상을 나누는 것과 가장 다른 점은, 이 담론적 행위가 박물관이라는 공공 장소를 배경으로 일어난다는 점이다. 즉, 박물관이라는 독특한 공간에서 상호작용을 함으로써, 더 강한 효과가 생기며, 권력도 갖게 된다는 것이다.

다른 각도에서 보면, 박물관은 관람객들이 대화할 수 있는 안전한 장소를 제공한다는 의미에서 이들의 대화를 '포괄'한다고 볼 수 있다. 이렇게 박물관은 관람객이 글과 말로 남긴 의견에 권위와 가치를 부여하고 더 멀리 전파되도록 하는 공공의 토론의 장이기도 하다. 또한 편견, 불평등, 차별 등의 주제는 민감하고도 치열한 특성이 있음을 고려할 때, 관람객이 감정을 고조하고 이입하는 정도는 더욱 강력할 것이다. 한 예로, 안네 프랑크 하우스의 '탈선' 전시가 가진 파급력도 일정 부분은 다른 관람객과 생각을 공유하는 그 전시 형태에서 나온다고 볼 수 있다. '탈선' 전시의 관람객들이 어느 의견에 투표할지를 통제하거나 결정할 수는 없지만, 몇몇 관람객은 다른 사람들의 존재를 의식하고 천장 형광등 개수로 나타나는 전체 득표에 자신의 의견이 어떤 영향을 미쳤는지를 알아채기도 한다. 미국 콜로라도에서 교사로 일하고 있는 조안은 자신의 의견을 표현하는 데 불안감을 느꼈다고 했다.

제가 맨 앞에 앉아 있었는데, 처음에는 손을 올리는게 두려웠어요. 제가 투표하는 것을 뒤에서 볼까봐요.

다른 관람객에 대해 민감한 반응은 봄 렌 외Vom len et al(2001)도 관람객들이 같은 장소에 있는 서로의 행동과 활동을 지켜보고 있다는 내용으로 다룬 바 있다. 어느 박물관에나 이러한 영향이 어느 정도 있을 수 있지만, 특히 예민한 사안에 관람객이 참여하도록 독려하는 박물관에서는 그 효과가 더 극대화된다고 볼 수 있을 것이다.

진실만을 말하다: 믿음, 권위 그리고 사실성

여러 면에서 볼 때, 박물관 방문은 능동적으로 미디어를 소비하는 행위라 할 수 있다. 관람객은 방문할 때 이미 목적 지향적이고, 경청하려는 자세를 가지고 있고, 박물관의 내러티브를 자신의 삶과 연결하려는 준비가 되어 있으며, 이에 따라 전시실 안에서 여러 장치가 이끄는 대로 '공연적' 행동을 하기도 한다. 이런 '활동'을 통해 관람객은 문화를 생산하는 데 참여하고 담론적 해석을 널리 퍼트리는 역할을 하게 된다. 그런데 여기서 주목할 것은, '자발적이고 능동적인' 관람객과 '문화적 권위를 가진 박물관' 간에 갈등이 존재한다는 것이다. 박물관을 가치 중립적 장소로 보고, 유물을 수집하고 보존하며, 공평하게 문화를 묘사하는 등, 일종의 역사 수업이 이루어지는 공간으로서 보는 시각이 도리어 관람객의 능동성과 부딪칠 수 있다.(다브레오, 1990) 그러면 박물관이라는 기관의 권위를 받아들이는 것은 관람객의 반응에 어떤 영향을 미칠까? 박물관은 정확하며, 객관적이고 사회 현실을 반영하며, 있는 그 대로 말한다는 관념, 또한 공정하다는 믿음(주관적인 개념이지만 일반적으로 차별없이 올바른 결정을 할 수 있는 능력을 의미한다)이, 결국 관람객의 자율성(편협하고 편견적인 해석을 할 수 있는 가능성까지도 포함한다)에 굴레를 씌우고 제한을 가하게 될 것인가?

지난 20년간, 주로 문화학 분야에서는 여러 연구를 통해 박물관이 특정한 목적과 이야기Narrative를 구성하는 역할을 해왔다는 것에 주목했다. 즉 어떠한 집단을 일부러 제외시키고, 사회적 규범과 그 시대의 정치적 야심에 맞추어 불평등을 생산하고 재생산했다는 것이다. 각 전시에 숨어 있는 동기는 다양한 형태이지만, 전시라는 미디어에 '구성성'이 있다는 것은 많은 학자들과 실무자에게 이미 자명한 것으로 받아들여지고 있다. 이렇게 박물관 전시가 정치적으로 이용된다는 것과 그 결과에 대해 많은 논의에서 다루었음에도, 관람객들에게 박물관은 객관적이고 편견 없는 사실의 전달자로 명맥을 이어간다는 것은 흥미로운 일이기도 하다.

물론, 그동안 박물관의 평판에 전혀 영향이 없었다고는 할 수 없다. '문화, 역사, 과학이 싸우는 전쟁터'(맥도널드, 1999)인 박물관에 언론과 대중의 관심이 몰리면서 박물관이 정직하며 편향되지 않았다는 믿음도 많이 약화되었다. 그럼에도 세인트 몽고와 안네 프랑크 하우스의 관람객의 반응을 보면 여전히 박물관이 사실적인 정보를 주는 믿을 만한 출처라는 믿음이 남아 있음을 보여 준다. 최근 미국과 영국에서 이루어진 연구 결과도 이를 뒷받침하는데, 미국박물관연합American Association of Museums의 조사에 의하면, 87퍼센트의 응답자가 박물관을 믿을 수 있다고 응답한 반면, 책을 믿을 수 있다고 응답한 것은 67퍼센트, 텔레비전을 믿을 만하다고 응답한 사람은 50퍼센트에 불과했다.(마스틴, 2005) 또한, 영국 역사 기관들이 공공의식을 조사한 바에 따르면, 현대 사회의 여러 사안에 대해 대중 매체보다 박물관, 공공도서관, 기록보관소 등을 더욱 믿을 만한 정보의 출처로 본다. 또한 이 연구에서, 생활이 바빠지고 첨단 기술이 발전함에 따라 텔레비전, 인터넷을 박물관보다 훨씬 더 자주 이용함에도 불구하고, 다른 미디어 형태와 비교해 여전히 박물관을 더 믿을 수 있고 가치 있는 매체라고 응답했다.

자료에서 보듯이, 응답자들은 사회적, 정치적 문제를 이해하는 데 있어서 박물관, 도서관, 기록보관소 등에 더 높은 가치가 있다고 생각한다. 가장 신뢰하지 않는 정보, 즉 타블로이드 신문 등이 제공하는 것은 진짜 정보가 아닌 오락과 가십거리로 여긴다. 이렇게 전통적으로 공공 정보를 관리하던 곳으로부터의 정보를 더 믿는 이유는, 이 기관들이 더 높은 수준의 권위와 중립성을 가지고 있으며, 편집에 있어서 편향이나 조작이 없다고 믿기 때문이다.(어셔우드 외, 2005)

권위의 이해와 관련하여, 카프와 크라츠Karp and Kratz가 '민족적 권위'과 '문화적 권위'를 구별하여 정의한 것을 참고할 수 있다.(2000) 민족적 권위는 전시적 장치를 해석적 전략을 어떻게 효율적으로 사용하는 가에서 나온다. 전체적 분위기나 전시 내용, 전시물의 선택과 배치, 그리고 다양한 디자인적 요소 등을 어떻게 배치하고 사용하는가 하는 것이다.[2] 반대로 문화적 권위는 이렇게 눈에 보이는 것이 아니다. "교육 프로그램의 분위기에 젖어 있고, 학교 단체 방문이나 가족 방문 등의

---

2 박물관이 보는 자와 객체 사이의 거리를 어떻게 과장하여 표현하는지에 대한 논의를 보기 위해서는 리에겔Riegel(1996)을 참고.

프로그램에서 가르치는 태도, 또 박물관 건축물에서 느낄 수 있으며, 박물관의 독특한 개성에서도 전해진다."(같은 책, 2008) 미국에서 안네 프랑크 하우스를 보러 왔다는 마이클은 이렇게 말했다.

장소에 대해서는 특별히 말할 거리가 없어요. 그저 박물관이지요. 하지만 뭔가 특별한게 있긴 해요. 조용해서 그런 건지, 전문성 때문인 건지, 아니면 뭔가를 배우는 곳이어서인지, 이곳은 과거에 대해 잘 다루는 것 같아요. 모든 것을 받아 들이는 전체적인 분위기가 배울 마음이 들도록 조금 더 열어 주는 것 같고, 공간에 동화되게 하고요. 조금 감동스럽기도 해요. 만약에 어떤 곳에 갔는데, 그곳이 너무 한쪽으로 편향됐다고 생각된다면 다르게 느낄 것 같아요. 신문에는 언제나 좌파냐 우파냐 색깔이 있잖아요. 박물관은 어느 한쪽 편이 아니라고 알려져 있죠… 박물관은 언제나 '진실은 이거다'라고 알려주죠.

카프와 크라츠가 설명한 민족적/문화적 형태의 권위는 모든 박물관의 전시에 통합적으로 포함되어 있는 요소다. 최근 박물관이 전시를 만드는 과정에 있었던 관습을 오히려 뒤집거나 '가지고 놀기도' 하면서 이러한 권위들이 도전을 받고 있지만, 여전히 박물관의 권위가 관람객의 반응에 엄청난 영향력을 미친다는 것을 언급해 두려 한다.[3]

이 연구에서는, 4장에서 보았듯이 전시실 안의 해석적 장치나 소품뿐 아니라, 이러한 관람객의 인식이 관람객의 활동 범위를 제한하고 해

---

3 박물관의 권위에 대해, 던컨Duncan(1995)이 미술관을 중심으로 더 깊이 논의하였고, 한들러와 게이블Handler and Gable(1997)은 미국의 역사 마을인 콜로니얼 윌리엄스버그Colonial Williamsburg에서 일어난 역사 바로 세우기에 대해 설명하였다.

석의 틀을 짜는 데 어떤 영향을 미치는가를 살펴보고자 한다. 관람객은 미디어 자원을 사용할 때, 박물관이 가진 권위에 어느 정도로 의존하는 것일까? 관람객은 박물관이 제공한 것과 다른 미디어가 제공한 것을 어떻게 다르게 '걸러서' 받아들일까? 물론 박물관이 자신의 권위를 강화하기 위해서 어떤 다양한 전략과 장치를 사용하는지를 고려해야겠지만, 이 장에서 집중적으로 보려는 것은 관람객이 박물관을 정보의 공급원으로 어떻게 받아들이는지, 즉 관람객의 수용성이다. 관람객에게, 박물관은 문화적 다름을 지켜 주는 진정한 수호자인가, 아니면 편협한 시각을 가진 믿을 수 없는 공간인가? 만약에 박물관이 '있는 그대로' 말한다는 신뢰를 받을 수 있다면, 이것이 박물관이 대변하는 사람들을 위한 여러 결정에 어떤 영향을 미칠 것이며, 또 이러한 신뢰는 어떻게 가능할 것인가?

있는 그대로 말하는 박물관?

앞서 말했듯이, 많은 관람객들이 박물관은 실제 삶을 정확하고 공평하게 묘사하며[4], '실제적인' 생각과 이야기를 보여 주는 곳이라고 생각하여 박물관에 힘을 실어 준다. 영국 허트포트셔에서 서점을 운영하는 캐롤은 이렇게 말했다.

　　박물관이 더 진실되죠. 뉴스나 TV 프로그램은 사실을 왜곡시킬 수

---

4 던컨Duncan(1995), 리에겔Riegel(1996), 카프와 크라츠Karp and Kratz(2000)를 참고.

있어요. 여기에서는 모든 게 정말이죠, 그렇잖아요? TV와 뉴스는 대개 양념을 좀 치잖아요. 박물관은 사회 기관의 상징이자, 영속성의 상징이니까, 박물관이 수집한 정보는 올바른 것이고, 그 시대의 사회를 그대로 보여 주는 것이라고 생각해요. 박물관이 보여 주는 것이라면 무엇이든지, 어떤 분야든지요.

다른 시공간 연구에서도 영속성과 권위를 동일시하는 현상을 찾아볼 수 있다. 샤론 맥도널드(1998)는 보통 한 장소에서 일정 기간 고정된 형태인 박물관 전시가 다른 미디어와 비교해서 더 높은 문화적 권위를 갖는다는 것을 지적했다. 즉 텔레비전은 우리 일상에 더 깊이 배어 있고 어디서나 볼 수 있지만, 그 내용을 시청하는 것은 그 순간에 불과하다는 것이다. 한편, 이 권위는 박물관마다 다르게 부여되는데, 지리적 위치나 관리 방식, 소장품의 종류와 질 등 여러 요소와 밀접한 관계가 있다. 공공 기금으로 운영되는 대규모의 국립 박물관은 소규모의 다른 박물관에 비해 더 많은 신뢰를 받는다. 신뢰를 받는다.(맥도널드, 1998; 크라츠, 2002) 이와 관련해 나는 다른 책에서, 사회적으로 소외된 집단을 정당하게 재현하고 평등을 도모하기 위해서는, 공간적으로 주변부에 있는 박물관이나 일시적으로 운영되는 특별 전시보다, '주류' 박물관의 상설 전시에서 이 다름을 전시하는 것이 더 효과적이라고 주장한 바 있다.(샌델, 2005)
글래스고에서 시 공무원으로 일하고 있는 제프는 박물관에서 이 시의 인구학적 변화를 반영하는 것이 얼마나 중요한지를 알게 되었다고 했다.

이 변화야말로 세계적인 도시로서 글래스고의 본질적인 핵심이라고 봐요. 또한 박물관이나 다른 문화적 공간에서도 이 변화를 인식하고 받아들여야 하고요. 저는 이것이 '정상'의 범위를 넓히는 방법의 하나라고 생각해요. 이 박물관에 와서 기독교에 대한 것만 봤다면, 그건 우리가 지금 사는 사회 전반을 왜곡한 그림일 거예요. 이건 매우 심각한 일이죠.

박물관은 우리가 사는 세상을 '올바르게' 보여 준다는 생각은 글래스고 외곽에 살고 있는 은퇴한 비서인 리타의 이야기에서도 드러난다. 그녀는 문제가 있거나 '틀린' 의견을 박물관이 '고치고' 바로잡을 수 있다고 말했다.

　누군가는 이 박물관에서 자신과 다른 생각을 접하고 동의하지 않을 수도 있어요. 그래도 이해하게 만들고, 관심을 더 끌도록 하고, 잘못된 생각을 갖고 있다면 이런 박물관에서 설명해서 이해할 수 있게 해야 하는 거죠.

재미있는 것은, 그러면서도 꽤 많은 수의 관람객들이 박물관은 특정한 메시지를 전하려고 하지 않았다고 응답했다는 것이다. 즉 박물관은 특정 동기가 없고, 초당적이며, 그저 사실의 정보만을 제공하는 곳이라는 것이다. 이 연구의 맥락에서 봤을 때 이런 관점은 상당히 역설적인 것이었다. 20대의 승무원인 수전은 세인트 뭉고에 방문하여 이렇게 이야기했다.

　이 박물관이 어떤 주장을 밀어붙인다고 생각하지 않아요. 이래야 한다, 저렇게 되어야 한다, 말하지 않고요. 그저 여러 가지 유익한 정보를 주는 곳이라고 생각해요.

전시물의 중요성

전시물, 즉 실제 물건을 보여 주고 전시에 이용하는 것은 박물관의 '사실성'을 구축하는 데 중요한 역할을 한다. 도널드 프레지오시와 클레어 파라고Donald Preziosi & Claire Farago가 언급한 '사실성'은 "정해진 시간과 장소에서, 사실로서 분명하게 구별 가능한 것을 보여 주는 것"을 의미한다.(2004) 오스트레일리아 출신으로 현재 영국 뉴캐슬에서 의사로 일하고 있다는 피터는 사람들이 박물관에서 보게 된 정보나 문화적 차이에 대해 다른 매체와 다르게 반응하는 것 같다고 했다.

아마도 삼차원적인 느낌을 받기 때문이 아닐까 생각해요. 그러니까, 바로 앞에 500년, 1,000년 전의 물건이 있는 거잖아요. 그러면 다가가서 그 역사적 물건을 자세히 볼 흥미가 생기죠. 다른 여러 매체에서 뭔가를 받아들이기 바라면서 통계학적인 결과를 들이미는 것은 한마디로 '재구성된' 거죠. 여기 세인트 뭉고 박물관에서는 서로 다른 다양한 것들을 전체적으로 보여 주는데, 실제의 물건을 물리적으로 보는 것이라는 거죠. 그러니까 이것저것 구성되어 만들어진 게 아니라 실제적인 경험 같아요.

영국에서 안네 프랑크 하우스를 보러온 메간은 박물관이 다른 매체와 다른 것은 실제 물건과 물리적으로 접촉한다는 것이라며, 이 접촉에서 큰 영향을 받았다고 말했다.

안네의 일기를 보고, 직접 쓴 글을 보는 것이 좋았고, 그 아이들이 눈 높이에 직접 쓴 낙서와, 연합군이 이탈리아 침공했을 때를 그린 작은 지도를 본 것, 모두 너무 좋았고 흥미로웠어요. 이 물건들이 내 눈 앞에 있다는 것과 그들이 살았던 그 집 안에 있다는 것에 큰 의미가 있었구요. 특히나 어린 아이들에게는 이런 것들을 직접 눈으로 보는 게 더 좋죠. 책으로 읽거나 하는 건 좀 더 어렵고요. 텔레비전도 좋아요, 텔레비전만의 방식으로 정보를 준다고 생각해요. 하지만 직접 눈으로 본게 훨씬 마음에 깊게 박히죠. 키 재기 차트나, 안네의 글이나, 작은 그림과 벽에 붙은 사진들, 이런 것들이 더 큰 의미가 있다고 생각하고 우리 기억에 더 오래 남는다고 생각해요.

이런 반응을 보면 '실제 물건'을 전시함으로써 박물관은 강력한 정서적 반응을 이끌어내고, 사실을 진술한다는 것을 뒷받침하는 물리적인 증거를 제공한다고 볼 수 있다. 하지만 박물관만이 이런 '실제적인 증거'를 제공하는 것은 아니다. 로저 실버스톤Roger Silverstone은 박물관과 텔레비전은 미디어로서 통하는 여러 가지 특징이 있다고 하면서, 박물관도 자주 진품과 함께 복제품을 섞어서 전시하는 반면, 텔레비전도 자주 (특히 다큐멘터리나 뉴스와 같은 프로그램에서) 현실을 보여 준다는 것, 그리고 시청자들도 박물관에서 하듯이 이런 프로그램의 현실성을 받아들인다는 것을 들었다.(실버스톤, 1988) 이어서 맥도널드와 실버스톤(1990)은 다른 매체들도 박물관이 가진 진실성에 도전하고 있다고 했다. 텔레비전이 '자연스러운' 배경에서 주제와 문제점들을 다룸으로써(예를 들면 물건이 실제로 만들어지고 사용되는 배경에서 그 물건을 보여 준다) 보는 사람에게 더욱 충실한 재현을 제시하는 반면, 박물관은 자연스러운 방식이 아닌 '분류학적으로' 전시한다는 것이다. 또, 테마파크와 놀이공원은 사람들이 여러 가지 감각으로 즐기는 방식으로 '실제'의 느낌을 주는 반면에, 박물관은 전통적으로, 또 기본적으로 시각에만 의존한다고 말했다. 이러한 도전을 받으며, 박물관은 진실성을 줄수 있도록 실험적인 방식을 도입하고, 상호작용적인 다중 감각 등을 개발해 오기도 했다. 이런 연구와 의견들에도 불구하고, 이 연구에서 만난 세인트 뭉고 박물관과 안네 프랑크 하우스의 관람객들은 박물관을 묘사할 때 자발적으로 '신뢰성'을 언급했으며, 또한 이에 대해 호감을 표시했다.

공정한가, 편향되었는가

두 박물관 모두에서, 대다수의 인터뷰 응답자들이 박물관을 묘사할 때 '편향되지 않았다'는 말과 '균형 잡혔다'는 말을 사용했으며, 다른 매체에 대해서는 상대적으로 '편파적'이라는 말을 써서 설명하였다. 미국 콜로라도에서 온 은퇴한 교사인 베티는 "뉴스 등에 나온 일들은 편향될 수 있다는 것을 고려해야 해요. 박물관에서는 한 가지 사안에 대해서 양쪽 입장을 모두 보여 주려고 하지요." 또 영국 브래드포드에서 온 유니스는 세인트 뭉고 박물관의 전시를 보고 "양쪽 이야기를 조금씩 들어볼 수 있었어요. TV 프로그램을 보면 한쪽으로 치우칠 때가 있는데."라고 언급했다.

이러한 코멘트를 통해, 각 미디어를 정보의 공급자로서 얼마나 믿을 수 있느냐에 따라 신뢰의 계층 관계가 형성된다는 것과, 박물관은 이 계층에서 상당히 높은 쪽에 위치해 있다는 것을 알게 된다. 이 구조에서 어떤 위치를 차지하느냐는 사실 관람객이 이 편향성을 걸러내는 데 어떤 여과지를 사용하는가에 달려 있다. 여러 대중 매체 연구에서도 관람객이 미디어의 주관성에 대해 상당히 민감하게 인식하고 있음을 드러냈다. 미디어 이론가인 데니스 맥퀘일의 주장을 보자.

관람객들은 미디어가 정치적으로 편향되었는지 공정한지에 대해서 매우 민감하다. 보통 미디어의 권리라 할 '표현의 자유'보다 '공정성'에 더 가치를 부여하면서, 주요 매체가 극단적이거나 일탈적으로 정치적 표현을 하는 경우 참기 힘들어 한다. 즉 관람객은 미디어 정보에 대한 기준으로 완성도와 정확성, 균형 그리고 의견의 다양성을 본다. 또 뉴스의 출처가 얼마나 신뢰할 만한가를 가지고 평가한다.(맥퀘일, 1997)

비록 많은 응답자가 박물관을 상대적으로 믿을 수 있는 출처로 꼽았지만, 그렇다고 이들이 박물관에서 일어나는 미디어 소비에 대해 무비판적이라는 뜻은 아니다. 박물관이 자랑하는 '진실성'에 대한 비판은 앞에서 다룬 '대립적 이해'에서 충분히 드러난다. 특히 박물관의 객관성과 공정성에 대해서는 박물관의 입장이 본인의 신념이나 경험과 충돌할 때 더욱 강하게 의문을 제기한다. 그 예로, 2001년 9월 26일자 세인트 뭉고 방명록에 다음과 같은 코멘트가 적혀 있다.

신실한 기독교인으로서, 이 박물관은 기독교를 100% 정확하게 재현한다고 볼 수 없다. 이곳의 전시는 가톨릭에 기반하고 있고, 예수 그리스도의 사랑을 온전히 담아내고 있지 않기 때문이다. 과연 여기서 보여 주는 다른 종교와 믿음도 제대로 표현한 것인지 의문스러워졌다. 전시물 자체는 모두 흥미로웠다.

비슷하게, 안네 프랑크 하우스의 방명록에 2003년 4월 10일날 작성된 다음의 글은 자신의 경험을 예로 들어 박물관의 공정성에 도전하고 있다.

이 박물관은 한 천진난만한 소녀의 삶에 무슨 일이 일어났는지를 보여 줌으로써 감동적이고 강렬한 증언을 하고 있다. 언론의 자유와 보호받을 권리 간에 딜레마를 다루는 여러 시도들도 창의적이었다. 그러나, 이 문제들을 적용하는 데 있어서는 객관성을 잃어버린 듯하다. 내가 제일 불편했던 예는 이스라엘과 팔레스타인의 권리에 대한 것이었다. 전시를 통해, 박물관은 이스라엘의 정책이 본질적으로 잘못되었으며 이스라엘의 정책에 반유대주의를 끌어들이는 것이 불공평하다는 분명한 메시지를 전하고 있다. 이스라엘 사람으로서, 또 점점 더 많은 피해자가 속출하는 테러 소식을 들을 때마다 내 가족, 친구들 등, 우리 나라 사람들이 오늘도 무사히 살아 남았을지를 걱정했던 사람으로서, 나는 이제 우리 나라를 탱크가 지키고 있고, 아랍인이든 그 누구든 나와 나의 가족들을 다락에 숨도록 하지 못할 것이라는 것이 너무도 기쁘다. 절대 다시는 안 된다.

종합적으로, 박물관의 권위에 반대하는 의견도 있으며, 박물관이 관람객의 해석을 일방적으로 통제하고 있는 것은 아니지만, 그럼에도 박물관의 권위가 관람객의 경험에 큰 틀을 제공한다는 것을 알 수 있다. 그러므로 여기서 주장하고 싶은 것은, 많은 박물관들이 다루기 꺼려하는 다름의 문제야말로, 박물관이 관여해야 할 큰 책임이 있다는 것이다. 이 부분에 대해 더 얘기하기 전에 최근 전시 실무자들 사이에서 점점 더 관심이 커지고 있는 현상인, 박물관의 권위를 전복시키는 여러 시도에 대해 이야기해 보자.

전시실 안의 관습을 가지고 놀다

오키에크Okiek 사람들을 주제로 한 사진전을 기획하며, 코린 크라츠 Corrine Kratz는 작품의 대상인 사람들에 대한 고정관념을 뒤엎을 뿐 아니라, 특정한 전제를 상정하고 전시를 만드는 박물관의 권위에 의문을 제기하게 하려는 시도를 했다. "이 두 가지 목적 사이에 갈등이 생겨났다. 왜냐하면 전시가 가진 권위야말로 편견을 뒤엎는 데 도움이 되는데, 우리는 그 전시의 권위 자체에 대해서 의문을 제기해야 했기 때문이다." (크라츠, 2002: 92) 이러한 갈등은 세인트 뭉고 박물관과 안네 프랑크 하우스의 전시뿐 아니라 다른 박물관의 전시에서도 전반적으로 찾아볼 수 있다. 최근 많은 박물관에서 전통적인 방식의 전시에 여러 실험을 가해서, 기존의 전시의 권위를 약화하거나 가볍게 하려는 시도를 하고 있기 때문이다. 이와 관련해 우리가 주제로 삼은 두 박물관에서 쓰고 있는 두 가지 전략이 눈에 띄는데, 이것은 다른 박물관에서도 점점 더 많이 쓰이는 추세이므로 더욱 의미가 있을 것이다.

첫 번째 전략은, 하나의 기획자의 시선만이 아니라 여러 주체가 내는 다양한 목소리가 담긴 전시를 만드는 것이다. 이 과정에서 다양한 의견들이 서로 보완하고 하나로 통합되어 더욱 단단하게 통일된 입장을 구축하기도 한다. 세인트 뭉고 박물관에서 다양한 믿음이 모여 서로를 이해하고 존중하는 것이라는 중심 목표를 구축한 것이 한 예가 된다. 또 다른 예로는, 각각 다른 의견이 경쟁적이거나 대립하는 것으로, '탈선' 전시처럼 같은 주제에 대해서 '표현의 자유'와 '차별로부터 보호받을 권리'가 대립하는 경우도 있다. 여기서는 여러 의견을 전시하고 받아들이는 방식으로, 인권 등의 문제에 논란의 여지가 있음을 있는 그대로 보여 주었지만, 이 과정에서 박물관의 권위가 약화되는 결과를 가져오기도 했다. 많은 관람객들이 이 '탈선' 전시에 특정하고 분명한 메시지가 있다는 것을 감지했고, 나머지 전시에 대해서는 '편향되지 않았다'고 구별하기도 했다. 독일에서 온 컴퓨터 기술자인 나탈리는 이렇게 말했다.

　박물관에서 어떤 특정한 방향으로 이끌지 않았기 때문에 중립적라고 볼 수 있어요. 그 영상 전시는 제외하구요. 그 외의 다른 전시들을 보면서 안네 프랑크에 대한 사실을 알게 되었고, 그러다 보니 무엇인가 결심한 것도 있어요. 저는 이게 더 낫다고 생각해요. 사람들에게 어떤 영향을 주려고 의도하는게 아니라 있는 그대로 보여 주는 거예요.

　전시의 관습을 활용하여 박물관이 가진 권위에 충격을 주는 두 번째 방법은 관람객들이 전시에 반응할 뿐만 아니라 각자의 의견을 나누도록 하고, 이러한 의견을 전시에 포함하는 전략이다. 세인트 뭉고 박물관에서 관람객 코멘트 카드를 한 켠에 전시하는 것이나, '탈선' 전시에서 관람객이 각 사례에 투표한 결과를 보여 주는 것처럼 말이다. 이런 전략은 방문자의 시각과 의견을 의미 있는 것으로 받아들이면서 박물관의 전문가와 관람객의 개인적인 의견 사이에 있던 기존의 경계를 무너뜨리는 것이다.

전시의 관행을 깨뜨리려는 이러한 여러 시도들이 관람객에게 영향력을 주기는 하지만, 그래도 박물관의 문화적인 권위는 상당히 지속력이 있다. 켄 아놀드Ken Arnold는 런던 웰컴 인스티튜트Wellcome Institute 전시에서 있었던 시도를 예로 들었다. 이 전시에서는 기획자의 권위적이고 유일한 관점을 해체하고, 여러 시선을 병치하는 전시 방식을 사용했는데, 이런 목적과 전략에도 불구하고 "웰컴 인스티튜트라는 기관이 가진 일방적이고 권위 있는 자세 때문에, 막상 전시가 이렇게 받아들여지지 않았다.", "웰컴은 확실하고 권위적인 것을 전시한다는 기존의 관념 때문이다."(1998:192)

비관습적이거나 낯설고 불편한 전략을 쓸 때뿐만 아니라, 전시의 '내용'과 '메시지'가 관람객이 용인할 수 있는 범위에서 벗어날 때도 박물관의 권위가 약화될 수 있다. 여기에도 중요한 의미가 있는데, 마지막 장에서 자세히 다루도록 하자.

결론

이제까지, 관람객이 문화적 차이를 해석할때, 이전에 가지고 있던 경험, 믿음, 다른 매체에서 받은 자원, 그리고 박물관의 자원을 다양한 방식으로 연결하여 사용한다는 것에 대해 이야기했다. 실제로 관람객이 박물관에 부여한 여러 특성들, 즉 '있는 그대로 말하는' 능력과, 특별히 능동적으로 문화를 소비하는 방식, 박물관에 대해 가지는 가치, 신뢰성 등을 통해, 박물관은 미디어계에서 가치 있고 효과적인 자원의 공급자로서 자리매김하게 되었다. 관람객이 문화적 차이를 어떻게 타협하고 해석하는지의 그 과정은 개개인의 수행 행동, 즉 전시와 대면에서부터 자극을 받아 나누는 대화나 코멘트 등을 통해 볼 수 있었고, 다시금 이런 글이나 대화는 여러 형태로 전시장 안에서 다른 사람들과 공유되었다. 즉 박물관 관람객들은 전시에 참여하는 과정을 통해, 또 같이 온 사람이나 낯선 사람과의 상호작용을 통해 해석을 만들고 재창조하는 '공연자'인 셈이다.

이러한 복합적인 과정과 논의의 결과물은, 박물관이라는 공간 안에서 구축되고 이 안에서 공연된다. 하지만 그 영향력은 박물관이라는 범주에만 머물지 않고, 다양한 방식으로 박물관 외부의 세상에 영향을 미친다. 관람객은 박물관에서 경험한 것을 가지고 밖으로 나가고, 또 다른 환경에서 이것을 사용한다. 또한 박물관에서 얻은 자원은 다른 미디어의 자원과 상호작용하며, 경쟁적으로나 보완적으로 작용할 수 있다. 바로 이것이, 많은 사람들이 일상적으로 서로 연결되어 있는 큰 배경, 미디어계 안에서 박물관의 역할을 이해해야 하는 이유다. 물론 사람들은 다양한 미디어를 소비하면서, 꼭 박물관이 아니라도 다양한 자원과 접촉을 통해 세상을 새롭게 보고 생각하게 되기도 할 것이다. 그러나 이 장에서 우리는, 자원의 공급자로서 박물관이 다름이나 그 밖에 중요한 가치를 지원하고 알리는 데 박물관만의 독특한 역할을 할 수 있다는 것을 확인했다. 이 의미는, 만일 다른 미디어에서 어떤 집단에 대해 부정적인 고정관념을 부추기거나, 편견적이고 자유를 제한하는 영향을 주어 집단간의 갈등을 만드는 경우, 이 영향력에 맞서 싸울 힘도 있다는 것이다.

박물관의 영향력은 전시와 관람객 사이에 개인적인 상호작용을 훌쩍 뛰어넘어 널리 퍼져나간다. 또 전시와 그 안의 메시지는 참여한 관람객 사이에서뿐 아니라 미디어의 영향력이 미치는 경로를 따라, 또 박물관이 발행하는 자료 등 여러 소통의 수단을 따라 퍼져나간다. 특히 많이 알려진 박물관일수록 더 많은 관람객들에게 '뻗어나가기' 쉽다. 코린 크라츠Corrine Kratz는 이렇게 설명했다.

전시는 눈에 보이는 재현 뒤에 숨어 있는 정치적인 면에 대해 논의할 수 있는 장소일 뿐 아니라, 전시 너머까지 뻗어나가 관람객끼리의 상호작용, 대화, 뉴스 기사, 또 미래의 전시에까지 영향력을 끼치며 스스로 발전하고 전파되는 공간이다. 이렇게 되면, 재현에 있어서의 정치성뿐 아니라 그 결과로 파생되는 여러 부문의 불균형에까지 새로운 변화를 가져올 수도 있다.(크라츠, 2002)

그러나 박물관이 개인의 해석이나 사회에 관용적인 변화를 가져오는 데 어떤 영향력을 미쳤는지를, 다른 미디어의 영향력과 구분해내는 것은 거의 불가능하다. 하지만 적어도 박물관은 소외받던 집단이 겪는 편견과 싸우고 중재하는 공간으로서 흥미로운 시선을 한몸에 받고 있으며, 다름에 대한 사회적 대화가 만들어지는 장소로 인식되고 있다는 것이다.[5]

이렇게 편견과 싸우는 데 있어서 박물관이 주체적인 기관으로서 중

---

5 1999년에 영국 노팅엄 대학박물관에서 보스니아 헤르체고비나 난민들의 삶을 탐구한 이 전시는 비편견적인 자원을 전파하는 장소로서 박물관이 어떤 역할을 할 수 있는지를 보여 주었다. 매기 오닐Maggie O'Neil 등은 노팅엄의 보닝턴 갤러리Bonington Gallery에서 열린 '국제 난민: 노팅엄의 보스니아인-과거, 현재, 미래' 전시는 상당히 많은 수의 관객을 모았고, 지역 신문에서도 이에 대해 기사를 실었다고 하였다. 이 신문 기사에서는 난민이라는 부정적인 고정관념을 탈피하여 보스니아 공동체를 새로이 제시하였고 그들의 저항, 죽음과 망명 생활에 대해 신선하고 유익한 방식으로 다루었다고 하였다.(2002:86)

요한 역할을 담당하고 있다면, 이에 따라 박물관이 가져야 할 책임과 의무도 있을 것이다. 본질적으로 그 자체에 여러 문제를 내재할 뿐 아니라 시시각각 변화하는 속성을 가진 '다름의 정치학'을 다루기 위해, 박물관은 어떤 도덕적, 법적, 규범적 체계를 지녀야 할까? 박물관은 개인적 지역적 수준에서의 느끼는 관용과, 추상적으로 느껴질 수 있는 국제 사회의 사회 정의 사이에 생기는 갈등을 어떻게 다루어야 할까? 또 이렇게 인권 담론을 적극적으로 다루게 되면서, 그동안 박물관이 자랑하던 객관성과 균형을 지키는 데 어떤 어려움이 생길 것인가?

이 질문들에 대해, 마지막 장에서 다양한 박물관의 예를 들어 설명하겠지만, 일단 다음 장에서는 구체적인 하나의 예로써 박물관 실무자들이 '장애'를 새롭게 바라보고 이해하는 방식을 소개하고, 또 이 과정에서 만날 수 있는 본질적인 어려움에 대해 이야기해 보려고 한다. 그동안 박물관에서 장애를 어떻게 표현해 왔는지를 다양한 경험적 연구를 통해 살펴보고, 이 '신체적인 다름'에 대한 편견을 중재하는 데 어떤 딜레마가 있을지 함께 생각해 보도록 하자.

제6장

'다름'을 전시하는 박물관:
장애의 숨겨진 역사를 드러내고 해석하다

'남들과 다른 신체'는 타고난 신체적 결함만을 의미하는 것이 아니라, 다른 집단에게 신체적, 문화적 열등감을 주고 자신은 사회적으로 가치 있는 신체적 특징을 가졌다고 인정을 받음으로써 우월성과 정체성을 유지하려는 사회적 관계를 의미한다. 재현을 통해, 규범적 정체성의 모습이 구체화되고, 또한 이 과정에서 행동이나 신체가 남들과 다른 이들을 배제시키는 내러티브가 만들어진다.(갈런드 톰슨Garland Thomson, 1997: 7)

우리는 지금까지, 편견에 맞서기 위해 기획된 전시에 다양한 관람객들이 얼마나 다채롭고 변화무쌍한 방법들로 참여하고 의미를 만들어가는지, 관람객의 '반응과 소비'의 문제를 중점적으로 다루었다. 또한 대부분의 박물관들은 미션과 목표, 실무를 통해 스스로를 사회적 변화의 주체로 인식하고 이러한 방법들을 역동적으로 탐색해 온 것을 볼 수 있었다. 그러나 6장에서는 박물관의 사회적 역할에 관한 논의를 조금 다른 방향으로 바라볼 것이다. 여기서는 '관람객'에 초점을 맞추기보다 박물관 전시를 기획하고 구현하는 '생산 과정'에 대한 이야기를 하려고 하며, 그 대상도 '특수한 박물관'이 아니라 일반적인 박물관들로 확장시켜 볼 것이다. 또한, 지금까지는 편견을 주제로 여러 가지 넓은 논의를 다루었지만, 6장에서는 '장애 그리고 신체적 차이에 대한 편견'이라는 특정한 주제에 초점을 맞출 것이다. 이 장애라는 렌즈를 통해, 전시 기획자들이 개인과 사회가 '다름'을 어떻게 이해하고 있는지를 재구성하고 관람객의 참여를 유도하는 과정에서 부딪치는 딜레마도 살펴보려고 한다. 순수 미술, 장식 미술, 사회사, 복식사, 민족학에 걸쳐 다양한 유물과 작품을 볼 텐데, 스튜어트 홀Stuart Hall이 말한 '재현적 독재 권력'에 이의를 제기하거나 전복시켜, 트랜스 코딩(홀, 1997)을 실행하고 뒷받침하는 자료로서 이 전시물들을 바라볼 것이다.[1] 장애의 문제에서 '재현적 독재 권력'이란 서구의 현대 사회에서 장애에 대해 부정적 편견을 가지고 낙인을 찍는 것을 의미한다. 홀은 재현의 독재 권력을 설명하며 "하나의 역사적 시점에서 '다름'을 재현하는 과정에서 일어나는 모든 이미지와 시각 효과"(1997: 232)로 보았다. 하나의 권력은 다름에 대해 서로 이질적이고 변화하는 차이의 묘사로 구성될 수도 있지만, 어떤 순간 지배적 특성을 띨 수도 있다는 것이다. 홀은 흑인에 대한 재현적 권력를 예로 들었는데, 서구 문화권에서 여러 시기에 걸쳐 흑인에 대한 여러 가지 묘사와 재현이 있었지만, 그 속에서 인종적 차이를 강조하고 그들이 인종 차별적인 의미에서 '타인'임을 드러냈다고 설명했다.

---

1 홀Hall은 트랜스코딩을 "기존의 의미를 활용하여 새로운 의미를 만들어내는 것"(1997: 270)이라고 정의했다.

이제까지 이 연구는 박물관이 단지 사회 관계와 현실을 반영하는 데 그치지 않고, 현실을 새로 정립할 수 있는 구성적, 생성적인 능력을 가지고 있다는 전제하에 전개되었고, 그 증거를 제시하기도 하였다. 분명, 박물관의 전시와 그 전시가 담고 있는 '다름'에 관한 담론은 사회적 영향력을 지닌다. 전시 실무에 들어 있는 시적·정치적 요소는 때로는 배제와 제한을 통해서, 때로는 본질주의에 입각하여 억압적 표현들을 사용함으로써 '다름'에 관한 부정적인 사고를 형성하고 재생산하며 더 강화하기도 하였다. 여러 박물관에서 특정한 인종이나 젠더, 신체, 차이를 인지하게 하여 열등하다거나 '일탈'이라고 규정하면서, 어떤 종류의 '다름'은 허용할 만하고, 어떤 다름은 편견의 시선으로 바라보며, 그로 인해서 서로 이해하고 존중하는 사회적 정의의 가능성을 열기보다 오히려 닫아버리는 결과를 낳았다.

이러한 박물관의 사회적 역할에 관한 개념들을 근거로, 이 장에서는 장애를 대하는 태도를 강화하고 재생산하려는 독재적인 권력에 맞서, 이를 약화시키거나 새롭게 구성하는 장소로서 박물관을 조명할 것이다. 박물관의 이러한 중재와 대응 전략들은 '의미란 결코 고정된 것이 아니며 언제나 변할 수 있다'는 가정에 기반하고 있지만, 사실상 독재적 권력은 이미 우리 주변에 만연해 있으며, 끈질기게 지속되기도 한다. 그렇다면 기존 의미를 와해시키고, 대안적으로 보고 말할 수 있는 방법을 만들기 위해 박물관의 대응 전략을 사용할 수 있다는 것이다.(같은 책) 즉, 전시를 통해 대안, 즉 편견이 없는 시선을 관람객에게 제공할 수 있다는 것이다. '다름, 차이'를 변화무쌍하면서도 미묘하게 해석하는 전시들이야말로 이미 만연한 고정관념을 없애고, 관람객의 반응을 이끌어 사회적 대화를 가능하게 할 수 있을 것이기 때문이다.

이와 관련하여, 이 장에서는 다음의 질문들을 던질 것이다. 그렇다면 이러한 목적을 지닌 전시들은 어떻게 만들어지며, 이 전시 기획 과정에서 박물관 실무자(큐레이터, 에듀케이터, 디자이너 등)들이 맞닥뜨릴 딜레마와 어려움은 무엇인가? 특히 장애와 장애인의 역사에 대한 편견을 퇴치하는 자료를 수집하기 위해, 어떤 방식으로 소장품들을 검색하고 찾아보아야 하는가? 사회 변화를 이끄는 기관이라는 인식을 가지지 않았던 박물관을 포함하여, 그동안 각자의 어젠다와 기준으로 전시했던 소장품들을 어떻게 활용하여 장애에 관한 새로운 전시를 수립할 수 있을 것인가?

이 질문들의 답을 찾기 위해, 장애인을 향한 편견에 들어 있던 변화적인 요소들을 살펴보고 박물관이 어떤 적절한 조정과 대응 전략을 택할 수 있는지 제시할 것이다. 또한 연구의 맥락을 제시하기 위해, 대부분의 박물관들이 장애와 장애인에 대해 어떻게 이해하고 있는지를 설명할 것이다. 이 장의 본문은 레스터 대학교Leicester University의 박물관 미술관연구소RCMG에서 수행한 프로젝트의 결과물을 바탕으로 하고 있는데[2], 이 프로젝트는 영국 안의 다양한 박물관과 기관을 대상으로 그동안 숨겨져 있었던 장애의 역사를 발견하고 새로운 내러티브로 재해석될 수 있는 자료를 찾아내려는 목적에서 기획되었다. 이 장의 마지막 부분에서는 장애에 대해 이야기하고, 생각해 보며, 이해할 수 있도록 하는 대안적 방식과 재현적 대응 전략을 개발할 때, 전시 기획자들이 맞닥뜨리게 될 해석적 딜레마에 대해 이야기해 보려고 한다.

2 이 연구는 예술인문연구위원회에서 실무 혁신 부문의 연구비를 지원받았다. 프로젝트에는 조슬린 도드Jocelyn Dodd, 리처드 샌델Richard Sandell, 애니 델린Annie Delin, 재키 게이Jackie Gay, 세리 존스Ceri Johns가 참여하였다.

편견의 특수성

2장에서 다루었지만 편견의 다양한 형태에는 몇 가지 공통점이 있다. 편견의 표현은 단지 '다를 뿐 아니라', '열등한' 또는 '정상에서 벗어난' 것으로 인식되는 사람들을 향한다는 것도 그 중 하나이다. 노골적이든 비밀스럽든, 누구를 향한 편견이든 관계없이 모든 편견의 담론은 어떤 기능을 가지고 있으며 다분히 의도적이기도 하다. 다시 말해, 편견의 담론은 남을 비난하거나, 차별적인 행위를 정당화하기 위해, 또는 편견의 대상을 배제, 제한하거나, 혹은 겁을 주고 주변부로 밀어놓기 위한 것 등, 어떤 목적을 가지고 고안된다는 것이다. 게다가, 어떤 경우는 편견의 목적을 실현하기 위해 고정관념을 동원하기도 한다. 여러 미디어에서 '다름'를 재현할 때 경멸적인 의미의 고정관념을 사용하는데, 이렇게 하여 억압의 대상이 되는 집단을 지나치게 본질주의적으로 묘사하고 이 안에 가두어버리는 것이다.

이러한 특징은 여러 편견이 가진 공통점이지만, 그 중에서도 몇몇 특정 집단을 대해서는 이러 성격이 더욱 두드러진다. 질 발렌타인Gil Valentine과 이안 맥도널드Ian McDonald는 '영국 사회에서의 소수집단에 대한 태도'를 연구하였는데, 이 연구에서는 경제적인 면과 관련하여 망명자를 향한 편견이 가장 자주 드러난다고 하였고, 이들을 '자격도 없는데 주택과 복지의 혜택을 받는 수혜자'로 여긴다고 언급하였다. 또한, 트랜스섹슈얼과 트랜스젠더에 대해서는 '불쌍해서 관용을 보이며', 이들에 대한 '존중감의 결여가 주로 비웃음의 형태'로 나타난다고 하였다. 한편, 영국 내 소수민족을 향한 편견은 조금 더 복잡하고 모순적이었다. 영국 내 아시아인들[3]에 대해서는 '근면하고 가족의 가치를 중시

여기는' 집단으로 높이 평가하기도 하면서도, 동시에 백인 사회에 통합되지 못하고, 그런 노력도 하지 않는다고 여기고 있었다. 영국 내 흑인에 대해서는 백인 사회에 잘 적응하며, 비교적 비슷한 사회 문화적 가치를 공유한다고 보지만, 인터뷰 응답자들은 젊은 흑인 남성들을 마약 혹은 범죄 등과 연결함으로써 그 뒤에 부정적 고정관념이 자리하고 있음을 드러냈다.

이러한 변동성은 정도의 차이는 있겠지만 역동적이고, 시간과 문화적 상황에 따라 크게 달라진다. 즉 어떤 개인, 집단을 향하는지, 또 정치, 경제, 사회적 상황들이 어떤지에 따라서 편견은 유동적이고, 각각 다른 방식으로 동기부여가 되며, 다른 방식으로 표출된다는 것이다. 편견의 변화하는 속성은 여러 경우에서 볼 수 있지만, 특히 인종 차별의 개념이 진화하는 과정에서 두드러지게 나타난다. 1970년대와 80년대에 미국에서 '상징적 차별주의' 또는 '현대적 차별주의'라는 용어가 등장했는데, '전통적' 인종 차별이 '직설적, 적대적, 분리주의적, 백인 우월주의'의 특징을 지녔다면 이를 대체한 '상징적' 또는 '현대적' 인종 차별은 좀 더 미묘하고 은밀하며, 행동과 태도, 시선에서 간접적으로 표현된다.(워커, 2001: 26)[4] 이와 비슷한 예로, 캐서린 쿠드릭Catherine Kudlick

---

3 이 연구애서 "응답자들은 아시아인이라는 큰 범주 안에서 보았고, 시크, 무슬림, 힌두인, 파키스탄인이나 인도인 등 문화적, 국가적 차이는 잘 인식하지 못했다."고 언급했다.

4 존 리처드슨John Richardson은 영국 방송과 신문이 안티 무슬림 편견을 생산하고 배포하는 것도 인종차별의 유동성을 보여 주는 것이라고 하였다. 그는 "당연하지만 인종주의는 고정된 개념이 아니다. 어쩌면 '여러 가지 인종 차별들'이라고 복수로 언급하는 것이 더 적합할 것이다. 우리가 초점을 맞춰야 할 것은 지난 300년 이상 인종 차별이 어떻게 변화하고 이동하며 결국 겉모습만 바꾼 채로 다시 출현했는지를 인식하는 것이다. 인종적 상하 질서 안에 새로운 자리를 만들고, 새로운 형태의 인종 차별주의들을 감시하여 새로운 사회적 통제를 정당화하는 방식으로 계속 그 틀을 유지하는 것이다."(2004: xiv)

은 장애를 다룬 연구를 통해 장애인을 향한 태도가 상황에 따라 맥락적인 속성을 지니고 있음을 드러냈다. 이 연구에서는 중세 이슬람 시대의 시각장애와 시각장애인을 표현한 작품을 다루기도 했는데, 이 이미지들은 서구 현대 사회에 만연한 장애인에 대한 편견과 극명한 대조를 이루며 우리의 고정관념에 이의를 제기한다.

편견은 유동적이며 상황에 따라 바뀐다는 특성을 지니고 있음에도, 장애에 대한 편견은 지속적으로 장애에 대한 부정적인 개념을 담고 있다. 그렇다면 신체적 차이에 대한 편견의 담론에 또 다른 특징은 무엇인가? 미디어에서 장애인을 재현할 때 자주 사용하는 고정관념은 어떤 것인가? 이러한 고정관념은 어떠한 목적을 가지며 어떤 방식으로 사용되는가? 이 질문의 답을 찾기 위해 이 연구에서는 주로 서유럽과 북미지역의 자료를 중심으로 연구를 진행하였지만, 다른 문화적 상황에서도 이 결과를 적용될 수 있을 것으로 생각한다.

장애인 차별주의Disablism

인종, 젠더, 성에 대한 편견이나 악의적인 개념들을 지칭하는 용어와 표현들이 있지만, 장애에 대한 편견을 설명하는 데 통용되는 표현이나 단어는 찾아보기 힘들다. 이것은 사회적으로 장애가 가지는 숫자의 크기만을 볼 때도 상당히 이례적이다. 장애를 정확히 정의하기는 어렵지만, 대략 미국에서는 5명 중 1명(쿠드릭, 2003), 영국에서는 7명 중 1명이 (영국장애인권리위원회Disability Rights Commision) 장애인으로 추정된다. 이에 대해, 캐서린 쿠드릭은 미국에서 '장애인 차별주의'Disablism라는 용어를 쓸 때 "신체적으로 어려운", "남과 다른 면의 능력을 지닌" 등의 정당한 표현이 아니라 풍자적 표현이 들어 있음을 지적했다. 영국에서도 학술 대회나 대중 담론에서는 장애인 차별주의라는 용어를 자주 쓰지 않지만, 일반적으로는 최근 폭넓게 사용되고 있는 추세이다. 장애인 차별주의의 의미에 대해서 아직 논란이 있지만, 최근 연구들은 '장애인 차별주의'를 "장애인이 다른 사람에 비해 열등하다는 사고를 가지고 인종 차별적, 억압적, 모욕적, 폭력적인 행위"(밀러 외, 2004:9)로 칭하고 있다. '신체적 차이를 인식하면서 생기는 편견'을 표현할 일상적인 용어가 없다는 것은 장애라는 주제가 비판적 연구에서 지니고 있는 한계를 보여 주고, 또한 일상 대화의 주제로서 장애를 표현하기 불편하다는 것을 반영하는 것이다. 스나이더 외Snyder et al의 연구에서 언급했듯 "빅토리아 시대에서 성sex이 어디에나 있는 것임에도 입 밖에 낼 수 없는 주제였듯이, 현대 문화에서의 장애는 죽음을 뜻하는 것으로서, 어디서나 볼 수 있지만 말할 수 없는 주제이다."(스나이더 외, 2002)

다른 소수 집단이 겪는 악의나 독설에 비해, 장애인을 향한 편견은 상대적으로 덜하다고 주장하는 사람들도 있다. 이에 대해 쿠드릭은 "인종·민족·성적 소수 집단과는 달리, 장애인들이 당하는 공격은 동정심(장애인이 아프기를 바라지는 않는다는 등)에 감춰져 드러나지 않았을 뿐"이라고 주장한다.(2003) 발렌타인과 맥도널드Valentine and McDonald의 연구에서는 대부분의 인터뷰 응답자들이 자신은 장애인 차별주의적 편견을 가지고 있지 않다고 응답했으며, 특히 복지 문제에 대해 장애인 평등주의를 지지한다고 응답했다. 그러나, 장애인들에 대해 설명할 때 응답자들이 사용한 언어 속에서는 더 많은 것이 드러났는데, 응답자들은 장애인에 대한 '도움과 보살핌'에 초점을 맞추고 있었고, '불완전한, 소외된, 측은한' 존재로 여기는 사고가 반영되어 있었다. 이 인터뷰에 응한 사람들은 장애인들과의 개인적 접촉이 많은 사람들이었지만, 그럼에도 그들의 말과 행동에는 장애인을 대할 때 느끼는 우려가 들어 있기도 했다. 20대 중반의 런던 출신의 여성은 다음과 같이 말했다.

> 머릿속에서 저절로 해서는 안 되는 일을, 또 이제까지 장애인들에게 하면 안 된다고 배운 행동들을 떠올리게 돼요. 나도 모르게 그런 것들을 하게 될까봐, 또는 '무례한 사람' 명단에 올라가게 될까봐 너무 예민해져서 자연스럽게 행동하기가 어려운 것 같아요.(같은 책, 11)

위의 코멘트에서 보듯이 장애라는 개념에는 불안과 불편함이 들어 있다. 로즈마리 갈런드 톰슨Rosemarie Garland Thomson은 장애자와 비장애자의 접촉에 대해 "비장애인은 장애인에 대해서 두려움, 측은함, 흥미, 거부감이나 놀라움 등을 느끼기 때문에, 이들 간의 소통은 늘 부자연스럽고 껄끄러우며, 사회적인 의례에 따라 이루어지지 않는다."(1997: 12)라고 하였다. 장애인 차별주의는 다른 편견과 구별되는 독특한 특징을 가지고 있지만, 거침없이 증오와 악의를 표현하는 다른 편견에 비해서도 그 영향력은 절대 작지 않다. 앞서 여러 연구자들이 강력하게 주장했듯이, 장애인 차별주의는 장애인의 일상의 모든 면에서 기회를 닫아버리는 역할을 했다.

불구자, 피해자, 또는 악한: 장애인에 관한 고정관념의 표현들

영국의 박물관에 방문하는 관람객들은 '장애인들이 역사적으로 특정한 영역에서만 활동해 왔구나' 하고 생각할 수도 있을 것이다. 장애인은 사진이나 이미지, 작품 속에서 창조적인 역할로서 존재하는 게 아니라 문화적으로 정형화된 이미지를 강화하는 작품들의 대상으로만 등장하기 때문이다. 이러한 모습은 역사적으로 우리가 장애에 대해 얼마나 편협한 인식을 가지고 있었는지를 보여 주는 것이기도 하다.

2장에서 다루었듯이, 여러 미디어들에서 재현적 전략으로 사용하는 고정관념들은 '차이'를 보고, 말하고, 생각할 때 편견을 갖게 한다. '나와 다른 집단'이 가지고 있는 복합적인 특성을 차지하고, 아주 극단적이고 단순한 사고로서 몇 가지 특징만을 강조하는 것이다. 이제까지 여러 연구에서 문학, 영화, TV, 광고, 기타 대중 매체에서 장애인을 다룰 때 동정심, 두려움, 혐오감, 일탈적인 고정관념들을 강조했음을 고발하기도 했다. 이와 관련하여, 캐서린 오트Katherine Ott는 "장애인에 관한 대부분의 해석은 몇 가지로 고착화되어 있는데, 주로 비극적인 피해자, 심각한 불구자, 또는 장애라는 괴로운 운명으로 의해 악한이 되어 버린 이미지"라고 분석했다.

장애인의 재현에 관한 초기 연구에서는 문학 작품에 장애인의 출현을 조사하였다. 홀든Holden(1991)은 성경에서 장애인의 역할을 연구하였고, 크리겔Kriegel은 1987년 '악마 같은 불구자'와 '불쌍한 불구자'와 같은 고정관념들을 제시하였다. 1992년 콜린 반스Colin Barnes와 데이비드 헤베이David Hevery는 언론이 고정관념을 어떻게 표현하며 정립하고, 또 지속하는지에 관한 영향력 있는 연구를 발표하였다. 반스는 다양한 매체(문학, 영화, TV, 라디오, 뉴스 등)를 조사하여 장애인을 별난 존재, 심각한 불구, 또는 '불쌍하거나 무기력한 존재' 등으로 표현한 12가지의 반복적인 고정관념들을 찾아냈다. 헤베이는 구호 단체에서 사용하는 광고 사진들을 조사하여, 비장애인 기부자들이 자연스럽게 고정관념에

빠지게 하기 위해 이미지를 어떻게 디자인하였는지를 조명하며 사진의 초점과 색감, 느낌, 소품 등을 통해 전체 장애인들을 '유아적이고 의존적, 수동적이어서 도와주어야 하는 존재'로 느끼도록 고정관념을 형성한다고 하였다.[5] 더 최근의 연구로는, 로즈마리 갈런드 톰슨이 문학적 텍스트들을 분석하여, 장애가 '독특하고 남다른 이미지'를 넘어서, '모자라고 열등하며 일탈적인 것'으로 표현되었음을 확인하기도 하였다. 이 연구에서 그녀는 "전설, 신화에서부터 근현대 그림책 속 괴물 이야기까지, 장애가 있는 신체를 기괴한 모습으로 묘사하였다."고 주장한다. "이 내러티브 안에서는, 장애를 가진 대부분의 캐릭터들은 '타자'라는 카테고리 안에 닫혀 버린다."(1997) 물론 장애인들에 대한 고정관념들이 모두 경멸을 담고 있는 것은 아니다. 또 다른 고정관념으로는 장애인을 영웅으로 바라보기도 하고, 그들의 뛰어난 성취와 장애를 초월한 모습을 강조하여 '준 정상인'으로 '여겨 주는' 경우도 있다.

재현과 고정관념에 관한 경험적 연구들은, 고정관념을 담은 재현을 접한 관객들이 어떻게 의미를 만들고 해독화하는지에 대한 수용이나 소비 과정보다, 여러 언론에서 장애라는 고정관념을 어떻게 각인하고 부호화하는지, 그 '만들어지는 과정'을 중시한다. 미디어에서 장애인을 왜곡하여 묘사하는 행위가 어떤 사회적 영향력을 가지고 있는지를 뒷받침할 실증적 증거들은 별로 없지만, 이러한 재현 방식이 지니는 상징성, 특히 장애인에 관한 대중의 인식을 만드는 사회적 역할에 대해서는 문화학 등에서 많은 논의가 이루어졌다. 게다가, 장애인들 역시 대

---

5 헤베이Hevey는 2003년 런던에서 유럽 장애인의 해를 기념하는 '거인들: 평등을 향해 나아가는 장애인들'이라는 전시를 기획하였다. 이 전시는 장애인에 대한 부정적인 인식을 바꾸려는 목적을 담고 있었다.

중 매체가 장애인을 재현하는 방식 때문에 삶의 기회가 주어지지 않았음을 느끼고 있기도 한다. 콜린 반스(1992)는 장애인들이 마주하는 여러 문제들은 제도화된 인종 차별 때문이며, 미디어에서 끊임없이 장애에 관한 차별을 만들어낸다는 데 장애인들의 인식이 높아지고 있다고 하였다. 로즈마리 갈런드 톰슨 역시 문학적 재현이 지닌 영향력에 대해 이와 비슷한 주장을 했다. "장애에는 매우 심각한 오명이 씌워져 있지만, 이것을 완화할 만한 문학적 내러티브는 거의 없으며, 비유를 사용하는 문학적 전달에서도 실제 장애를 겪고 있는 사람들이나 주변 사람들의 경험을 잘못 표현하거나 폄하하는 일이 빈번히 일어난다."는 것이다.

이제까지 장애에 관한 편견을 간단히 살펴보았는데, 이제부터는 이 편견에 대해 박물관이 어떤 해석적인 중재를 사용하여 새로운 문화적 내러티브를 구성하고 기존의 지배적인 부정적 이해를 약화시킬 수 있는지를 살펴보려고 한다. 그러나 그에 앞서 박물관은 장애의 개념을 어떻게 바라보고 참여해 왔는지를 검토해 보는 것이 좋을 것이다. 박물관들은 장애인의 권리 찾기 운동이나 정치적 어젠다와 같은 긴요한 문제에 어떻게 대응해 왔는가? 박물관들은 소장품, 또는 전시를 통해 장애인을 재현하는 데 어느 정도로 동참해 왔는가?

박물관과 장애

지난 20년간, 매우 선별적인 방식을 통해서이긴 하지만, 박물관은 장애라는 주제에 점점 민감하게 반응하게 되었다. 이전에 장애인들은 박물관 건물이나 전시에 대한 접근성을 높이기 위한 논의에서 고려해야 하는 '잠재적 관람객' 정도로 인식되었다. 최근 장애인 관람객의 물리적, 감각적 접근을 돕기 위한 법률이 생겼고, 여러 박물관에서 노력하고 있기는 하지만, 여전히 관심을 받지 못하는 다른 많은 문제들도 있다.[6]

제니스 마제스키와 로니 번치Janice Majewski and Lonnie Bunch는 박물관이 관람객의 필요를 충족시키기 위해 고려해야 할 '장애인의 접근성'에 대해 세 단계로 설명했다. 1단계는 관람객 스스로 박물관에 입장해서 전시를 둘러볼 수 있는 '전시의 물리적 요소에의 접근'이다. 이것은 장애를 다룰 때 박물관 종사자들이 제일 먼저 떠올릴 부분일텐데, 예를 들어, 엘리베이터나 경사로, 핸드레일, 장애인 화장실과 같은 접근성에 관한 가시적 장비들을 뜻한다. 2단계는 '전시 내용에 관한 접근성'인데, 하나의 전시를 관람객들이 서로 다른 시각으로 본다는 것을 받아들이는 것이다.

박물관은 전 시내에서 전시 설명문의 가독성부터 텍스트 이해력까지, 또는 비디오 자막과 오디오 설명부터 전시 주제나 내용을 이해하고 즐길 수 있는 다양한 수준까지도 고려해야 한다. 전시 내용에 접근 가능하다는 것은 설명문, 유물이나 작품, 미디어를 통한 전시 홍보, 여러 가지 상호작용에 대한 접근 모두를 의미한다.(1998: 156)

---

6 로잘린다 하디만Rosalinda Hardiman(1990)은 박물관이 장애인 직원 고용 문제에 대해서는 거의 관심을 보이지 않는다는 점을 지적하기도 했다.

몇몇 박물관들은 이러한 문제를 인식하고 개선하고 있지만, 여전히 시작조차 하지 않은 박물관들도 많다. 캐서린 쿠드릭(2005)은 미국의 주요 도시의 지역 역사 박물관과 미술관을 방문하고, 이 개인적 경험을 통해 박물관들의 인식의 차이를 드러냈다. 시각장애인인 본인이 다른 시각장애인 친구와 함께 박물관들을 방문했을 때, 한 박물관에서는 모든 것이 접근 가능했지만, 다른 곳에서는 신체와 감각적으로 접근하기 어려웠을 뿐만 아니라 직원의 태도 등 '복합적인 다양한 장벽'에 부딪쳐야 했다고 설명했다. 이어, 역사 박물관 직원들에게 시각장애인을 위한 시설에 대해 질문했을 때, 직원들이 전혀 도움을 주지 않을뿐더러 적대적인 태도를 보였다고 하며, 장애인 법의 효용을 뒤돌아보고, 나아가 더 큰 변화가 필요함을 주장했다.

미국 사회는 가능한한 많은 사람에게 공공 장소를 개방하려 노력하고 있는데, 막상 공공 기관에 참여하기 위해서 다양한 방법을 필요로 하는 사람들에 대해서는 왜 그렇게도 무지한 것일까? 미국의 장애인 법이 시행된 지 10년이 넘은 시점에서 뒤돌아보면, 그동안 장애인들은 사회적 인식이 점차 높아지고 기술이 발전할 것이라는 약속을 받았고, 오늘 그 역사 박물관에서 만난 직원 또래의 세대들은 어마어마한 돈이 대도시 시민 공간에 투자되는 것을 보면서 자라났을 것이다. 그럼에도 21세기 초인 지금, 시각장애인인 두 사람이 사전 준비 없이 박물관을 방문하는 것도 불가능하다. 장애인을 무시하지 않고 도울 수 있는 감수성을 지닌 박물관 직원들을 만날 수도 없었다. 왜 사람들은 우리와 같은 관람객들을 문제거리로 볼까? 새롭고 흥미로운 방법으로 전시를 제시할 수 있는 하나의 기회로 볼 수도 있을텐데 말이다.(2005)

마제스키와 번치의 '장애인의 접근성' 단계는 전시에서 장애인을 재현하고, 또 장애와 관련된 내러티브와 해석을 전시에 포함시키는 것이라고 언급하였다. 이들은 이러한 사항이 그동안 거의 이루어지지 않았다고 하였다.

장애를 재현하기

세계적으로도 많은 박물관들이 전시와 유물을 통해 문화적 차이를 재현하는 데 많은 관심을 가지고 있다. 이것은 식민지를 겪었거나 사회적, 정치적, 인구학적으로 커다란 변화를 겪은 사회의 경우 더욱 두드러진다. 여러 가지 '다름' 중에 어떤 것이 박물관의 관심을 받을 정도로 정당한 것인지, 또 민족성, 국적, 장애, 종교, 나이 등 집단의 정체성을 아우를 수 있는 '다름'은 어떤 것인지는 국가나 상황에 따라 다양하게 나타난다. 이러한 상황에서 박물관들은 스스로 개혁하고 재창조하여, 전시를 통해 이 다양한 '다름'의 형태들을 담아내고 포용하는 주체가 되어야 한다는 압박을 받고 있다. 다양성을 재현하는 여러 개념과 방식이 많은 지지를 받고 있고, 이전에 배제되던 집단들을 어떻게 기억하고 표현하는지, 그 기법에 대한 연구도 늘어나고 있지만, 그럼에도 여전히 박물관의 관행은 선별적이고 불균등한 실정이다. 공공 박물관에서 인종주의 등의 부정적인 고정관념을 담은 전시를 하거나, 수십 년 간 지역사회에 기여한 소수 민족을 전시에서 배제하는 것 등은 더 이상 사회적으로 용인되지 않지만, 아직도 이 변화의 속도가 너무 느리고 미약하다는 주장도 있다. 한 예로, 2004년 10월 영국에서 '흑인 역사의 달' Black History Month을 제정한 것을 기념하여, 제인 모리스Jane Morris는 한 신문 기사에 "영국에서 흑인이나 아시아인의 역사를 다룬 박물관은 거의 없으며, 있다고 하더라도 대부분은 피상적인 수준에 그친다."라고 썼다. 본Bourne(1996), 리디아드Liddiard(2004), 베네가스Venegas(2002) 역시 각각의 연구를 통해 게이와 레즈비언과 관련된 유물이나 전시가 매우 적다는 점을 지적하였다.

장애와 장애인을 소재로 한 전시들은 최근에 와서 많은 관심을 끌고 있지만, 여기서도 두 가지의 눈에 띄는 문제점을 발견할 수 있었다. 첫 번째는 대부분의 장애인을 다룬 전시에서도 막상 장애와 장애인이 눈에 띄지 않는다는 점이다. 박물관들이 전시실 내러티브에서는 이들의 신체적 차이를 자세히 묘사하는 것을 피하면서, '이상적 인간의 모습'을 보여 줄 뿐만 아니라, 과거의 잘못된 시선들을 그대로 제시한다는 것이다. 이에 대해 캐서린 오트Katherine Ott는 다음과 같이 말한다.

> 우리가 역사적으로 가지고 있던 '완벽한 이상형'은 당연히 '건강한 몸'이다. 그러나 실제로 사람들은 다양한 신체적 형태를 가지고 있게 마련인데, 최근까지도 '관절염이 있고, 구부정하고, 마마 자국이나 상처가 있으며, 치아가 몇 개 없고, 구부정하고, 이런저런 부상을 입은' 것도 소위 일반적인 신체의 특징에 포함된다. 이렇게 모두가 다르다. 다만 대중에게 제시되는 역사 속에는 이런 모습이 빠져 있다. 전시나 영화, 어떤 재현 상황에서 보여 주는 '건강하고 이상적인 신체'는 내란이 일어나고 난 전쟁터를 표면적으로 관리해 놓은 정원처럼, 거짓에 불과하다.(오트, 2005)[7]

또 다른 문제점은, 과연 박물관은 장애인을 묘사하는 데 있어 다른 미디어에서 사용하는 부정적인 고정관념에 영향을 받고, 이를 따르고 있다는 것이다. 장애와 관련하여, 박물관은 기존의 재현적 지배 체제를 강화하고 답습하는 관행에 동참하고 있는 것일까?

각주에 숨겨두다

위와 같은 우려들은 2003-4년 RCMG(영국박물관·미술관연구소Research Center for Museums and Galleries)에서 진행한 '각주에 숨겨두다'Buried in the Footnotes 프로젝트를 시작한 동력이 되었다. 이 프로젝트는 영국 박물관들의 수집품과 전시들을 조사하여, 장애와 관련된 숨겨진 역사에 대한 이해의 부족을 다루었는데, 과거에서 현재까지 장애인들의 삶을 보여주는 증거들을 찾아내고, 나아가 박물관의 학예 관행들과 장애인에 관한 잘못되거나 폄하하는 표현들을 만들어낸 요인들을 밝혀내고자 하였다. 영국 전역의 박물관과 소장품을 대상으로 조사하였지만, 이 연구의 발견은 세계 곳곳의 박물관의 맥락에서도 연관성과 의미를 찾을 수 있을 것이다.

---

7 콜체스터 박물관 관장인 피터 베리지Peter Berridge는 영국 박물관에서 장애인의 재현이 매우 적다는 점을 언급한 글을 통해 이와 비슷한 관점을 제시했다. "콜체스터 시에 방문하여 길을 걸을 때, 사람들은 거지나 전쟁에서 부상당한 군인 등, 다양한 인종의 사람들을 볼 것이고, 또 장애인을 만나게 될 것이다. 만약 우리 박물관에서 이들을 전시하지 않는다면, 우리가 그것들을 편집하고 있다는 의미가 된다."(나이팅게일, 2004: 29)

연구 목적과 방법

연구의 사전 조사를 진행하며, 애니 델린Annie Delin은 장애인들의 삶을 보여 줄 수 있는 유물과 작품들을 소장하고는 있어도 전시에 활용하는 경우가 드물며, 전시가 된다고 하더라도 고정관념적 방식으로 진행된다는 점을 지적하였다. 이어서 그녀는 앤 로렌스Anne Laurence의 정의를 인용하여, '장애의 역사'는 '숨겨진 역사'Hidden History라고 주장했다.

> '숨겨진 역사'라는 용어는 이제까지 소외되었던 집단, 즉 흑인, 여성, 레즈비언과 게이의 역사를 설명하며 사용되기 시작했다. 그러나 이 용어는 이런 집단들이 주류 역사에 등장한 현상 자체를 설명하기 위한 것이 아니라, 그동안 이들이 역사에서 소외된 것은 이 사회가 그들의 권리를 지닌 독립된 집단으로 바라보고 싶지 않았기 때문이라는 명확한 메시지를 담고 있다. 이 집단들이 역사에서 숨겨진 이유는 세 가지로 볼 수 있다. 이 집단에 대한 '과거의 편견'과 '현대 사회의 편견', 그리고 '기록의 부재'다.(로렌스, 1994)

델린은 '박물관 소장품들에 장애인의 숨겨진 역사를 담아낼 수 있다면, 이 유물들을 통해 현대 사회가 장애를 바라보는 시선을 개선할 수 있을 것'이라고 가정하였고, 연구 팀은 이러한 그녀의 견해를 기반으로 프로젝트를 발전시켰으며, 더 나아가 다음과 같은 질문들을 분석하였다. 과거부터 현대까지 장애인의 삶과 관련된 소장품과 관련 기록 중에 이 가정을 뒷받침할 증거를 찾을 수 있는가? 찾을 수 있다면, 박물관은 어떤 방식으로 이러한 자료들을 해석하고 전시하여, 대중이 접근할 수 있도록 하고 있는가? 또 박물관은 장애인에 관련된 자료들을 어떤 범주에 분류하고, 재현하였는가? 이제까지 장애인의 삶이 수집되고, 기록되고, 공개적으로 사용되는 데 있어서 어떠한 요소들이 영향을 미쳤는가? 마지막으로, 이러한 자료를 알리고 전달하는 역할을 하는 데 있어서 큐레이터에게 영향을 주는 요인들은 무엇인가?

위와 같은 질문들을 다루기 위해 '각주에 숨겨두다'Buried in the footnotes 프로젝트는 양적, 질적 접근법을 모두 사용하였고, 유동적이고 열린 형식의 연구 방법을 지향했다. 이러한 프로젝트에 있어서 연구 지원금이 중요한 역할을 하는데, 이 연구 역시 영국예술인문학연구위원회The UK's Arts and Humanities Research Board에서 혁신 분야에 수여하는 연구비를 지원받아, 장애에 관련한 유물이 매우 적거나 하는 실패의 가능성에 불구하고 시작할 수 있었고, 연구 과정 동안 예상치 못한 결과까지 시험해 보며 수용할 수 있었다. 한편, 프로젝트 연구 팀은 장애인과 비장애인으로 구성되어, 장애와 박물관, 연구 방법론에 있어서 서로 다른 경험과 전문 지식, 통찰력을 공유할 수 있었다는 것도 주목할 만하다. 특히 장애인 연구원들이 연구 의제를 만들고 자료를 수집 해석하는 데 중심적 역할을 수행했다.

주요 연구는 두 단계로 구성되었다. 1단계는 자기 작성 설문지Self Completion Questionnaire, 부록 2를 참고를 표본으로 선정된 큐레이터들에게 보냈는데, 이것은 박물관들의 지리적 분포, 박물관 경영 방식, 박물관의 크기, 소장품 종류 등의 측면에서 다양성을 확보하기 위해서였다. 또한, 배포된 설문지는 두 가지 중요한 목적을 지닌다. 첫 번째는, 큐레이터들이 소장품 중 관련 유물의 존재를 얼마나 인식하고 있는지를 알아보고, 수집품과 자료에 대한 큐레이터들의 태도를 측정하기 위한 것이었다. 두 번째, 다음 단계인 질적 조사에서 적절한 사례가 될 최종 후보를 찾기 위해서였다.

이를 위해, 224개의 설문지가 배부되었고 이 중 73개가 회수되어 예상보다 높은 반응률을 보였다. 설문지를 제출하지 않았던 몇몇 큐레이터들은 우리에게 직접 연락해 참여하지 못하게 된 불가피한 이유를 설명하기도 하였다. 작성할 시간이나 자료가 부족한 경우도 있었고, 현재 진행되고 있는 사업, 즉 박물관의 도록 작업, 전시 개편 등으로 휴관하는 경우도 있었다. 한편 설문에 응한 실무자들 중 29명은 향후 심층 사례 연구에 참여할 의사가 있다고 밝혔고, 이 중 열 개의 박물관이 사례 연구에 참여함으로써[8] 다양한 유형의 사례를 연구에 반영할 수 있었다. 사례를 선정할 때는, 참여 기관의 규모와 위치, 운영 방식, 소장품 유형의 다양성을 고려하였고, 한편 의학이나 군사 박물관처럼 장애와 분명한 관련이 있는 박물관들뿐 아니라 아예 장애와 관련된 소장품이 없다고 대답한 박물관도 포함하였다. 모든 사례 연구는 프로젝트 연구원들이 직접 방문하여 큐레이터와 직원들을 인터뷰하였고, 전시를 검토한 뒤 소장품 데이터베이스를 활용하여 관련 유물을 찾아보았다. 자료 검색시 상당히 넓은 범위에서 검색 용어를 설정하였는데, 현재의 시점에서는 불편한 단어로 인식될 수 있어도 과거에는 널리 사용되었을 용어들도 사용하였는데, 가능한 한 관련 유물에 관한 새로운 정보를 끌

8 선정된 사례 연구 장소는 다음과 같다. 레스터 지방의 스님선 디스커버리 공원Snibson Discovery Park; 아일 오브 만 지역의 만스 박물관Manx Museum; 에든버러의 스코틀랜드 국립 박물관National Museum of Scotland; 레밍턴 스파 미술관/박물관Leamington Spa Art Gallery and Museum의 로열 펌프룸, 요크셔 지방의 휘트비 박물관Whitby Museum; 왕립 런던 병원 박물관과 기록보관소Royal London Hospital Museum and Archives; 리버풀의 워커 미술관The Walker Art Gallery; 버밍엄 박물관/미술관Birmingham Museum and Art Gallery; 런던 그리니치의 국립 해양 박물관National Maritime Museum; 콜체스터 박물관연합Colchester Museums.

어내기 위해서였다. 주요 검색 용어들은 다음과 같다.

장애를 가진disabled, **장애**disability, **눈 먼**blind, **귀가 먹은**deaf, **절름발이**lame, **수술**surgical, **불구**cripple, **난쟁이**dwarf, **거인**giant, **정신병자**lunatic, **병약한**invalid

소장품 유형별로 추가 검색어들을 사용하였는데, **개조된**adapted, **수선된** altered, **목발**crutch, **의족**peg-leg과 같은 용어를 포함하였다.

현지 조사와 자료 분석 후에 다양한 분야의 전문가들을 초청해 학술 세미나를 열었는데, 이 기회를 통해 분석 결과를 함께 논의하고 해석했 던 것이 매우 주효했다. 이 과정을 통해, 우리가 발견한 자료들에 대한 새롭게 인식할 통찰력을 얻었고, 사전 조사에서 얻은 결과들을 입증할 수 있었기 때문이다. 이 학술 세미나에는 문화적 실무나 재현에 관심을 가진 장애인들, 박물관 종사자큐레이터나 관장급, 연구 단체 직원, 전략 기획 단체들박물관, 도서관, 아카이브 연합 등 등 다양한 분야의 전문가들이 참여하였 다. 이 장에서는 주로 각 소장처에서 찾은 관련 유물들을 설명하고, 이 유물들을 재현적 대응 전략으로 어떻게 사용할 수 있는지에 초점을 맞 춰 보려고 한다.

관련 유물 찾아내기

이 프로젝트는 여러 박물관과 미술관에서 장애인들의 삶 또는 장애 와 어떤 방식으로든 관련 자료들을 소장하고 있을 것이라는 전제하에 시작되었다. 어떤 유형일지, 그 수가 얼마나 될지, 유물의 상태나 장애 와 관련된 정보가 어떨지에 대해서는 알 수 없었고, 어느 정도의 증거

자료가 있을 것이라는 정도의 추측을 했을 뿐이다. 실제로 이루어진 연구 조사에서, 참여한 모든 박물관에서 기대했던 것보다는 훨씬 더 많은 자료들을 보유하고 있다는 것을 확인할 수 있었다. 앞서 설문지에서 "귀 기관의 수집품 중에는, 장애나 장애인의 삶과 관련된 자료가 있습니까?"라고 질문하였는데, 응답자들에게 도움이 되도록 장애인들의 유물, 옷, 장애인이 사용했거나 소유했던 개인 용품, 장애를 주제로 한 작품, 장애가 있는 작가들의 작품 등을 예로써 제시하였다.

회수된 73개의 설문지 중, 아주 높은 비율인 58개의 설문지가 그러한 소장품을 가지고 있다고 답했지만, 이 중 대부분의 박물관이 한두 점 정도를 가지고 있다고 응답하였다. 그러나 이어진 사례 연구와 심층 조사에서는 훨씬 많은 관련 유물을 찾을 수 있었다. 큐레이터들이 응답한 것보다 연구팀이 직접 방문했을 때 훨씬 더 많은 장애인 관련 유물을 찾아낸 것이다. 여기에는 여러 이유가 있을텐데, 연구팀이 도착하기 전 큐레이터들이 연구에서 제기한 논점에 관해서 생각해 보고 유물을 확인하고 추가할 시간적 여유가 있었기 때문이기도 하다. 즉, 설문지를 작성하여 발송한 이후에는 차분히 생각하며 준비할 시간이 있었으며, 기관의 소장품에 대해 다시 생각해 볼 수 있었던 것이다. 게다가, 각 박물관에 방문한 프로젝트 연구원들은 주관성과 전문적인 시각을 가지고 소장품을 조사하여, 비장애인인 큐레이터들이 쉽게 찾아낼 수 없었던 장애 관련 유물들을 발견하였다. 또한, 프로젝트 연구원들은 더 넓은 범위의 검색어, 즉 박물관의 직원들이 사용하기 꺼렸을 용어들도 활용한 덕분에 유물들을 추가로 더 찾아낼 수 있었다.

틀니, 안경 그리고 지팡이

　연구의 진행 과정에서 과연 장애가 무엇인지 그 정의와 이유, 또 특정 유물이 장애의 역사와 관련된 것인지를 결정할 '기준'에 대해 많은 큐레이터들이 의문을 제기했고, 그에 대한 논의가 이루어졌다. 예를 들어, '장애'에 포함될 만한 조건이나 경험은 무엇인가? 장애나 신체의 변화 중 어떤 것들은 바로 장애라고 이해되는 것에 반해, 정신 질환이나 질병, 전쟁으로 인한 부상, 난독증과 같은 학습의 어려움은 인식하기가 비교적 어렵다. 이러한 부분은 장애에 대한 폭넓은 정치적인 논의로 이어진다. 장애와의 연관성에 대해 논란을 부르는 유물들도 있다. 지팡이는 걷는 데 도움을 주는 보조 도구이기도 하지만 단순히 패션 액세서리일 수도 있으며, 틀니나 안경 같은 경우 오늘날 너무나 흔히 사용되기 때문에 딱히 장애의 표지로 여겨지지 않는다. 그러나 과거에는 이러한 것들도 다르게 인식되었을 것이다.

　몇몇 큐레이터들은 유물이 장애와 어떤 연관성이 있어야 이 연구에 포함될 수 있는지를 질문하였다. 장애인이 수집하여 박물관에 기증했지만 그 자체로는 장애와 크게 관련이 없는 유물들은 어떻게 해석해야 하는가? 장애인의 생명을 구한 구명보트 담당자(외형적으로는 비장애인에 속한다)가 기증한 메달의 경우, 이 연구의 유물로 선정할 수 있는가?[9] 이러한 우려들은 물론 장애라는 특성에 연관된 것도 있었지만, 다른 소외 집단(소수 민족 또는 성소수자)의 역사 자료를 찾을 때 생겨나는 딜레

---

9 콜로키움에 참여한 한 선임 큐레이터는 정의와 관련한 이러한 질문들이 너무나 규칙에 얽매여 있다며 이에 대해 흥미로운 해석을 했다. 이 연구에서 제기한 것과 같은 사안에 참여하고 싶지 않은 경우, 이러한 규칙을 구실로 여러 가지 형태의 저항과 회피를 하게 된다는 것이다.

그림 6-1 '연설가 드라이든'으로 불리는 남자를 찍은 프랭크 메도서클리프의 사진작품이
다.(1853~1941)(자료 제공: 휘트비 뮤지엄)

마와도 비슷한 점이 있다. 그럼에도 다른 소수집단의 정체성을 정의
와 비교해서 장애인과 비장애인을 구분하는 경계의 투과성과 유동적
이 두드러졌다는 점이다. 로즈마리 갈런드 톰슨은 장애와 비장애가 지
닌 정체성의 경계가 역동적이고 모호하다는 점을 강조하여 언급했다.
그녀는 특히, 문학에서와 실제 삶에서 드러난 장애의 경험을 비교하며,
문학에서는 장애의 외관을 분명하게 정의하지만, 실제 삶에서 이 경계
는 훨씬 불분명하다는 것을 조명하였다.

　문학에서 전형적인 장애인의 모습은 휠체어에 평생 의지하거나, 전
혀 안 보이는 맹인 또는 선천적 청각장애자로 나타난다. 그러나, 실제

로 미국의 400만 장애인들을 그렇게 묘사하기는 상당히 어렵다. 장애는 대개 절대적이거나 고정된 것이 아니기 때문이다. 그보다는 수많은 외부 요인들에 의해서나 또는 시간이 지남에 따라 언제든지 바뀔 수 있는 역동적인 상태로 보아야 한다. 또 현대인들이 충분히 오래 산다는 가정을 할 때, 우리 모두가 언젠가 장애인이 될 수 있다고 보아야 한다. 스스로를 '정상'이라고 생각하는 사람들은 이 사실을 받아들이기 힘들테지만 말이다.(톰슨, 1997)

이 연구에서도 장애에 관한 정의를 둘러싼 여러 민감한 문제들을 두고 고심하였다. 예를 들면 최근 청각장애인들의 사회운동은 점점 더 정치성을 띠게 되었는데, 이들은 스스로를 '장애인'이 아닌 '그들 나름의 문화와 역사적 전통을 지닌 언어적 소수 집단'(리처드슨 2002:77)으로 인식되기를 원하고 있다. 이뿐만 아니라 연구팀은 장애인에 대한 정의를 할 때 기준을 너무 엄격하게 정함으로써 부정적인 결과를 가져올 가능성에 대해서도 염두에 두었다. 프로젝트 팀의 논의와 학술 세미나에서 이루어진 토론를 통해, 어떤 것을 장애의 역사에 포함시키고, 어떤 것을 연구 범위 밖에 둘지를 정하는 '장애의 경계'를 너무 명확하게 정하지 않기로 결정했고, 소장품이 제시하는 대한 가능성에 개방성을 더 유지해야 한다. 프로젝트 연구원들은 각자의 다양한 관점을 프로젝트에 반영하기 위해 장애와 비장애의 용어들을 사용하는 데 특별히 불편함을 느끼지는 않았지만, 이런 이분법의 시각으로 소장품들을 나누어 평가하고 선택하는 것은 적절하지 않다는 데 뜻을 모았다.

소장품 유형에 따른 유물

의료, 군사, 산업과 같은 분야는 장애의 역사와 자연스레 연관되기 때문에 우리는 이 유형의 박물관에서 의미 있는 유물들이 집중적으로 나올 것을 기대하였다. 그러나, 실제로는 모든 종류의 박물관 소장품에서 장애와 관련된 다양하고 풍부한 유물들을 고루 발견할 수 있었다. 이 유물들의 주요 유형을 〈표 6-1〉에 정리하였다.

이 프로젝트의 결과를 일반적으로 적용하기 위해서는 광범위한 범위의 다양한 형태의 소장처에서 다수의 유물을 확보하는 것이 매우 중요했다. 세계 곳곳의 다양한 박물관과 상황에서 장애의 역사와 관련된 유물이나 이야기들을 가지고 있을 가능성이 많다는 것을 시사하기 때문이다.

표 6-1 소장품 유형별 장애와 관련된 자료들

소장품 유형	장애와 관련된 자료
사회사	사회사 관련 소장처에서는 방대한 범위의 가정 생활, 유년 시절, 교육, 대인 관계와 직장 생활(그림 6-1)과 관련된 유물과 그림 등, 다양한 수집품들을 보유하고 있었다. 목발, 부목, 보철용 팔다리, 버팀대, 척추환자를 위한 휠체어와 같은 보조기구 등도 이 영역(그림 6-2)에 해당된다. 이러한 유물들 중 몇몇은 소유자의 이름 등 개인 정보를 가지고 있었지만 대부분 그렇지 않았다.
순수미술	큐레이터들이 설문지에 수많은 회화, 드로잉, 사진, 조각 작품들을 제시하였고, 이후 사례 조사에서도 확인할 수 있었다. 과거부터 현재에 걸친 장애인 예술가의 작품과 장애인을 주제로 다룬 작품들이 포함되어 있었다.(그림 6-3) 몇몇 작가들은 각자의 장애로 인해 특이한 작업 방식을 사용했는데, 예를 들어서 그림을 그릴 때 어깨, 발, 입을 사용하기도 하였다. 장애와 관련된 주제로 작업한 작가들도 있었고, 예술 작품과 관련된 기록, 문서 등을 통해 작가가 장애를 가지고 있었던 것을 확인한 경우도 있었다. 스테인드글라스의 드로잉과 밑그림에서 장애인, 시각장애인, 장애를 치료하는 장면을 그린 그림들이 확인되었다. 회화에서도 바이올린 연주자나 백파이프 연주자, 거지 등의 시각장애인이 자주 등장하였다. 이들은 때로는 실존 인물이기도 했고, 가상 인물이기도 했다.

기록보관소	기록보관소에는 장애와 관련되어 특히 풍부한 자료들을 보유하고 있었다. 장애인 길드Cripple Guilds에서 제공한 사진, 회원 등록 기록, 연례 보고서와 기금 기록 등이 포함된다. 의학 아카이브에서는 예상대로 많은 정보들이 확인되었는데, 개인 의료 기록, 치료나 병원(정신병원 등)의 입원 기록 등이다. 군사와 해군 역사의 특수 아카이브에서 수많은 편지, 일기, 항해 일지 등의 단명자료, 박람회 기록, 장애인과 관련된 개인적 소장품들도 확인되었다.
구술사	구술사 자료에서는 현대사에 표현된 장애인 '캐릭터'를 뒷받침하는 여러 일화들을 찾아볼 수 있었다. 장애인들을 인터뷰한 증언 자료들도 있었다.
장식 미술	장식 미술 관련 소장처에서는 특히 거지, 상이 용사 또는 장애가 있는 캐릭터들을 형상화한 도자기들이 있었다. 그들을 치료하는 장면을 묘사하는 것이 많았고, '병약자'나 '불구'로서 여겨졌던 사람들이 만든 작품(자수, 퀼트 등)들도 있었다.
고고학	장애인이었던 증거를 보여 주는 사람의 유해와 장식, 그리고 상징적으로 장애를 묘사한 몇몇 작품들이 있었다. 예를 들면 사지가 없는 미라나 난쟁이, 곱추의 형상을 새긴 화병 등이다.
복식사	장애인들이 입었던 혹은 특별 제작된 신발 몇 켤레와 소량의 옷감으로 된 물품들이 있었다. 몇몇 큐레이터들은 복식 분야에서는 그 옷을 입었던 사람의 장애를 찾아내기가 힘들다는 어려움을 토로했다. '괴물' 또는 캐릭터들과 연관된 복식 자료들이 많았는데, 예를 들어 찰스 스트래튼(난쟁이 쇼맨으로 유명한 인물)의 슈트와 아서 칼리(맨섬의 거인)의 부츠와 같은 것들이었다. 또는 등 버팀대, 키높이 구두, 개조된 옷들이 발견되었다.
군사학	총이나 기타 무기들을 포함하는 무기류 소장품에는 한쪽 눈, 외팔이나 외손을 지닌 사람들을 위해 개조된 무기들을 찾을 수 있었다.
인류학	민족학적 소장품들은 시각장애, 팔다리가 없는 무수족, 그리고 기타 장애를 묘사하는 조형물과 그릇 등의 소장품들이 있었다. 소장품들의 전후 사정과 유래를 밝혀 의미를 좀 더 충분히 이해할 수 있도록 전문가의 연구가 더 필요하다고 여겨졌다.
현대사	박물관의 사회 공헌에 대한 현대사 자료들을 발견할 수 있었다. 이러한 활동은 대부분 장애인 단체와 함께 하였는데, 이러한 물품들은 현대 미술과 공예품뿐만 아니라, 장애인 올림픽, 장애를 위한 법안 정치, 정부 계획(국제 장애의 날, 유럽 장애의 날 등)과 관련된 것도 있었다.

의미와 내러티브

그렇다면 이러한 소장품과 전시물에서 장애인들은 어떤 모습으로 재현되었는가? 박물관에서 찾은 풍부한 자료들을 통해 장애의 문제에 대해 알게 된 것은 무엇인가? 앞에서 말했듯이, 그동안 여러 미디어에서 장애는 그 범위나 정의에 있어서 제한을 받으며 특징적인 모습으로 재현되었고, 역사적, 문화적 내러티브에서 장애인들은 피해자, 수동적이고 성욕이 없으며, 낮은 성취도를 지닌 존재로 묘사되기도 했다. 이렇게 부정적으로 정형화할 수 없는 장애인들, 예를 들어 영웅이나 높은 성취를 한 인물의 경우는 장애를 '극복'하거나 초월한 것으로 표현되었다.(멜린, 2002)

거지, 영웅, 또는 괴물

회수된 설문지를 통해서도 박물관의 유물들이 위와 같은 고정관념으로 정형화되어 재현된 경우가 많다는 것을 파악할 수 있었고, 이에 따라 우리는 유물을 세 가지 범주로 분류하였다. 첫 번째는 장애인들을 수동적인 역할로 나타내는 유물이다. 보살핌과 지원, 자선을 받는 존재로서 성경 속 기적의 치료의 대상자와 같은 수동적 역할을 나타낸다. 거지들, 부랑자들, 정신병원 수용자와 병원 환자들도 이러한 범주에 속한다. 두 번째는 창의력이나 영웅주의를 통해 그들의 장애를 극복하거나 초월한 장애인들과 관련된 유물들이다. 그 예로는 전쟁 영웅, 성공한 예술가나 운동선수들에 관련된 유물을 들 수 있을 것이다. 세번째 영역은 설문지에서 가장 흔히 보이는 경우였는데, 장애인의 특이한 신체를 강조하여 일반인의 외모 범위 밖에 있는 '괴물'로 정의하여, 극도로 '타자화'하거나 놀라움이나 동정의 대상으로 보는 것이다. (이때, '괴물'이라는 용어는 돈을 받고 쇼에 동원되거나 스스로를 보여 주었던 사람들을 지칭한다.) 찰스 스트래턴난쟁이 쇼맨으로 유명한 인물과 조지프 메릭엘리펀트 맨과 같이 잘 알려진 사람들에 관한 개인 자료와 수집품이 상당수 확인되었다.

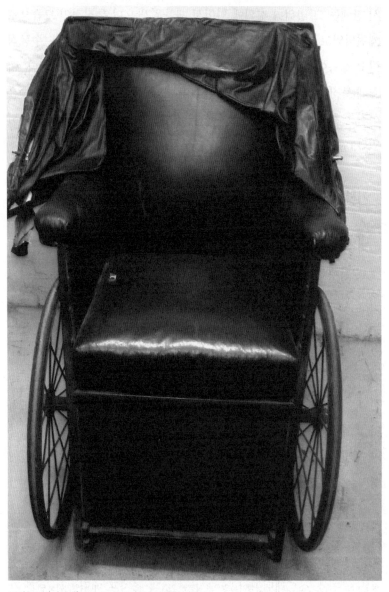

그림 6-2 '휠체어'(자료 제공: 런던 왕립 병원 아카이브)

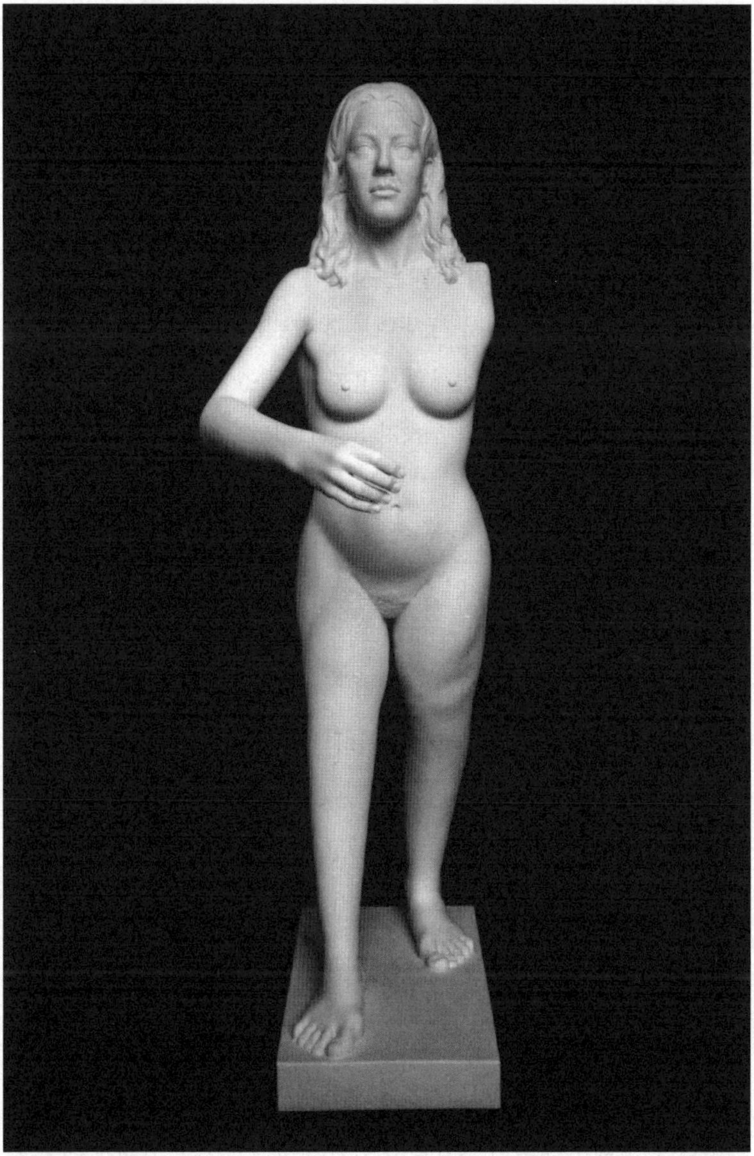

그림 6-3 마크 퀸(2000)의 '캐서린 롱'(자료 제공: 런던 화이트 큐브 갤러리의 제이 조플링, 레밍턴 스파의 로열 펌프 룸 박물관)

그러나 설문지와는 대조적으로, 심층 사례 조사에서는 상당수의 유물에서 장애인들의 폭넓은 역할을 시사하는 증거들을 발견했다. 이 심층 조사에서는 예상하지 못했던 증거물을 끌어낼 수 있도록 여러 조사 방법을 고안하였는데, 박물관에 방문한 연구원들은 대안적 관점을 가지고 충분한 시간을 들여 다양한 방법으로 자료를 검색하였다. 이 결과 사례 조사에서는 장애인의 폭넓은 사회적 역할이 나타났고, 장애인들은 다양한 역할과 계층에서 각기 다른 정도로 사회에 통합되거나 소외된 모습으로 나타났다. 정신병원 수용자, 괴물 쇼의 공연자, 거지, 도움이 필요한 환자, 자선단체의 수혜자도 있었지만, 교사, 해군 장교, 환자, 누군가의 연인, 부모, 수집가, 기부자, 화가, 통 제조업자, 광부, 음악가, 언어학자, 퀼트 예술가, 자수 예술가, 조각가, 자금 조달자, 방사선 촬영기사, 간호교사, 정치인, 상인 등 다양한 직업에서 자아 실현을 이룬 장애인들에 관한 자료들도 발견되었다.

그러나 이와 같이 장애인의 다양한 역할을 대중에 제시하여 고정관념에 저항하는 전시는 소수에 불과하다. 런던 국립해양박물관The National Maritime Museum에서는 영웅인 넬슨 제독이 장애인이었음을 드러내고 그의 인간적인 면모를 강조한 전시를 했고, 영국 콜체스터의 홀리트리스 뮤지엄Hollytrees Museum in Colchester 등 일부 전시에서는 장애인들을 다양한 방법으로 세심하게 표현하였다.(그림 6-4) 왕립 런던 병원박물관The Royal London Hospital Museum에서는 장애인 환자뿐 아니라 장애를 지닌 의료인의 삶에 관한 이야기들을 주제로 전시를 하였다.

그러나 대부분의 박물관 전시에서는 장애인들의 존재를 찾아보기 어려웠다. 장애와 관련된 유물들이 전시된 곳에서조차, 장애에 대한 설명이나 정보를 찾아볼 수 없었거나, 있다고 하더라도 이미 많은 언론에

그림 6-4 런던 국립해양박물관의 컬렉션 중 '장애를 지닌 영웅' 넬슨 제독과 관련 작품들(자료 제공: RCMG)

서 하고 있는 방식, 즉 한 가지 면만을 부각하거나 정형화된 모습으로 해석하였다. 대개 "수동적, 의존적이고, 성욕이 없으며, 가난하고, 경제적으로 어려우며, 누군가의 도움이 반드시 필요하고, 창의적이거나 생산적이지 못하다"는 식으로, 장애인들의 다른 특성들을 무시한 채 오직 몇 가지만을 강조하여 묘사하는 것이다.

큐레이터들과 인터뷰를 진행하며, 이런 결과물들은 장애에 대한 중요한 쟁점에 대한 이해의 부족과, 장애에 대한 전시물을 해석하는 방식에 대한 두려움이 결합되어 이 같은 결과를 가져왔음을 알 수 있었다. 장애와 관련된 부정적 인식에 변화를 주도하는 데 책임감을 가진 박물관들도 이런 부담감을 느끼고 있었음을 볼 때, 두려움이야말로 박물관에서 장애인들을 문화적으로 소외하고 왜곡하는 중요한 이유일 것이다.

딜레마를 전시하다

장애를 재현하는 것은 박물관 실무에 있어 미지의 영역이며, 연구에서 만난 많은 큐레이터들도 위험과 어려움으로 여기고 있었다. 일부 기관들에서 장애와 장애인의 삶과 관련된 자료를 해석하고 전시에 반영하려는 시도를 해왔지만, 대부분의 박물관에서는 앞서 말한 여러 걱정과 우려를 가지고 있어 적극적으로 다루기를 꺼렸다. 상당수의 직원들은 이 과정에서 실수를 하거나 장애인들에게 불쾌감을 끼치지 않을까 두려워하고 있었다. 예를 들어, 부적절한 방식으로 관심을 끌게 되거나, 신체적 차이를 낙인찍거나, 누군가에게 오해를 살 만한 (시대에 뒤떨어진, 혐오스러운, 또는 모욕적인 용어들을) 사용할 수 있다는 것이다. 또한 신체적 차이를 묘사한 전시에서 관람객이 보일 수 있는 반응들, 즉 빤히 쳐다보거나 비웃거나, 불쾌해하거나 불편함을 토로하는 등의 반응들도 예상하고 있었다. 상당수의 인터뷰 대상자들이 장애 관련 이야기들을 전시에 담아내는 것에 관심은 있었지만, 이를 위해서는 먼저 이러한 걱정을 넘어 앞으로 나가는 데 도움이 될 조언과 안내가 필요하다고 여겨졌다.

이러한 우려 때문에, 박물관 직원들은 이 문제를 탐구해 볼 가능성을 기피하게 되는 해석적 딜레마를 안게 되었는데, 이것은 이 연구를 진행하는 동안 큐레이터들이 가장 자주 제기하였던 문제이기도 하다. 이 딜레마는 장애라는 사안의 특수성 때문에 일어나는 것도 있지만, 박물관이나 다른 미디어, 예술 작품 등에서 다른 소수 집단을 재현할 때 일어나는 공통점이기도 하다.

빤히 쳐다보기, 그리고 괴물 쇼의 그림자

로즈마리 갈런드 톰슨은 다음과 같이 말했다. "누구나 알고 있는 한 가지는, 엄마가 남을 빤히 쳐다보지 말라고 했다는 것이다."(2005) 빤히 쳐다보는 행위는 인간관계에서나 공공장소에서 불쾌감을 조성할 수 있다. 그러나 이와는 반대로, 박물관에서는 오랫동안 집중하는 강렬한 시선이 허용된다. 전시 유물과 이미지들을 향한 관람객의 응시는 대개 적절하고 바람직한 반응으로 여겨지며, 관심이나 놀라움, 경이로움과 높은 호기심을 가지는 것으로 보기 때문이다. 그러나, 장애인 관련 유물이나 장애인의 신체를 묘사한 작품을 '빤히 쳐다보는 것'은 또 다른 의미로 여겨질 수 있다. 누군가에 의해 응시의 대상이 된다는 것은 장애인들이 겪는 삶의 경험, 그 자체이기 때문이다. 갈런드 톰슨은 다음과 같이 말했다.

장애인들은 언제나 경멸이나 두려움, 재미, 자극, 측은함, 조롱과 비웃음, 흥미 등의 대상이 되며, 이유를 막론하고 늘 사람들의 응시를 받는다. 그리고 이 장애를 응시하는 행위를 통해, '관중'과 '볼거리'라는 시각적 관계가 만들어진다. 흘긋 보기, 살짝 보기, 훑어보기, 살펴보기, 바라보기와 같이 일상적이고 무관심한 시선이 아니라, 보다 강렬한 보기looking 형태라 할 '응시'는 신체적 차이를 분명히 인식하고 바

라보는 것일 뿐 아니라 장애를 비정상적인 것이라고 결정짓는 의미
가 들어 있다… 한편, 장애인을 빤히 쳐다보는 것은 사회 통념에 어긋
나는 것으로 여겨지기 때문에, 장애인의 신체는 '볼거리'이자 동시에
'볼 수 없는 것'이 되어 버렸다. 그 결과, 방어적으로 몰래 쳐다보게 됨
으로써 그 응시의 순간encounter은 오히려 더 극적인 성격을 띠게 되었
다.(2002: 56-57)

19세기에 큰 인기를 누렸던 '괴물 쇼'freakshow에서는 평범하지 않은
신체를 지닌 사람이 돈을 받고 공연을 하였다. 이러한 공연은 20세기
중반 이후 거의 없어졌지만, 현재 박물관 관행은 아직도 그 그림자를
벗어나지 못한 것처럼 보인다. 이번 프로젝트에서도 여러 큐레이터들
이 관련 유물과 자료를 전시에 사용하지 않는 이유로 이러한 기괴한 쇼
와 같은 전시를 하고 싶지 않기 때문이라고 말하기도 했다.

물론 장애인과 직접 마주쳤을 때 빤히 바라보는 것과 전시된 유물을
응시하는 것은 엄연히 다르지만, 그런데도 여전히 많은 큐레이터들이
관련 전시물에 대한 모욕적이고 부적절한 시선을 용납하는 것은 아닌
지 우려하고 있었다. 큐레이터 중 한 명은 다음과 같이 언급했다.

사람들의 사진을 전시할 때 그 모습 그대로 보여 줄 수밖에 없는데,
예를 들면 아이들이 그 사진들을 보고 키득거릴 수가 있어요. 그렇다
고 해서 우리가 설명판에 '이 사람들을 보고 절대 웃지 마시오'라고
쓸 수는 없잖아요.

그렇다면, 어떤 방법이 있을까? 전시에서 장애인들이 소외되지 않

도록 그들의 존재감을 드러내면서도, 그들의 신체를 '비정상'으로 여기며 부정적이고 일반화하는 시선을 가지고 구경하지 않게 할 방법 말이다. 다시 말해 '보는 사람'과 '보여지는 사람' 사이의 관계를 새로이 정립하고, 관람객이 존중과 성찰의 관점을 가지고 전시물을 바라볼 수 있도록 할 수 있을까? 2005년 봄, 미국의 스미소니언 자연사박물관The Smithsonian's National Museum of American History에서 소아마비 백신 탄생 50주년 기념 전시인 '폴리오에게 무슨 일이 있었나?'whatever happened to Polio?가 열렸는데, 책임 큐레이터 캐서린 오트Katherine Ott(2005)는, 백신은 전시에서 나타내고자 한 의미의 일부일 뿐이라고 설명했다.

소아마비에 대해 대중에게 주로 알려진 것은 의학의 발달과 백신의 개발이다. 소아마비를 직접 앓은 사람들의 이야기는 이런 의학적인 스토리의 극적 효과와 경고성 메시지를 위해 깜짝 출연하는 정도다. 그러나, 장애를 연구하는 동료들과 많은 대화를 나눈 후, '의학 발전의 이야기'와 마찬가지로 소아마비를 앓은 사람들의 경험 또한 중요한 '추'를 이루고 있다는 것을 확신하게 되었다. 우리 전시 팀은 이 이야기의 중심인 '사람들'을 전시에 포함하고 싶었고, 또 관람객이 그들을 바라보는 방식에도 영향력을 끼칠 수 있기를 바랐다.

전시를 준비하는 사전 조사에서, 스미소니언 전시 팀은 그동안 소아마비를 앓은 사람들을 담고 있는 사진들이 대부분은 의료 상황에서의 환자들을 묘사한 것이라는 것을 깨닫게 되었다. 이들은 환자의 모습, 알몸이거나 반쯤 벗고 의사나 간호사들로부터 검진을 받고 있는 모습들로, 장애인의 의존성, 수동성, 또는 병약함을 강조하는 모습들이었

제6장 | '다름'을 전시하는 박물관: 장애의 숨겨진 역사를 드러내고 해석하다

다. 오트는 이에 대해 "이러한 기존의 이미지들은 장애인의 인권과, 그들도 똑같은 인간이라는 사실을 너무도 쉽게 무너뜨리는 것이었다. 결국, 우리는 이러한 이미지 중에서는 한 가지만을 전시에 포함시켰고, 소아마비 환자가 자율권을 침해당했던 경험에 대한 이야기를 함께 전시함으로써 많은 환자의 경험을 대변하고자 했다."(같은 책) 스미소니언 팀은 소아마비라는 병의 의학적인 면이 지나치게 부각되는 것을 피하기 위해, 마치 가족사진 앨범처럼 다양한 사진을 함께 전시하는 방식을 택했다. 파티나 소풍, 결혼식이나 아이들과 함께 노는 장면과 같은 지극히 개인적인 사진들을 통해 소아마비 환자의 일상의 상황을 보여 준 것이다.(그림 6-5와 그림 6-6) 전시장의 두 벽 전면을 이러한 사진들로 채워 걸었는데, 이 전시물은 전시 공간의 중심을 잡았을 뿐 아니라 전시가 뜻하고자 하는 바를 분명히 보여 주는 역할을 했다. 스미소니언 박물관 관람객 프로그램 책임자인 베스 지에바스Beth Ziebath는 "가족 앨범 형식의 전시 자료를 통해 관람객들이 사진들을 편안히 응시할 수 있게 하면서도, 소아마비 환자들을 의료적 배경뿐 아니라 일상적이고 사회적인 맥락에서 바라볼 수 있도록 하여, 장애인에 관한 선입견을 극복하는 데 도움을 주었다."고 하였다.

전시에서 장애인이 눈에 띄도록 하려다 보면, 부적절한 시선으로 응시하는 것을 막을 수 없다는 딜레마가 생긴다. 데이비드 거버David Gerber는 "거의 모든 장애인들이 '전시물이 된 것 같은 느낌'을 받는다. 원치 않는 관심은 매우 독특한 형태의 억압이며, 아주 소수의 사람들만 이해할 수 있는 고독한 경험이다."라고 했다.(1996) 그러나, 앞선 사례에서 보았듯이, 관람객의 시선을 새로이 정립함으로써 장애인들이 문화적으로 소외되는 것을 바로 잡을 방법이 있을 것이다.

그림 6-5 댄 윌슨과 캐롤 윌슨의 결혼(자료 제공: 국립 아메리카 역사박물관, 스미소니언 의학박물관)

패싱passing, 아우팅outing 그리고 네이밍naming

연구 진행 과정에서 몇 가지 딜레마가 수면 위로 떠올랐는데, 본인의

그림 6-6 어느 가족의 외출(자료 제공: 미국 미주리 주 세인트루이스에 위치한 포스트 폴리오 헬스 인터내셔널PPH 아카이브)

의사와 관계없이 장애인이라는 정체성이 대중에게 알려지지 않거나 알려질 수 있는 상황에 대한 것이었다. 어떤 사람이 장애인임을 '아우팅outing'*하는 것은 어떤 의미인지, 그리고 어떤 작품이나 유물을 장애와 관련하여 해석할 것인지를 결정할 상황적 요소는 무엇인지를 생각해 보아야 한다.

패싱: 스스로는 정체성을 받아들였지만 남에게는 숨기려는 행위

여러 저자들이 '패싱passing'이라는 개념을 사용하여, 장애의 정체성을 논하면서, 장애인들은 여러 이유로 자신의 신체적 차이를 부인하거나 숨기는데, 어떤 상황에서 비장애인으로 보이려고 장애를 감춘다고 설명했다. 캐서린 쿠드릭Catherine Kudlick은 "게이와 레즈비언 역사의 선례에서 보듯이, 장애인을 연구하는 많은 학자들은 우리 문화가 의식적이든 무의식적이든 장애를 '무능'과 동일한 것으로 보는 한, 장애인들은 '커밍 아웃'이 가져올 결과, 즉 수치심과 고립감을 우려하며 '패싱'을 시도할 것이라고 주장한다."(2003: 769)고 하였다. 우리 프로젝트에서도 이와 관련된 여러 사안이 떠올랐는데, 예를 들어 장애인 작가의 작품을 해석할 때 장애라는 정보를 고려하여야 하는지를 두고 극렬한 충돌이 일어나기도 했으며, 박물관 실무자들과 장애인 연구자들 사이에 의견이 나누어지기도 했다. 어떤 연구자들은 작품이나 삶을 이해하는 데 크게 관련이 없는데도 작가가 장애인이라는 정보를 공개하는 것은 유용하지도 적절하지도 않으며, 또한 관람객에게 진정성이 없이 차

* 주로 장애보다는 성적 정체성이 대중에게 공개될 때 쓰는 용어.

별 금지를 외치는 것처럼 보일 것이라고 주장했다. 또한 몇몇 큐레이터들은 작가가 가진 장애의 정보를 전시에 반영하는 것은 전시를 더욱 포괄적으로 만드는 게 아니라, 오히려 그 작품을 받아들이는 방식을 단순화하고 제한할 것이라는 의견을 말했다. 반대로, 작가가 장애를 지니고 있음을 밝히는 것이 이롭다는 입장에서는, 이렇게 하여 오히려 장애에 대한 낙인을 자유롭게 하며, 집요하게 반복되는 고정관념들을 극복하는 역할을 할 것이라는 주장을 폈다. 이미 많은 박물관에서 전시 홍보를 할 때 작품의 예술사적 정보뿐만이 아니라 작가의 생물학적 정보도 제공하고 있으며, 나아가 설명문에 작가의 개인사나 작업에 대한 소개와 함께 장애에 관한 설명을 덧붙이는 것이 적절하다는 것이다. 그런데도, 이러한 공개는 결코 일반적으로 적용할 것은 아니라는 의견이 지배적이었다. 즉, 큐레이터는 장애에 관한 정보가 전시에서 꼭 드러내야만 하는지를 여러 가지 상황과 다른 요소들을 검토하여 그 범위를 결정해야 한다는 것이다. 이에 대해서는 장애인 자신과 그 후손들의 의견도 매우 중요하지만, 장애에 관한 그 시대적, 사회적 태도가 어떻게 변화하고 있는지를 고려해야 하고, 또 장애를 해석에 포함시키는 것이 어떤 긍정적인 효과를 가져올 것인지에 비추어 충분히 검토할 필요가 있다.

아우팅: 본인의 동의 없이 그에 대해 밝히는 행위

앞서 말했듯이, 대다수의 큐레이터들이 아우팅의 관행에 우려를 표한다. 이들은 공개적으로 자신의 장애를 드러내고 싶지 않은 사람들의 정체성을 밝히거나, 살아 있을 때 장애인이라는 정체성을 밝히지 않았던 사람의 장애를 회고하거나, 이러한 것들을 공개할 준비가 안 된 사람들의 이야기를 꺼내는 것에 대해 걱정했다. 여러 가지 이유에서, 장애인의 아우팅은 아직도 논쟁과 논의가 이루어지고 있는 영역이다.

장애를 숨기거나 아니면 그저 모르고 지나갔던 유명한 역사적 인물을 '아우팅'하는 것은, 신체적 차이에 대한 대중의 부정적 인식을 바꾸는 '재현적 대응 전략'(홀, 1997: 272)으로 고려되기도 한다.

최근 워싱턴 D.C.에 있는 루스벨트 기념관FDR에 휠체어를 탄 대통령을 묘사한 청동 조각상을 세운 사건은 앞서 설명한 '재현적 대응 전략'을 보여 주는 강력한 예시로 볼 수 있다. 1921년에 소아마비를 앓은 루스벨트는 1933년부터 1945년 그가 사망할 때까지 휠체어를 타고 대통령직을 수행하였지만 1997년에 이러한 사실이 알려질 때까지 루스벨트 기념관은 그의 장애에 관해 전혀 다루지 않았다. 휠체어를 탄 대통령 조각상 건립에 반대한 사람들은 루스벨트 자신이 장애를 드러내고 싶지 않았음을 존중해야 하며, 사회적 진술을 하는 데 공공 기념관을 이용해서는 안 된다고 주장하였다. 반면에, 장애인 문화 옹호자들은 루스벨트 대통령이 장애를 숨기고자 했던 것은 그가 살았던 시대의 관습 때문이며, 현대 사회에서 대통령의 진정한 모습을 드러내는 것이야말로 장애를 향한 부정적 이미지를 극복할 강력한 방법이라고 하였다.[10]

박물관은 이러한 예민한 사안에 어떻게 접근해야 할까? 역사적으로 숨겨졌던 장애를 박물관이 꺼내어 다루는 것은 적절한 것인가? 본인이나 그 가족이 원하는 뜻을 따르는 것과, 공적 공간에서 장애인의 존재를 적극적으로 드러내기를 촉구하는 의견 사이에서 어떻게 조화

---

10 FDR 기념관의 새로운 동상 건립과 관련한 논의를 보기 위해서는 갈런드 톰슨Garland Thomson (2001)을 참고.

를 이룰 수 있을까? 마제스키와 번치(1998)는 실무자들이 맞닥뜨리는 이런 문제들을 조명하며, 한 사람의 장애를 언급할 것인지 아닌지에 대해서는 특별히 조심성을 가지고 다루어야 한다는 결론에 도달하였다. 연구자들은 1998년 캘리포니아 아프리카계 미국인 박물관California Afro-American Museum에서 있었던 전시 '검은 로스엔젤레스인: 로스엔젤레스에 살고 있는 아프리카계 미국인, 1850-1950'Black Angelenos: The African American in Los Angeles, 1850-1950을 예로 들었는데, 이 전시는 로스엔젤레스에 정착한 흑인 가족들을 조명하여 이들의 지도력과 영향력의 역사를 다룬 것이었다. 특히 미국 대공황 시기에 정치 지도자이자 문화적 인물로 커다란 영향력을 미쳤던 로버트 오언스Robert Owens의 삶을 반추하며, 박물관 전시 팀은 오언스가 실은 우울증을 앓고 있었으며 결국 1932년 자살로 생을 마감하였다는 의료 기록을 찾아냈다.

90세의 오언스 딸을 인터뷰하며 이에 대해 대화를 나누었을 때, 그녀는 오언스가 겪은 '수치스러운' 질병과 죽음을 드러내고 싶지 않으며, 가족의 비밀로 남기고 싶다는 강경한 입장을 밝혔다. 실무팀은 이 질병이 이 가족의 영향력이 줄어드는 원인이 되었는지 등을 밝힐 수 있는 역사적으로 중요한 사실임을 인식하면서도, 현재 살아 있는 가족들이 수치심을 느끼며 진심으로 두려워하고 있다는 사실을 우려하였다.(같은 책)

결국, 박물관측은 전시에서는 이러한 측면을 직접적으로 다루지 않기로 결정했고, 그 대신 이 자료를 도록 등의 자료에 넣어 학자들이 이 역사적 사실을 이용할 수 있도록 하였다.

네이밍: 이름 붙이기

인터뷰에서 다수의 큐레이터들은 장애인의 모습을 전시할 때 일반적으로 전시 설명문에 실제 이름을 넣는다고 말했다. 마찬가지로 장애인의 삶과 관련된 작품, 유물을 전시할 때도 그 작품과 관계된 사람의 장애에 대해 관람객에게 공개해야 한다는 것이다. 그렇게 하지 않을 경우 인격적으로 느껴지지 않을 수 있고, 또 비장애인의 이름이 명시된 여러 전시 자료 사이에 무명의 작품이 놓여지게 되면, 차별적 상하 관계가 이루어질 수 있다는 것이다. 이렇게 되면 관람객들이 그 작품과 연결고리를 만드는 것을 오히려 방해하게 되고, 그 인물이 지닌 다양한 특징이 아닌 '장애'에만 관심을 갖게 만들 위험성도 있다고 우려했다.

그러나, 막상 실무에서는 장애인과 관련된 유물이나 장애인들을 묘사한 전시물에 이름을 공개하지 않은 사례가 많다. 특히 의학의 역사와 관련된 소장품을 다루는 박물관에서 문제의 소지가 많다. 예를 들어, 정신관련 질병 시설 거주자나 병원 환자들을 묘사한 그림이나 사진자료에는 직원들의 이름은 있지만 장애인들의 이름은 없다. 역시 목발이나 버팀대, 보철물 등의 유물에도 기증자의 이름은 넣지만, 이것들을 사용한 장애인의 이름은 기입하지 않는다. 이러한 예에서 이름과 같은 개인 정보를 쓰지 않는 데는 여러 가지 이유가 있다. 당사자나 가족의 허락을 받지 못했거나, 전시 자료에 등장한 인물과 관계 있는 누군가가 불만을 표현했을 수도 있고, 환자의 익명성 보장에 대한 법률적, 의학적 규약 때문이기도 하다. 특히 정신병 환자의 경우에는 생존해 있는 가족들이 어떻게 느낄지 그 감정을 배려할 필요도 있다.

영국 레밍턴 스파Leamington Spa에 위치한 로열 펌프 룸 박물관The Royal Pump Rooms*의 수석 학예실장인 앨리슨 플럼리지Alison Plumridge는 이름붙이기와 관련한 경험을 이렇게 토로했다.

우리가 소장하고 있는 대부분의 사진들은 1920년대에서 1980년대 사이에 찍은 것으로 온천 홍보용이었기 때문에, 사진 속의 사람들에 관한 정보가 남아 있는 경우는 드뭅니다. 소장품을 정리하던 중 환자와 직원들의 정보가 발견되면 기록으로만 남겨두는데, 그렇게 하지 않으면 정보가 영원히 사라질 가능성이 있기 때문이죠. 그러나, 의학적 호기심 때문이 아니라 그들의 진짜 이야기를 들려주기 위해서 환자 정보를 공개해야 하는 경우, 환자의 기밀을 유지해야 하는 의무 사이에서 어떻게 균형을 잡을 수 있을까요? 쉽게 결정할 수 없는 일이에요.(나이팅게일 2004: 29)

이 연구에서 떠오른 세 번째 딜레마는 이렇게 '다루기 어려운 유물', 즉 고통과 상실, 무력감, 차별 등과 연결된 장애를 다루는 어려움에 대한 것이다.

어려운 이야기를 꺼내다

한정된 틀에 갇혀 있던 장애인들의 이미지를 개선하기 위한 움직임이 최근 대중 매체를 중심으로 일어나기 시작했다. 이러한 움직임은 장

---

* 20세기 후반까지 사람들을 치료하는 데 사용된 온천 치료센터에 만들어진 공공 박물관.

애인들의 '다른 모습'에 대한 오명을 벗기고, 있는 그대로 인정하는 새로운 방식으로 이들을 바라봄으로써, 우리에게 만연해 있는 부정적 표현들을 전복시키려는 시도라 할 수 있다. 스튜어트 홀Stuart Hall은 영화, 사진, 광고에서의 인종 차별적인 재현적 독재 권력에 대항하여 1960년대에 등장한 트랜스코딩 전략을 예로 들었는데, 이런 전략은 여러 대중 매체에 등장하는 인종에 관련한 부정적 표현들과 고정관념을 바꾸거나 긍정적 이미지로 대체하는 것 등이었다.

이와 비슷하게, 이제까지 제시했듯이 장애의 긍정적인 측면을 재현하려는 움직임도 일어나고 있다. 박물관들은 장애인들이 전시에서 배제되었던 관행을 바로잡고, 이전까지 만연했던 부정적 고정관념, 즉 한 개인을 장애의 관점으로만 판단하거나, 신체적 차이를 수동적이고, 연약하며, 의존적, 성취감 없는 사람 등으로 재현하던 것에 대항하여 새로운 문화적 내러티브를 모색하고 있다. 이 연구에서는 박물관이 그 다양한 소장품들을 활용하여, 장애를 이전과 다르게 긍정적으로 재현해낼 잠재력을 가지고 있다고 본다. 즉 박물관이 신체적 차이를 열등하거나 부족한 것이 아니라 이 역시 자연스럽고 비범한 것으로 보도록 통합적인 시각을 만들어나갈 수 있다는 것이다.

그러나 이렇게 '다름'을 긍정적으로 표현하고 인정하는 것 뒤에는 장애와 관련된 고통스럽고 어려운 이야기들이 있다는 사실을 인식해야 한다는 의견도 있다. 이 연구에서도 이 둘 사이에 갈등이 존재한다는 것을 확인할 수 있었다. 우리가 찾은 유물 중에는, 장애에 대한 부정적 이미지를 깨고 이를 대체하기 위한 목적으로 전시된 유물들도 있었지만, 부끄러운 장애의 역사로 해석될 유물들도 많이 있었다. 이러한 유물들은 전쟁으로 인한 부상과 불구, 부랑자, 정신병, 가난의 경험과 관련된 다양한 소장품들, 괴물 쇼, 홀로코스트에서 희생된 장애인들, 정신병원, 병원과 구빈원의 역사, 사람을 대상으로 잔인한 실험을 벌였지만 결국 실패한 의학적 치료와 치료제에 대한 것, 광산이나 어업에서 주로 나타났던 산업적 질병과 부상 등, 장애와 관련해 긍정적 측면을 드러내기는 매우 어려운 이야기들이다.

연구가 진행되는 동안 박물관 실무자들과 인터뷰에 응했던 장애인들 사이에 이러한 '어려운 이야기들'이 논란으로 떠올랐지만, 그런데도 궁극적으로는 박물관이 불편한 주제들에 위축되어서는 안 된다는 데 의견이 모아졌다. 관람객들이 역사적으로나 현재에 있어서나 의미를 찾을 수 있도록 여러 방법을 탐구해 가야 한다는 것이다. 또한 이렇게 다름에 대한 기존의 오명을 벗기려는 시도를 통해서, 장애인을 재현하는 범위를 확장하고, 고정관념과 잘못된 이해를 좀 더 입체적으로 만들 수 있다는 결론을 내리게 되었다. 그러나, 이러한 전략을 사용할 때는 과거의 삶이나 사회 속에서 그들이 어떤 처우를 당해야 했는지를 간과하거나, 더 나아가 현대 사회의 장애에 대한 편견도 지나쳐버릴 수 있다는 것 역시 인식하여야 했다.[11]

의학사를 다루는 박물관들에는 관람객이 전시 관람할 때나 큐레이터가 전시 기획을 할 때, 불편함과 어려움을 느낄 수 있는 자료들이 많았다. 그러나 그 중 왕립 런던 병원박물관Royal London Hospital Museum의 엑스레이 순교자들에 대한 자료는 이 연구의 세미나에서 상당히 좋은 반응을 얻었다. 이 전시는 병원의 역사와 의학의 발전을 조명하며, 장애

---

[11] 홀Hall(1997) 역시 인종주의적 재현적 독재에 맞서는 중재 자체에도 위험성이 있다는 것을 조명했다.

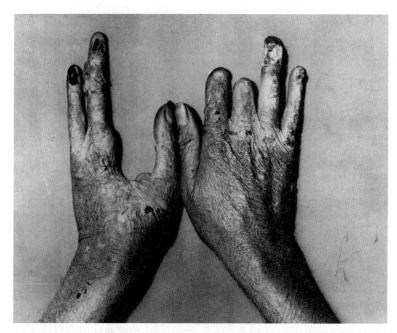

그림 6-7 왕립 런던 병원 아카이브와 박물관의 초기 방사선 연구의 개척자인 어니스트 하낙과 그의 보조 연구원들에 관한 이야기. 그들은 방사선의 위험성 이 알려져 있지 않던 시절, 방사선에 노출되어 스스로가 실험 대상이 되어 건강을 잃으면서까지도 연구를 지속하였다.(자료 제공: 왕립 런던 병원 아카이브와 박물관)

인은 환자일 뿐만 아니라 병원의 직원일 수 있고, 또 영향력 있는 후원자일 수도 있다는 것을 보여 주었는데, 장애인의 인간적인 면이나 영향력을 조명하여 이전에 미처 발견하지 못한 놀라운 면모를 재현한 전시의 예가 되었다. 한편 이에 얽힌 좀 더 고통스럽고 어려운 이야기도 있었는데, 엑스레이의 위험성이 충분히 알려지지 않았던 시기에 방사선 연구의 선구자였던 어니스트 하낙Ernest Harnack과 그의 연구원들이 후유증으로 건강을 잃어가면서도 스스로 실험 대상으로 삼았던 이야기를 사진(그림 6-7)으로서 전시하였다. 엑스레이 순교자의 손을 찍은 사진은 일부 관람객들이 보기에는 불편할 수 있기에, 다른 자료들과 조화 속에서 조심성을 가지고 전시하였다.

결론

지난 50년 동안 박물관들은 '다름'에서 비롯되는 여러 문제들을 인식하고 이에 참여하려는 노력을 했지만, 박물관 소장품이 사회 지배층의 가치와 경험을 반영한 편향적 역사를 대변하는 데 이용되었다는 점은 가장 바로잡기 어려운 부분이었다. 이제는 여성을 비롯한 소수집단을 배제하고 제약하는 행위를 바로잡을 새로운 문화적 내러티브를 가지고 기존의 전시 자료와 전시물을 해석하려는 움직임이 일어나고 있다. 또한 최근에 건립된 박물관들을 중심으로, 이제까지 부정되었던 다양한 이야기와 역사에 관람객이 참여할 수 있도록 풍성한 소장품을 모으는 역할을 하고 있기도 하다. 그러나 이러한 추세에도 불구하고, 장애는 대부분의 전시의 재현에서 여전히 미지의 영역이다.

이 장에서는 장애의 이야기를 새롭고 자유로운 방식으로 해석하여, 장애를 부정적으로 표현했던 재현 관행을 거스르고, 흔들고, 전복시킬 수 있는 자료들을 보유한 박물관들을 소개하였다. 그러나 앞서 말했듯 이 전시 자료가 충분해도, 이들을 실제로 활용하여 장애를 재현하는 것은 여전히 등한시되고 있다. 이러한 실정의 원인은 박물관들이 직접 행동에 옮기지 않아서이기도 하지만, 박물관들이 장애인의 존재를 부각하려 할 때 겪는 딜레마 때문이기도 하다. 장애의 종속성을 퇴치할 방법을 찾는 것은 아직도 불확실하며, 많은 큐레이터들은 이러한 주제를 전시에서 다루다가 실수를 하고 다른 이들을 불편하게 할까봐 두려워하고 있다.

이와 같은 딜레마는 답을 찾기 어려운 문제인 것은 맞지만, 어떤 경우에는 소외된 집단이나 장애인을 굳이 박물관에 재현하는 것을 피하기 위한 구실로 쓰이기도 한다. 그러므로, 박물관 실무 전반의 절차와 구조를 개선하여, 진보를 위한 한 걸음을 내디뎌야 한다는 것이다. 우선, 장애인을 재현하는 데 있어서의 두려움은 대부분 자료를 전시하고 해석하는 큐레이터가 전문가로서 모든 것을 결정하는 관행에서 시작된다. 큐레이터가 모든 것을 지배하는 상황에서, 실무자들은 여러 단체나 이해 당사자들과 그들의 모습을 박물관에 어떻게 재현할 것인지 의논하는 일이 거의 없다. 예를 들어 북미 지역이나 오스트레일리아의 박물관에서는 원주민에 대한 자료에 대해서는 토착 원주민 단체가 자문단, 상담자, 공동관리자로서 활발하게 참여하여 박물관의 실무를 움직인다.(피어스, 2000)[12] 이렇게 자문과 협의의 과정을 거침으로써 장애를 재현하는 문제에서도 박물관이 전문적이고 균형적인 시각을 갖추는 데 도움이 될 것이다.

---

[12] '각주에 숨겨두다' 프로젝트가 영국이라는 상황적 맥락에서 이루어진 실증 연구라는 점을 고려할 때 흥미로운 것은, 이전에도 로라 피어스Laura Peers가 영국 내의 박물관과 다른 국가, 문화적 배경의 박물관 사이에 전시 기획의 방식에 차이가 있음을 조명한 바 있다는 것이다. 그녀의 연구는 민족학적 전시 기획을 대상으로 하고 있지만, 다른 나라에 비해 영국 박물관에서는 외부 집단이나 이해 당사자에게 상담과 자문을 구하는 경우가 적다는 점을 조명하였다. "북미나 오스트레일리아의 박물관 등 원주민이 거주하는 지역의 박물관들은 실무에 있어서 변화해야 한다는 압박을 끊임없이 받았다. 그 결과, 거리상으로나 정치적으로 다른 상황에 놓여 있는 영국이나 유럽의 박물관과 매우 다른 방식으로 전시나 재현 방식을 운영하게 되었다. 북미 박물관들은 원주민의 자료에 대해서만큼은 박물관의 통제나 큐레이터의 권위 위주의 전시 기획에서 벗어나, 자문단이 기획과 전시 개발의 전 과정에 참여하도록 한다. 원주민을 다루는 모든 전시가 이런 방식으로 이루어지는 것은 아니지만, 적어도 미주 지역 박물관 전시 기획은 협업과 공동 주관이라는 중요한 변화를 받아들였다."(2008:8-10)

응시의 문제, 아우팅, 또는 장애에 얽힌 고통스러운 이야기 등은 박물관이 계속 고민해야 하는 딜레마이지만 해결이 불가능한 문제는 아니며, 박물관이 장애를 재현하지 않아도 되는 원인이라고 볼 수도 없다. 또한 이와 같은 우려들을 해소하기 위해, 박물관의 사회적 역할과 책임에 관한 질문과 논의들이 계속 진행 중이기도 하다. 박물관은 과연 사회적 불평등과 인종 차별 등의 현대의 이슈들에 어느 정도로 깊이 동참해야 하는가? 장애인을 바라보는 부정적인 시각과 편견을 지닌 고정관념에 맞서 이들을 평등하고 정확하게 재현하는 문제에, 박물관은 어떤 책임과 기회를 지니고 있는가?

이 연구를 진행하며, 편견 없는 태도로 장애를 존중하면서, 장애에 관한 생각과 표현을 전시에 담으려는 열정적, 개방적 태도를 가진 실무자들도 만날 수 있었다. 이들은 모든 박물관들은 문화적 차이를 탐구하는 장소이며, 박물관의 소장품은 '훈련받은 전문가의 관점'뿐만 아니라, '현재의 사회적 관심사'라는 측면에서도 해석되어야 한다고 믿고 있었다. 이에 반해, 박물관이 관람객의 태도와 사고방식을 정립하기 위해 의도적으로 노력하는 것이 과연 적절한가에 대한 의문도 제기되었다. 한 큐레이터는 현재 박물관의 동향과 담론에 관해 다음과 같은 불만을 털어놓기도 했다.

우리 박물관은 이런 문제를 다루는 것을 피하고 있어요. 사람들이 믿고 있는 것이 절대적으로 잘못된 것으로 판명되지 않는 이상, 다른 사람의 생각을 바꾸려는 시도는 불편하게 느껴져요. 지금은 교육 문제와 사회적 포용에 관한 것이 가장 중요하다고 여기는 분위기지만, 2~3년 후에는 또 다른 이슈가 등장하겠지요. 우리 박물관은 일시적인 유행을 따라가고 싶지 않아요.

이렇게, 큐레이터들 간에는 이러한 사안을 더 탐구해 보자는 개방성을 보여 준 의견과, 편견에 맞서는 박물관의 능력에 대해서 아직 불확실하게 느끼는 편, 양쪽의 의견이 공존하고 있다.

이 장에서는, 이 연구에서 드러난 딜레마에 해결책을 제시하려고 시도하지는 않았다. 장애를 둘러싼 복잡한 논제에, 칼로 자른 듯한 해답이 존재하는 것은 아니기 때문이다. 그 대신, 여러 가지 예시를 통해, 장애와 관련한 박물관의 재현적 관행을 재구성하는 데 생기는 문제들을 살펴보았고, 다른 상황에서 만들어 시행하였던 여러 방법들을 제시하려고 하였다. 또한 장애를 가진 '다름'을 새로이 정립할 수 있는 박물관의 잠재력을 이해하여, 이와 같은 탐구를 더욱 유익한 방향으로 이끌어 보려는 의도였다. 이러한 탐구의 과정이 연구와 토론으로서만이 아니라, 실무에서도 새로운 도전과 실험으로 열매 맺기를 바란다.

마지막 장에서는 박물관의 사회적 역할에 관해 이 연구에서 다룬 모든 주제들을 망라해, 마침내 연구 과정에서 제기했던 여러 질문들을 다양한 사례들과 함께 논의하려 한다.

제7장

대화의 판을 새로 짜다

박물관은 박물관 바깥의 세상에 어떤 긍정적인 변화를 일으킬 수 있을까?(1996)

1990년대에 스테판 웨일Stephan Weil이 이 질문을 던진 이후, 박물관 실무자, 정책 입안자와 예산 조직 사이의 중요한 관심사가 되었다. 그는 "박물관은 전쟁을 종식시키거나, 사회적 부당함을 없애고 모든 불평등을 해결할 수는 없지만, 안정되고 풍요롭고 조화로운 사회를 건설하는데 중요한 역할을 하는 기관"이라고 주장했다. 그러나 이러한 잠재력에도 불구하고 어떤 방식으로 사회에 기여를 할지, 그 방법에 대해서는 박물관의 이해와 지식이 너무나도 부족하다는 점을 지적하기도 했다.

이 책에서는 이론과 실증에 기반한 관람객 조사를 통해 이러한 '이해의 결여'에 대한 답을 찾아보려 했다. 특정 사회적 의도를 가지고 만들어진 전시에 관람객들은 어떻게 반응하며, 기존의 재현적 관행을 바꾸려는 여러 시도를 어떻게 받아들이는지를 조사하였고, 이를 통해 박물관의 사회적 역할을 이해할 방법론과 구조를 세울 수 있는 기본 개념을 정립하려고 하였다. 박물관은 '다름'에 관한 새로운 사회적 대화들을 만들어 통용시키는 방식으로 편견에 맞설 수 있다. 이제까지 박물관이 관람객들이 원하는 방식으로 전시에 참여하도록 하기 위해 여러 해석적 전략과 전시적 도구, 소품, 신호 등을 사용하였고, 편견에 맞서려는 미션을 독특한 방식으로 수행할 수 있는 지식의 전달자로서 박물관의 특징을 살펴보았다. 그리고, 박물관의 전시 기획자들이 '다름'을 해석하는 대안적인 재현 방식을 개발할 때 직면하는 어려움들 또한 서술하였다.

이전의 연구에서도 박물관이 대화를 이끌어내고, 개인과 집단의 사회적 합의를 형성하는 공간임을 다룬 바 있지만(카메론, 1972; 맥클렌, 1999; 루크, 2002; 레인하트와 누트손, 2004), 이 연구에서는 '사회적 대화가 이루어지는 장소'라는 추상적인 개념에서 한걸음 더 나아가, 구체적으로 관람객이 전시를 보고 해석하는 과정을 살펴보았고, 이 과정에서 관람객이 어떤 의미를 만들어내는지를 들여다보았다. 또한, 시대적 이슈인 '편견'이 점점 더 사회적으로 긴급하고도 예민한 문제가 되고 있는 정치적 상황에서, 박물관이 토론이 이루어지는 장소의 기능을 할 수 있음을 보여 주었다. 이 과정에서 여러 갈등과 딜레마가 드러났는데, 이 책의 결론을 맺는 이 장에서는 이러한 정치적인 면과 긴장관계를 살펴보려고 한다.

이 연구에서 박물관이 '편견이 적은 사회'를 만드는 데 도움이 된다는 결론을 도출한 것은 놀라운 결과는 아니다. 시작 단계에서부터, 이 연구는 어렴풋이나마, 박물관이 사회 집단 간의 관계를 설정하는 데 강력한 영향력을 지닌 기관이라는 확신을 가지고 추진되었기 때문이다.

그럼에도 이 연구의 결과를 확인하면서, 박물관이 이러한 역할을 해나가는 방식이 처음에 예상했던 것과 완전히 다르다는 것을 깨닫게 되었다. 예를 들면 그동안 편견에 관한 연구에서 중요시되지 않던 '담론적 이해'를 새롭게 조명함으로써, '컨베이어 벨트' 모델(선입견을 가진 사람들의 태도가 전시를 보고 난 후 그 경험의 '인지주의의 개입'에 의해 '개선'될 수 있다고 보는 모델)에 이의를 제기하게 되었다. 또한, 연구를 통해 만난 대부분의 관람객들은 '편견이 있는 사람' 또는 '편견이 없는 사람'으로 정의할 수 없었고, 오히려 '다름'에 대한 저마다의 긴장과 걱정을 해결하기 위해 애쓰고 있는 모습이었다. 또한 현대 관람객 이론이나 미디어-관람객 이론과 연결함으로써, 박물관은 관람객들이 수용하거나 거부할 수 있는 '텍스트'가 아니라, 개인적, 집단적 사회적 이해를 형성하는 데 활용할 수 있는 여러 '자원'의 하나로 그 위치를 새롭게 이해하게 되었다.

이러한 분석에 의하면, 박물관은 더 넓은 범위의 미디어계mediascape에 속한 기관으로 보아야 하며, 박물관의 전시는 우리 주변의 다른 미디어의 담론적 자원과 경쟁하기도 하고 보완하기도 하는 관계 안에서 이해해야 한다. 그러나 이러한 미디어 사이의 권력 관계에서도, 관람객이 박물관에 부여하는 진실성과 정통성, 신뢰성 등의 독특한 특성으로, 박물관은 여전히 그 권위와 영향력을 유지하고 있다.

다름에 대한 새로운 대화를 열다

박물관은 여러 종류의 '다름'이 만들어지고, 구성되며, 보여지고, 또한 자연스럽게 표현되는 장소이다.(맥도널드, 1998; 카프와 크라츠, 2000; 후퍼 그린힐, 2000; 베넷 2006) 에일린 후퍼 그린힐Eilean Hooper-Greenhill은 "박물관 전시는 문화적으로 무언가를 생성해낸다는 특징을 가지고 있다; 전시는 사회적 이해를 위한 틀을 구축한다."고 했다.(같은 책) 전시는 '다름'에 관한 담론을 구체화하여 실생활에 구현하는데, 이제까지 이 과정은 자주 억압적이고 배제적인 방식으로 이루어졌다. 근래에 와서 이러한 전시 방식에 대해 보다 세심한 검토가 이루어지고 있고, 이제껏 행해진 박물관의 관행, 관례가 변해야 한다는 목소리도 커지고 있다.

이렇게 더 많은 사람을 포함하는 전시를 볼 수 있게 되었지만, 이전의 소수 집단을 분리하고 배제했던 박물관 관행들이 전부 대체되었다고 볼 수는 없다. 실제로 토니 베넷Tony Bennet은 박물관의 유물을 기존의 배경에서 분리하여, 완전히 다른 인식론 체제에 집어넣어 해석하는 것에 우려를 표하며, 오히려 박물관 관행은 유동적으로 변화하여야 한다고 하였다.(2005) 또한 박물관 전시에서 '다름'에 대한 이해를 이끌어내는 과정은 복잡하기도 하며 그 자체로 모순적이다. 게다가, 이제까지 이루어진 각각의 전시들을 억압적·배타적인지, 자유주의적·평등적인지의 상반된 개념으로 분류하는 것 역시 불가능하다. 한 전시를 두고 이것이 억압적이고 배타적이며, 인종 차별적 편견적 개념을 강화하고 재생산하는 전시인지, 자유롭고 포용적이며, 평등주의에 편견을 개선하고 상호 존중하는 전시로 분류할 수 없기 때문이다. 이것은 상황을 너무나 단순하게 정리하려는 환원주의적 사고일 뿐만 아니라 이 연구에서 나온 다양한 관람객의 반응들을 고려할 때 정확한 분석이라고도 볼 수 없다.

그렇다면, 전시 재현의 사회적 영향력을 이해하기 위해서는 다양한 관람객들이 어떻게 이 전시에 참여하고, 이용하고, 이를 활용하여 '다름'에 대한 의미를 만들고 주변에 전파하는지를 중요한 요소로 검토해야 한다. 그러므로 관람객의 주체적 역할을 폄하해서도 안되지만, 또 한편 무엇을, 어떻게, 어떤 의도로 전시할지를 주재하는 기획자들의 영향력과 책임 역시 고려해야 할 것이다. 분명, 박물관 전시는 권위 있고 신뢰할 수 있는 방법으로 관람객들이 '다름'에 대해 어떻게 생각하고 말해야 할지를 알려주는 역할을 한다. 이러한 다름에 대해 새롭게 생각하고 말하는 방식은 상징적 의미만 있는 것만이 아니라, 규범적 진실이나 사회 속의 여러 관계, 물리적인 여러 조건들을 실제로 만들어내는 역할을 한다. 이 과정에서 평등과 상호 이해와 존중의 가능성을 제약하는 경우도 있지만 분명 더 자라게 할 수 있는 잠재력도 가지고 있다.

박물관들은 여러 방법을 통해 '다름'에 관한 사회적 대화의 틀을 만들 뿐 아니라, 기존의 틀을 새로이 구성할 수 있다. 박물관은 특정 집단을 포함할 것인지 배제할 것인지를 정하고, 또 어떤 편견을 다룰 것인지 지나칠 것인지를 결정하며, '평등'과 '권리'에 관한 논의를 설정하여 그 경계를 구분 짓는 역할을 한다. 또한 박물관은 여러 가지 방법으로 자원을 제공하여, 인종, 젠더, 성 등 차이에 대해 우리가 나누는 대화의 내용, 특징, 분위기에 영향을 주기도 한다. 또한 공간으로서 박물관은 누구나 '다름'에 대해 새롭게 이해하고 공유할 수 있는 대화의 장이기도 하다. 이러한 노력들은 비단 전시 공간 안에만 영향을 주는 것이 아니라, 미디어와 광고, 또는 박물관 밖에서 이루어지는 관람객의 사회적 상호작용 등을 통해 바깥 세상으로 흘러나온다.(크라츠, 2002) 이렇게 박물관을 사회적 변화의 주체로 이해하게 되면서, 흥미로운 기회이기도 하지만 동시에 도전 과제이기도 하며, 박물관계 전반에 지워진 새로운 책임이기도 하다.

이 연구에서 제시하는 박물관에 대한 개념들은 개인적인 세계관이나 이제까지의 나의 경험, 그리고 연구 계획과 이론적 틀을 수립할 때 했던 가정 등, 수 많은 요소의 영향을 받았을 것이다. 그러므로 이 연구는 절대적인 것인 것이 아니라 박물관의 사회적 역할과 주체적 기능을 설명하는 수많은 방법 들 중 하나일 뿐이고, 이 연구에서 드러나는 한계와 제약은 앞으로 다양한 영역의 실증적 조사를 통해 보완될 필요가 있다. 예를 들어 이 연구에서 개발한 연구 방법을 더욱 다양한 목적을 가진 박물관의 사례에 적용해 볼 수 있고, 또한 이 연구 계획에서 다루지 못한 주제들을 조명하는 것도 의미가 있을 것이다. 예를 들어, 이 연구는 관람객이 전시를 방문한 직후의 반응만을 포착해 조사하였는데, 연구 방법상의 어려움은 있겠지만 관람객이 전시 방문을 통해 얻은 자원을 다른 시간, 다른 상황에서 어떻게 사용하는지 바라보는 종단적 연구도 충분한 가치가 있다. 아울러, 젠더나 민족, 종교 등 같은 관람객의 성향이 전시에 대한 반응에 어떤 영향을 미치는지를 분석하는 것도 이 연구 분야에 통찰력을 더해 줄 것이라 생각한다.

이 연구에서 다룬 관람객의 반응에 대한 논의들은 다소 이례적이라 할 두 박물관을 배경으로 하였다. 그러나 폭넓은 학문적 논쟁에 적용 가능한 결과물을 내어, 박물관 관행 전반에 가치 있는 연구가 되는 것을 목표로 하였기 때문에, 다양한 정치 사회적 상황에 놓인 박물관들을 방문하여 실무자들과 연구 결과에 대해 논의하는 과정을 거쳤는데, 이를 통해 매우 유용한 결과를 얻을 수 있었다. 이 연구에서 제시하는 결과와 해석에 대해 각각의 박물관에서 너무나 다양하고 복합적인 반응을 보인다는 것을 분명히 깨달을 수 있었고, 특히 박물관의 목적, 역할,

책임에 관한 질문들을 놓고 날카로운 논쟁이 오가기도 하였다.

이제 남은 결론 부분에서는, 이 연구의 발견들이 박물관의 실무에서 실제로 의미하는 바를 정리하고, 연구 분석 과정에서 발견한 딜레마와 갈등에 초점을 맞출 것이다. 이 연구의 목적은 실무자들에게 분명한 가이드라인을 주는 것이 아니라, 박물관이 편견에 맞서 싸우기 위한 가능성을 개발하기 위해 고려해야 할 문제들을 탐구하는 것이기 때문이다. 이를 위해, 세인트 뭉고 박물관과 안네 프랑크 하우스뿐 아니라 수많은 사례를 들어서, 편견에 맞서려는 목적을 가진 다른 박물관이나, 그렇지 않더라도 일반적인 박물관들에게도 적용 가능한 것들을 찾아보려 하였다. 이 장에서는 먼저 관객의 편견 없는 반응을 이끌어내기 위한 효과적인 전략과 장치들을 찾아내기 위해, 전시의 내용, 디자인, 해석적 전략에 관련된 일련의 문제들을 논의할 것이다. 그 다음, 세인트 뭉고와 안네 프랑크 하우스 등 편견에 맞서기 위해 적극적인 시도를 하고 있는 박물관에서 실무자들이 맞닥뜨리는 딜레마와 갈등에 대해 이야기하려고 한다. 마지막으로, 이 연구에서 제시한 문화 기관의 목적, 역할, 책임을 더 넓은 범위에서 생각해 볼 것이다.

어느 편에 설 것인가

전시 기획을 할 때, 대부분의 큐레이터들은 특정 입장을 옹호하거나 편향되었다는 비난을 받을 것을 매우 두려워한다. 그래서 특정 입장을 표명하는 것을 피하고, 스스로 '공정성과 균형'을 표방한다고 주장하기도 한다. 그러나 이런 입장과 관련하여, 박물관은 특정 입장이나 생각에 치우치는 것을 피할 수 없다는 그 정치성에 대해 많은 논의가 있었다.(카프와 레바인, 1995; 맥도널드, 1998; 후퍼 그린힐, 2000; 루크, 2002) 루크Timothy Luke가 말했듯이, "박물관들은 어디에도 속해 있지 않다는 듯한 쿨한 객관성을 취하지만, 그러나 사실 이들도 편파주의에 얽혀 있는 기업형 기관일 뿐이다."(2002: 228) 실제로 모든 박물관들이 사회의 특정한 시각을 전달하고 일련의 가치를 구현하는 역할을 하면서도, 대다수의 전시 기획자들은 이러한 편향적 경향을 직접적이든 간접적이든 받아들이지 않고, 관람객들에게도 알리고 싶어 하지 않는다. 실제로 박물관이 평등한 사회적 가치를 드러내고 옹호하기에는 적합한 공간이 아니라고 주장하는 실무자들도, 실상 자신이 옳다고 믿는 특정 가치를 도모하고 있는 경우가 많다. 예를 들어, 대부분의 과학 박물관이나 자연사 박물관에서는 '환경주의'를 기저에 깔고, 드러내어 홍보하며, 자연사에 대한 관람객의 태도를 바꾸려는 시도를 하는 것도 꺼려하지 않는다.

그렇다면 과연 박물관은 어떤 상황이나 어떤 주제에 대해서 그 공정성을 내려놓고, 도덕적 관점을 분명히 표현할 수 있을까? 이 질문에는 박물관이 어느 정도까지 관람객들을 '올바른' 결론으로 이끌어 갈 힘이 있는가' 하는 갈등 관계가 뒤따른다. 이것은 또한 관람객들이 박물관에서 본 전시를 일상생활에서 일어나는 편견과 연결하여 생각할 수 있는가와도 긴밀히 연관되어 있다. 대부분의 실무자들이 편향적이거나 주입식 해석에 대해서는 비판적인 이유는, 관람객 스스로 의미를 만들 여지를 주지 않고 해석의 가능성을 닫아버릴 수 있기 때문이다. 국립 일본계 미국인 박물관 관장 아이린 히라노Irene Hirano는 "관람객들이 박물관에 기대하는 것은, 특정 입장만을 옹호하지 않고 진실한 대화와

토론이 이루어질 수 있는 안전한 장소가 되는 것이다."(2002: 78)라고
했다. 다른 한편에서는, 관람객들이 편견적인 생각과 행동을 되돌아보
게 하는데 전시가 그다지 효과적이거나 바람직하지 않은 데도, 이러한
의미를 만드는 데 너무 많은 신경을 쓴다는 비판을 한다.

미국 워싱턴 D.C.의 홀로코스트 추모박물관Holocaust Memorial Museum을
예로 들어보자. 이 박물관은 최근 그 미션과 목적을 확대하고 새로이
정립하려는 시도를 하며, 윤리적 입장을 표명할 것인지를 깊이 고심하
였다. 처음 홀로코스트 박물관이 개관하고 10년 동안, 박물관은 수백
만 명의 홀로코스트 희생자들을 추모하는 기능을 가장 우선으로 했다.
최근에 와서 박물관 경영 전략에 대한 중대한 검토를 거치며, 홀로코
스트 박물관은 현대 사회에서 홀로코스트가 어떤 의미와 중요성을 지
니는지를 이해하도록 교육적 역할을 더욱 강조하기로 하였다.[1] 홀로코
스트 교육연구소National Institute for Holocaust Education 소장인 사라 오길비Sarah
Ogilvie(2006)는 다음과 같이 말했다.

우리는 그동안 박물관이 다루는 내용이 관람객에게 어떤 영향력을
갖는지를 이해하게 되었고, 그러면서 현대 사회의 문제에 대한 토론

---

1 오늘날, 박물관의 주요한 목표는 이 유래없는 비극에 대한 인식을 높일 뿐 아니라, 더욱 앞으
로 나아가는 것이다. 고통을 겪은 자들의 기억을 보존하고, 관람객들이 그들의 윤리와 정신
에 비추어 홀로코스트 문제를 생각해 보고, 민주 사회의 일원으로서 자신의 책임감을 뒤돌아
보게 하는 것이다. 최근 박물관 전략을 다시 돌아보는 과정에서 목적을 강화하고 목표를 확
대하면서, 홀로코스트 추모박물관Holocaust Memorial Museum은 박물관 내에 국립 홀로코스
트 교육연구소를 설치하였다. 이 연구소는 다양한 관람객들이 현대 사회에서 홀로코스트의
의미를 탐구하도록 돕는 데 초점을 맞춘다. 한 예로, 법, 국가 보안, 보건, 의학, 교육 등 여러
전문 분야의 사람들을 위해 연수 프로그램을 제공하고 있는데, 이를 통해 각 전문 분야에서
일하면서 떠오르는 여러 변화, 윤리적인 어려움, 도전 등을 박물관과 그 자원을 플랫폼으로
이용하여 풀어가도록 하는 것이다.(오길비, 2006)

을 촉발하려는 목적의식을 갖게 되었다. 그 중에서도 시간이 지날수록 우리가 사는 세계가 변화할 것이며, 홀로코스트에 대한 우리의 인식도 변화할 것이라는 것이 가장 중요한 이유가 되었다.

1993년에 개관한 홀로코스트 추모박물관은 홀로코스트의 역사를 최대한 객관적으로 보여 주려는 의도를 가지고 상설 전시 등을 조직하였다. 1994년에 있었던 미국박물관협회American Association of Museums 학술발표에서, 홀로코스트 박물관의 설립자인 웨인버그Weinberg는 '객관성의 허울'을 인정하면서도, 다음과 같이 설명하였다.

> 가르치는 것과 주입하는 것은 다르다. 우리 박물관은 어떤 사상을 주입하거나 어떤 감명이나 느낌을 주어 조종하거나, 시각적으로나 내용적으로 극적인 과장을 하는 것을 피하기 위해 각별히 주의를 기울이고 있다. 이러한 것들은 지식이 자연스럽게 전파되고, 역사적으로 입증된 사실들이 저절로 알려지는 것을 방해하는 행위이기 때문이다. 사실에 입각한 홀로코스트 이야기만으로도 인간의 존엄성에 대한 윤리적 교훈으로 가득 차 있기 때문에, 박물관은 관람객들이 각자가 처한 상황과 성장 과정, 성격 등에 따라 스스로 자신만의 결론에 이르도록 남겨둔다.(웨인버그, 1994)

이러한 접근은 박물관 교육의 구성주의적 시각을 반영하는 것이다. 박물관계에서 폭넓은 지지를 받고 있는 구성주의Constructivism는 전시 기획자가 미리 정해둔 의견에 얼마나 순응하고 받아들이느냐에 따라 그 효과를 결정하는 것을 거부하고, 지식을 구성하는 데 있어서 개인적인 의미를 더욱 중요시한다.(하인, 1998) 그러나 만약 이러한 개인적 의미들이 편견적이라면, 또는 과거나 현재 시점에서 남에게 억압적인 개념이라면 어떤가? 여러 자유로운 관점 중에서도, 분명한 도덕적 관점과 모두에게 통용될 합의를 적용해야 할 문제들이 있지 않겠는가?

워싱턴 D.C.의 홀로코스트 추모박물관 역시 분명한 도덕적 메시지를 가지고 있음을 숨기지 않는다. 관람객들 또한, 나치 사상을 비판하는 박물관의 입장에 반대하거나, 이와 다른 결론을 내리지는 않을 것이다. 그러나 그렇다고 해서, 모든 관람객들이 홀로코스트를 현재의 인종차별과 연결하여 생각하거나, 그들 자신이 가지고 있던 편견을 바꾸게 된다는 뜻은 아니다.[2] 그러므로 박물관은 관람객이 스스로 의미를 형성하고 결정할 수 있는 상황을 계속해서 마련해 주면서도, 한편으로는 이러한 방향에는 갈등이 내재할 수 있다는 것을 기억해야 한다. 즉 관람객들이 전시를 보며 단순히 과거의 사건에 대해 슬픔이나 공포, 역겨움과 같은 감정을 경험하는 데 그치는 것이 아니라, 현재 시점에서 홀로코스트의 중요성을 이해하고, 시민으로서 어떠한 태도와 행동을 가질지 생각해 볼 수 있도록 박물관이 고민하며 전략을 수립할 필요가 있다는 것이다.(오길비, 2005) 이에 대해 홀로코스트 추모박물관의 전시 과장인 테드 필립스Ted Philips(2005)는 다음과 같이 말했다.

우리 박물관의 철학은 '관람객이 어떤 생각을 해야 하는지 말하지

---

2 예를 들면, 해석적 자료 부서의 팀장인 티모시 카이저Timothy Kaiser는 폴란드인, 루마니아인, 집시, 여호와의 증인 등을 다룬 홀로코스트의 '또 다른 피해자' 리플릿은 일부 관람객들이 가져가서 읽기도 하지만, 동성애자에 대한 나치의 핍박을 다룬 전시 자료는 아예 가져가지도 않거나 더욱 적극적으로 거부하기도 한다고 설명했다.

않는 것'이다. 우리 직원들은 전시를 기획할 때 균형 잡힌 시각으로 접근하기 위해 노력하며, 끊임없이 역사적 '사실'들을 되돌아보려 한다. 전시를 준비할 때도, 홀로코스트의 교훈이 최종적으로 오늘날 우리에게 말해 주는 것이 무엇인지를 설명하기 직전에 멈춘다. 우리 전시가 얼마나 더 교훈적이어야 하는가는, 우리 직원들 간에도 언제나 논쟁이 벌어지는 중요한 문제이다.

문화적 권위의 재구성

> 박물관은 우리의 현실을 원론적으로 보여줄 수 있는 존재이다.(루크, 2002)

이 연구에서 말하려는 논점, 즉 박물관이 '다름'에 대한 사회적 대화를 형성할 수 있다는 개념에 있어서, 박물관의 권위는 매우 중요한 역할을 한다. 그러나 이 문화적 권위는 최근 새로운 흐름인 민주주의적 전시 실무에서 어려움을 겪거나 무너지기도 하고, 한편 새로이 세워지기도 한다. 예를 들어 구성주의적 관점에서는 전시에 있어서 주된 역할을 하던 기존의 큐레이터의 시각을 다른 시각, 해석, 또 다른 진실까지도 아우르는 다양한 목소리로 대체하여야 한다고 말한다.(하인, 1998) 이러한 실무적 변화는 이미 여러 박물관에 퍼져 있고, 이 연구에서 살펴본 사례에서도 다양한 방법으로 사용되고 있었다.

그 예로 세인트 뭉고 박물관에서는 전시를 기획할 때 여러 종교 단체들과의 자문과 협의 과정을 통해 유물에 대한 다양한 감상, 소감, 사적인 이야기와 다양한 반응 등을 전시실 안에 포함시켰다. 반면 안네 프랑크 하우스의 '탈선'out of line 전시에서는 여러 미디어에서 다룬 논쟁적인 인권 문제들을 선별적으로 제시하였다. 여러 시각을 포괄하는 것은, 박물관의 문화적 권위를 강화하는 데 도움이 된다고 볼 수 있다. 그 의견들이 아무리 다양하다고 해도, 박물관의 입장이 규범적 합의를 뒷받침하는 것일 경우, 관람객들은 박물관의 메시지에 더욱 강력한 지지를 보낸다는 것이다. 코린 크라츠Corrine Kratz는 "최근 박물관에서 외부의 여러 단체 자문을 구하는 추세인데, 이는 전시의 재현과 지식이 어떻게 만들어지는지와 이를 뒷받침하는 박물관의 권위은 어떤 것인지, 그 답을 찾아가려는 움직임이다. 이런 방식으로 전시 기획은 박물관의 권위를 세우고, 지식의 기반을 넓혀 참여를 활성화시키는 역할을 한다."고 말했다.(2002) 세인트 뭉고의 사례를 보면, 여러 집단의 개개인들이 특정 주제에 관해 다양한 목소리를 내며, 유물과 작품에 대해 서로 다른 방식으로 참여하고 반응하면서도, 서로 다른 종교를 믿는 사람들 간 존중과 이해가 중요하다는 박물관의 생각에 부딪치거나 이의를 제기하지는 않는다.

그러나, 박물관들 또한 관람객의 폭넓은 의견을 이끌어내어, 다양한 의견을 받아들이고 인정하려는 노력을 하고 있다. 이것은 박물관이 더이상 이러한 의견들을 통제하기 어려워졌기 때문이기도 하다. 여러 박물관에서 이에 대한 다양한 형태의 실험을 하고 있는데, 세인트 뭉고에서는 관람객들이 쓴 코멘트 카드를 다른 관람객들이 읽을 수 있도록 전시장에 디스플레이하였고, 필라델피아의 국립헌법센터The National Constitution Center in Philadelphia에서는 미디어에서 다루는 논쟁의 여지가 있는 현재를 주제로 삼고 관람객들을 초대해 서로의 생각을 나누도록 하였다. 한 예로, 국가의 신분증 발급 도입과 그 의미에 대해 논의하였는데, 이 문제는 외국에서 태어난 미국 시민권자도 미국 대통령에 출마할 수 있도록 헌법을 수정하는 것에 관한 논의에서부터 국가 안보와 개인의 자유, 사생활에까지도 연결되었다. 관람객들은 의견이 있으면 '포스트잇'에 적어서 전시의 설명문에 붙일 수 있는데, 논쟁을 유발하는 주제에는 서로의 의견에 이의를 제기하거나 지지를 표하기 위해, 또는 설명을 부연하는 과정을 통해 포스트잇에 적힌 메모가 겹겹이 붙게 되고, 이 모든 결과물들은 박물관에서 전시된다. 뉴욕의 로워 이스트 사이드 공공주택 박물관Lower East Side Tenement Museum에서는 박물관 투어 프로그램에서 여러 문제를 제기하고, 이에 대한 의견이 있는 관람객들은 '부엌의 대화 프로그램'Kitchen Conversation Programme이라는 토론 프로그램에 참여해 서로의 의견을 나눌 수 있게 하였다. 이러한 다양한 테크닉을 통해 관람객이 자신의 생각을 어느 정도까지 표현하고 동참할 것인지 그 정도를 정할 수 있고, 한편으로는 박물관이 의도한 메시지에 반대하는 개인의 생각을 표현할 수 있는 기회가 되기도 한다.

이 연구에서는 많은 관람객들이 다양한 주제를 접하고 다른 관람객과 활발한 대화를 나누면서 이와 같은 기회를 즐기고 있음을 볼 수 있었다. 그렇다면, 이러한 해석적 장치들은 편견의 문제에 있어서 박물관의 권위와 능력에 어떤 영향을 줄 수 있을까? 반대 의견을 포함하여 다양한 의견을 받아들이는 자세를 취함으로써, '다름'에 대해 편견 없이 해석을 하자는 박물관의 입장은 더 많은 지지를 이끌어낼 수 있을 것인가? 이러한 질문들에 답을 하기 위해서 앞으로 추가적인 연구가 필요할 것이다. 그러나 이렇게 관람객과의 대화를 촉진하는 장치들은 박물관 재현 안에 스며 있는 윤리적 기준 안에서 만들어지기 때문에, 그 안에 다소 모순이 존재한다고 해도 박물관이 편견과 싸우는 데 여전히 힘을 줄 뿐 아니라, 그 자체로도 중요한 도구가 될 수 있다는 점을 언급해 두고자 한다.

편견의 경계를 넘어서

그렇다면 박물관은 '남들과 다르다고 구별되는 집단'을 향한 여러 형태의 편견을 다룰때, '특수성'이나 예외성을 어느 선까지 용납해야 하는 것인가? 반대로, 인권이라는 구조와 담론의 보편적 '원칙'을 고수하는 데 있어서는 어느 정도로 강경해야 하는 것일까?

대부분의 문화권에서 관념적인 인권의 개념을 지지하지만 실제로 특정한 상황에 평등과 인권을 적용시키는 것은 훨씬 복잡하고, 여러 모순과 논쟁이 수반된다.(코완 외, 2001) 잭 도넬리Jack Donnelly는 "인권은 이제 주도권을 지닌 정치적 담론이 되었다."고 주장한다(2003) 실상 인권의 개념은 많은 사회에서 특정 계층의 중요성과 가치를 부인하는 정치 주류에 맞서, 소외된 사람들을 지켜내는 데 도움을 준다. 도넬리는 "심지어 인권의 중요성에 대한 인식이 확립되지 않은 사회에서도, 자기 자신을 포함하여 모두에게 기본적인 생활을 영위하기 위한 물품, 서비스, 보호와 기회를 가질 동등한 권리가 있다고 느낀다."고 주장했다.(같은 책) 그러나 막상 규범적 인권의 개념을 특정 상황에 적용할 때는 보편성과 특수성 간에 갈등이 빚어지기도 하는데, 박물관에 이런 갈등 상황을 재현하여 관람객이 자신의 편견을 생각해 보게 하는 좋은 기회가 되기도 한다.

로스엔젤레스 관용의 박물관Museum of Tolerance의 전시, '미국의 증오심를 대면하며Confronting Hate in America'에서 이와 비슷한 예가 있었다. 이 전시는 최근 미국 사회에서 일어난 여덟 가지의 사건을 조명하였는데, 이를 통해 증오는 본질적으로 악한 것이며, 그 결과는 사회적으로 바람직하지 않다는 메시지를 전하려고 했다. 스스로의 선택으로 '관용의 박물관'을 찾아온 관람객들이 이러한 관념에 반감을 가지지는 않았지만, 일부 관람객들은 다양한 종교와 가치, 편견으로 인해 발생하는 다양한 증오 범죄들을 동등하게 다루는 데 대해서는 의문을 제기하였다. 9.11 테러 이후 무슬림이나 아랍계 미국인, 개인에 대한 인종 차별적 공격처럼 보편적인 비난을 받을 사건들과 그러지 않은 사건을 함께 전시한 데 대해 이의를 제기한 것이다. 한 박물관 직원은 이러한 반발이 집중되었던 사례로 21살의 매슈 셰퍼드가 희생된 동성애(게이) 증오 범죄와, 낙태 반대주의자들이 한 의사를 살인한 사건을 들었다.[3] 이 직원은 "이 전시를 받아들이기 어려워하며 저항하는 관람객들도 있어요. 이들은 증오 범죄는 잘못된 일이지만, 때로는 정당화될 수 있는 경우도 있다고 생각하지요."라고 말했다.

평등이나 권리에 대한 보편적 원칙들을 지지하고, 다양한 형태의 편견을 다루는 포괄적인 내러티브는 전반적으로 그 수가 많지는 않지만, 소수집단의 역사와 문화를 다룬 박물관들을 중심으로 종종 발견할 수 있었다. 국립 일본계 미국인 박물관은 일본계 미국인의 경험을 나누는

---

3 패널들은 "뉴욕 주 버팔로의 자택에서 의사인 바넷 슬레피안이 극단적인 낙태 반대론자들에 의해 살해당했다. 그의 가족과 동료 의사들은 그의 죽음을 애도하고 있으며 미국인들은 이러한 이념적인 차이가 폭력과 테러리즘으로 번지는 것을 두려워하고 있다. 사건 이전에, 낙태 클리닉 의사들을 고발하는 인터넷 사이트에 슬레피안의 이름이 올라와 있었다고 한다. 이렇게, 최근 인터넷은 증오 범죄를 선동하는 데 이용되고 있다."고 하였다.

미국 내 유일한 박물관으로서의 독특한 위상을 가지고, 제2차 세계대전 시기에 전쟁과 전혀 관계 없었던 일본계 미국인들이 감금과 투옥되었던 이야기들을 상설 전시로 다루고 있다. 또한 이 박물관은 관람객들이 편견이나 인종 차별 등 여러 주제를 살펴보고 참여할 수 있도록, 세상을 향해 활짝 열린 주제를 가지고 더 많은 사람을 포함시킨다는 야심 찬 사명감을 가지고 있다.

우리는 미국의 다양성을 존중하기 때문에, 일본계 미국인의 이야기를 공유하는 것이다. 우리는 민주주의 사회에서 자유와 평등을 위협하는 편견에 대항하고, 우리가 소중히 여기는 가치를 지키기 위해 역사와 기억을 소중하게 여긴다. 우리는 일본계 미국인의 목소리를 들려주는 세계적인 박물관으로서 모든 사람들이 그들 고유의 유산과 문화를 살펴볼 수 있는 장이 되도록 노력한다.(JANM, 2005)

국립 일본계 미국인 박물관은 일본계 미국인의 경험이라는 역사적 렌즈를 통해 미국 사회의 정치와 사회를 통찰한다는 목표에 입각하여, 국립 민주주의 보호센터The National Center for the Preservation of Democracy를 설립했다. 특히 젊은 세대와의 소통을 위해 세 가지의 목표를 가지고 교육과정을 개발하였다.

1. 시민으로서의 우리들은 민주주의를 만들어 나가고 있다.
2. 개인으로서의 나 또한 민주주의를 만들어 나갈 수 있다.
3. 자유와 평등을 위해 싸운 싸움을 통해 우리 모두는 민주주의를 누릴 수 있게 되었다.(오키히로, 2005)

우리 사회에 다양한 박물관이 있다는 것은, 여러 형태의 편견을 다루는 데 활용할 수 있는 자원을 보유하고 있다는 의미이다. 관람객이 전시를 접할 때, 박물관은 가장 강력한 사회적 영향력을 행사한다. 이 연구에서도 관람객이 전시를 역동적, 소통적으로 전시를 해석하는 과정을 통해 확인하였는데, 이것은 박물관이 인권 담론이라는 규범적 호소를 통해 편견의 사회적, 개인적 경계를 넘어서려는 노력에서 비롯된 것이다. 그러나 평등한 권리를 세우려는 시도를 한다고 해서, 문화적 특수성을 등한시하는 동화주의적 모델을 따라야 하는 것은 아니다. 박물관은 문화적 특수성을 유지하려는 집단을 포함하면서도, 동시에 복잡하고 '다름'에 관한 세심한 해석과 권리에 대한 더 넓은 시각을 제시할 수 있다.(영, 1990) 아무리 미묘한 것이더라도 관람객들이 이러한 접근에 반응을 보인다는 자체가, 사회적으로 수용 가능한 편견과 받아들일 수 없는 것을 구별하는 경계를 새로이 배치할 수 있는 박물관의 잠재력을 의미하는 것이다.

규범적 합의를 새로 정의하다

편견은 대개 바람직하지 않은 사회적 현상을 뜻하는 부정적인 용어로, 편견을 내비치는 것은 편협한 사고와 비합리적이고 편향적 태도를 가진 것으로 여겨진다. 마이클 월처Michael Walzer(1997:2)는 '관용'을 '다른 역사와 문화, 정체성을 지닌 사람이나 집단과 평화롭게 공존할 수 있게 하는 습관'으로 정의하며, 관용이 가진 '규범적 호소'를 다음과 같이 설명한다.

먼저, 평화롭게 공존하는 것은… 언제나 선한 것이라는 전제에서 출발한다. 그렇다고 사람들이 평화로운 공존을 매우 중요하게 여긴다는 것은 뜻하는 것은 아니다. 그렇지 않은 경우도 많다. 오히려 공존이 선한 것이라는 증거는 사람들이 그것을 가치 있게 여긴다고 말하고 싶어 한다는 데 있다. 평화로운 공존이 지켜내는 생명과 자유의 가치를 지지한다고 말하지 않고는, 사람들은 스스로를 자기 자신에게, 또 남에게 정당화할 수가 없다.

그러나 실생활에서 어떤 형태의 편견은 다른 것들보다 더 심한 사회적 비난을 받으며, 수용과 관용에 대한 규범적인 해석도 불균등하고 차별적이다. 이렇게 사회적 규범은 다름과 평등의 문제와 관련하여 어떤 형태의 편견이 가장 바람직하지 않은지, 또 특별한 주의를 기울여야 하는지 등을 결정하는 역할을 한다.

지금까지, 이 연구에서는 박물관이 사회 집단 간의 관계를 구성하고 생성하는 역할을 해야 한다고 주장했다. 박물관은 다름에 관한 규범적인 이해를 만들고, 이를 구체화하고, 또 정당화한다. 그러나, 박물관의 관행에도 이 합의된 규범이 반영되며, 이 규범 안에서 박물관도 다양한 방식으로 제약을 받는다. 즉 박물관에서 '다름'을 재현하는 방식은 사회적으로 결정되는 것이며, 또한 사회적으로 구축된다는 것이다. 대부분의 박물관은 아직 의견이 분분한 주제보다는 이미 해결되었거나 전반적으로 합의를 이룬 주제를 다루는 것을 선호한다. 한 예로, 인종주의에 반대하는 관점을 지닌 미국의 박물관이 있다고 가정해 보자. 이 박물관은 인종주의가 본질적으로 악한 것이며 사회적으로 바람직하지 않다는 입장을 가진다. 미국 사회에 아직도 인종과 관련한 편견이나 인종 차별주의가 끈질기게 남아 있지만, 적어도 이러한 시각들에 대부분 반대하며 공공 정책, 정치 담론이나 법률에도 명시되어 있어, 인종 차별이 바람직하지 않을 뿐 아니라 혐오스러운 행동이라는 인식이 널리 퍼져 있다. 그렇기 때문에, 박물관의 관점은 적어도 관념적인 수준에서는 주류의 반감을 사지는 않는다는 것이다. 물론 인종 차별에 맞서는 박물관들에 논란이 전혀 없다는 것은 아니다. 오히려 이제까지 인종 차별 관행과 그 영향력을 조사하고 전시했던 박물관들은 대부분 뜨거운 논쟁에 직면해야 했다. 2001년 국립 오스트레일리아 박물관The National Museum of Australia이 개관했을 때, 일부 관람객들이 강하게 반발을 하였는데, 이는 박물관이 오스트레일리아의 식민지화를 침략 행위로 바라봄으로써, 이제까지의 주류의 내러티브에 이의를 제기하고 오스트레일리아 원주민들의 입장에 너무 많이 치우쳐 있다는 것이다.(베넷, 2003)[4] 그러나, 여기서 강조하고자 하는 바는, 비록 관념적인 수준에서나마, 어떤 형태의 편견은 비난을 덜 받으며 사회적으로 더 쉽게 받아들여진다는 것이다. 한편, 이렇게 사회적으로 수용된 편견에 대해서도 생각해 볼 문제가 있다. 정치적으로, 법적으로, 또는 사회적으로 허용되던 편견이나 차별에 대해, 박물관이 도덕적 지도력을 가지고 이의를 제기할 수 있을 것인가? 박물관은 '다름'에 대한 대중의 합의를 있는 그대로 반영하는데 그치지 않고, 부당한 부분을 드러내고 변화시키며, 더 나아가 다름에 대한 새로운 정의를 내릴 수 있을 것인가?

박물관이 우리 사회의 논란이 될 사안을 이끌어내고 입장을 표명하

---

4 국립 오스트레일리아 박물관National Museum of Australia 개관을 둘러싼 논란을 살펴보고 싶다면 케이시Casey(2001)를 참고.

는 역할이 타당한지에 대해서 많은 실무자들이 아직 명확하게 입장을 결정하지 못한 상태다. 실제로 몇몇 현대 미술관들을 제외하고는, 대부분의 박물관에서 '치열한 주제'나 '지나친 논란'을 피하려 한다.(아메스, 1992) 마이클 아메스Michael Ames는 이러한 현상의 이유로 '박물관의 보수성'을 들었다. 큐레이터의 직무 자체가 "시간을 두고 증거를 검토하고 모으는 일이며, 이슈보다는 유물을 다루며, 정치적 중립성을 지키는 학자적 모델"에 근거하고 있기 때문이라는 것이다.(같은 책) 게다가, 박물관 운영 기금의 확보가 점점 더 어려워지고, 대중들은 박물관에서 재미있고 행복한 시간을 보내기 바라며, 유물의 보존에 대한 기본적인 책임도 지고 있어, 특정 주제에 관여하는 데 조심성을 가질 수밖에 없다고 설명한다. 또한, 논란을 예측하지 못하고 관리하는 데 실패한 전시의 여러 사례들을 보며, 박물관들은 더더욱 논쟁적인 주제를 피하게 되었다는 것이다.

그러나, 박물관이 어느 정도 합의가 된 문제나 논란이 없는 주제만을 다룬다는 것은, 박물관의 '사회적 역할'의 축소를 의미하게 될 것이다. 어려운 주제들을 피해간다면, 박물관 실무자들은 '말이 다 떠나고 난 뒤에서야 외양간 문을 닫은 사람들, 말들의 이름 등을 정리하는 한가롭고 무능한 문서 담당자'의 역할을 할 뿐이다. 또한, 보편적으로 비난 받는 편견만을 다룬다고 해도 그 안에 또 다른 어려움과 한계를 만나게 된다.

인권과 같은 현대 사회의 논의에 관람객을 동참시키려고 할 때, 여러 어려움이 발생하는 것을 피할 수는 없다. 이러한 주제들에 대한 논의를 촉발하고, 이 논의 자체에서 도덕적 제약과 기준을 세우는 전시를 만드는 과정은 결코 쉽지 않다. 그러나 박물관의 가치는, 이 같은 '다름'에 관해 현재 진행 중인, 아직 해결되지 않은 대화들을 이끌어나가고 조정할 수 있다는 데 있을 것이다. 그렇다면 이 논의와 같은 연상선상에서, 이번에는 오늘날 많은 사회에서 논쟁을 불러일으키는 주제인 성적 소수자에 대한 편견에 맞서는 박물관의 시도들을 살펴보도록 하자.

도덕적 리더십

호모포비아Homophobia는 현대 사회에서 가장 공격적이며 심각한 편견과 증오의 형태 중 하나이지만, 대다수의 미국 박물관과 교육 부서의 눈에는 보이지 않는 모양이다.(뮬러, 2001)

레즈비언과 게이를 전시실 안에서 다루는 것이 사회적으로 점점 수용되는 분위기가 되었지만, 박물관 전반의 문제로 볼 때는 아직도 조심스럽고 모호한 측면이 많다. 안젤라 바네가스Angela Venegas가 영국의 사회사 박물관을 조사한 바에 따르면, "최근 6년 동안에 이루어진 전시에서는 이전 10년과 비교해 레즈비언과 게이에 관한 자료들을 더 많이 다루기는 했지만, 그런데도 여전히 전시에 레즈비언, 게이 자료가 포함되는 경우는 매우 드물었다."(2002:105) 이 연구에서 인터뷰한 큐레이터들은 성적 소수자들에 대한 유물과 자료가 전시에서 배제되는 이유로서, 자신의 일자리나 박물관 지원 기금을 잃을 수도 있다는 두려움, 관련 유물이 충분하지 않다는 점, 또는 가족 관람객에게 '성'이라는 주제가 적절치 않다는 걱정 등을 들었다.

1989년 미국에서 로버트 메이플소프Robert Mapplethorpe의 사진 회고전이 열렸을 때, 검열의 문제, 예술과 포르노그래피의 정의, 예술을 위한 공공 기금 등에 대해 국제적으로 커다란 논쟁이 일었다. 이 소동으로, 박물관과 미술관에서 게이와 레즈비언의 역사와 문화를 인식시키려는 노력이 한동안 부진하기도 했다. 최근에 와서야, 몇몇 미국 박물관에서 성적 소수자의 재현을 개방적으로 받아들이려는 움직임이 일고 있지만, 여전히 이 변화의 속도는 느리다. 클라우스 뮬러Klaus Muller는 "박물관은 전시에서 무엇을 설명해야 하는가에 대해서만이 아니라, 무엇을 숨겨야 하는가에 대해 고심한다. 최근에 레즈비언, 게이에 대한 역사적 연구가 활발히 이루어지고 있는데도, 아직도 큐레이터들은 레즈비언과 게이의 역사를 구석에 숨기려 한다."고 했다.(2001: 36)

박물관이 이성애나 동성애 혐오에 대해 분명한 반대의 입장을 취하기를 꺼리는 것은 일면 당연한 일일지 모른다. 잭 도넬리Jack Donelly(2003: 230)는 인권에 관한 연구에서 성적 소수자들에게 인권의 개념을 적용하는 것은 논란이 많은 주제라고 했다.

> 오늘날 모든 사회에서 성적 소수자들에 대한 차별은 널리, 또 깊이 스며들어 있다. 여러 나라에서 성적 소수자들의 애정 행위와 연애는 범죄로 취급된다. 그들은 공식적으로나 반半공식적, 사적인 폭력의 대상이다. 거의 모든 나라에서 성적 소수자들은 '사회적 장애'에 시달리고 있다.

이렇게 성적 소수자들에 대한 편견이 갖는 증오와 파급력이야말로, 큐레이터들이 이 문제를 솔직하게 이야기하기를 주저하는 이유 중 하나일 것이다. 2005년 여름, 나는 미국 여러 지역의 박물관의 관장, 큐레이터, 전시 직원과 에듀케이터들을 대상으로 이러한 질문을 던진 적이 있다. "지금 근무하는 기관의 전시나 공공 프로그램에 새로운 변화를 만드는 데 있어서, 어떤 종류의 편견이 가장 문제가 된다고 생각하십니까?" 다양한 지리적 위치에, 다양한 기관의 성격을 가진 박물관들을 상대로 이 질문을 했지만, 거의 모든 박물관에서 '동성애'에 대한 편견을 들었다. 이 질문이 이루어진 시기의 정치적 상황을 고려하면 놀라운 일은 아니었다. 당시 미국에서는 성적 소수자들의 권리에 대한 공공 토론이 자주 이루어지고 있었고, 그 이듬해에는 동성혼 문제가 대통령 선거의 '뜨거운 감자'로 등장했다. 미디어에서는 '동성애 권리를 옹호하는 활동가들'과 공화주의자, 기독교 보수주의자들이 대항하여 싸우는 프로그램을 자주 방송하였다. 이렇게 성적 소수자에 대한 편견을 대면하기가 어려웠던 것을 보면, 그만큼 사회적 합의가 이루어지지 않은 문제와 싸우는 데 얼마나 큰 어려움이 있는지를 알 수 있다. 성적 소수자들에 대한 편견과 싸우려는 시도와 마찬가지로, 이미 확립된 사회적 기준에 문제를 제기하는 것 역시 매우 어려운 사안인데, 이 문제를 어떻게 다룰지 다각도에서 탐구한 박물관의 사례가 있다.

　미국 홀로코스트 추모박물관은 홀로코스트의 피해자 대다수가 유대인이었음을 인식하고 있었지만, 비유대인 희생자들의 경험도 수집하고 기록하기로 개관할 때부터 결정하였다. 여기에는 신체적·정신적 장애인이거나 정치적 반체제 인사, 집시, 여호와의 증인, 동성애자 등도 포함되었다. 또한, 홀로코스트 박물관 상설전에 희생된 동성애자들에 대한 전시품을 포함하였고, 이와 함께 '알려지지 않은 희생자들'The Other Victims(그림7-1)이라는 리플릿을 제작하여 배포하였다. 2004년에 워싱턴 D.C.에서 개막한 후 가장 오랫동안 여러 지역을 순회한 전시인 '나치의 동성애자 학대 1933~1945'Nazi Persecution of Homosexual 1933~1945에서도 (그림 7-2) 이 리플릿을 제공하였다.

그림 7-1 동반자의 초상, 베를린, 독일, 1926. 이 사진은 미국 홀로코스트 추모박물관에서 나치의 동성애자 학대를 다룬 '알려지지 않은 희생자들' 전시 브로슈어의 커버를 장식했다.(자료 제공: 베를린 슈불레스 박물관)

그림 7-2 고독, 리처드 그룬(1903~1983), 석판화, 1947. 그룬은 1934년부터 1945년까지 나치에 의해 동성애로 감금되었으며, 이 그림은 '나치의 동성애자 학대, 1933~1945' 전시의 작품이다.(자료 제공: 베를린 슈불레스 박물관)

홀로코스트 박물관의 직원들은 박해받는 동성애자들의 이야기를 꺼낸 박물관의 시도가 매우 특별한 도전이었다고 회상하였다. 이 전시의 큐레이터 테드 필립스Ted Philips(2005)의 이야기를 들어보자.

이 특별전을 위해, 우리 박물관에서는 최대한의 노력을 기울였다. 그 중에서도 가장 신경을 쓴 부분은, 관람객들이 받아들이기 조금 어려울 수 있지만, 최근 점점 더 중요성이 커지고 있는 '도덕적 담론'을 강화하는 것이었다. 물론 매우 세심한 주의를 기울여서 접근하였다. 한 예로, 박물관 어느 곳이 이 전시에 가장 적합할 것인가를 두고 다른 때보다 훨씬 더 많은 논의가 이루어졌다. 몇몇 직원들은 가족 관람객들이 불만을 표할 것을 걱정하기도 했다. 마침내 우리가 찾은 타협점은, 모르고 지나쳐 버릴 수 없는 공간에 전시를 하되, 보겠다는 의도를 가진 사람들만 들어올 수 있도록 이동식 스크린을 배치하는 것이었다. 또한 전시의 설명문이나 기타 해석 자료들도 박물관에서 가장 높은 위치의 결정권자들이 직접 검토하였다. 다른 전시를 준비할 때는 결코 하지 않았던 일이었다.

그는 이 전시를 기획하며 가장 도전이 되었던 것은 이후의 순회전을 준비하는 과정이었다고 했다.

우리는 게이와 레즈비언 센터와 같은 장소보다는 박물관, 도서관, 대학과 같은 주요 장소에서 순회전을 열고자 했다. 전시에서 의도한 쟁점을 더 넓은 사회적 공간에서 보고 함께 고민하고자 하는 의도였다. 대체적으로 진행이 잘되었지만, 보수적인 지역의 몇몇 기관이나 단체에서는 재정 지원 단체나 협력 기관에서 부정적 반응을 보일 수 있다며, 이에 대한 추가 지원을 요청하기도 했다.(필립스, 2005)

'나치의 동성애자 학대 1933~1945' 전시는 여러 지역에서 홍보하고 많은 관람객을 모은 데 비해, 비판은 많지 않았다. 전시 기획 팀은 2005년 9월 17일 보수적 성향의 지역 신문 『오클라호마인The Oklahoman』에 실린 아래 기사를 보고 놀라면서도 기뻤다고 말했다.

이번 주 오클라호마 시내에서 개막한 순회 전시는 우리에게 일어났던 비인류적 행위를 상기시키는 매우 중요한 전시이다. 오클라호마 홀로코스트 기념 전시의 첫 번째 섹션은 나치에게 박해받던 10만 명의 동성애자들의 이야기로, 이것은 마치 유럽에서 유대인들을 없애려 했던 히틀러 치하의 희생자들의 이야기처럼 잘 알려지지 않았다. 두 번째 섹션은 평범한 사람들의 영웅적 노력에 대한 이야기인데, 이들은 '구조자들'로서 유대인들을 구하기 위해 모든 위험을 감수한 사람들이다. 동성애사의 권리를 위한 지역 교육기관인 키마론 연합재단 Cimarron Alliance Foundation과 중요하고 훌륭한 전시를 우리 시에서 볼 수 있도록 도움을 준 지역의 후원자들에게 감사를 표하는 바이다.

이 전시를 열기 몇 년 전, 홀로코스트 상설전에 동성애 관련 자료를 포함시키려고 했을 때 유대교 단체들로부터 격렬한 비난을 받았고, 미디어에서의 논쟁으로 이어지기도 했던 것을 생각하면 이러한 반응은 더욱 흥미롭다.[5]

사회적 규범에 이의를 제기하는 역할에 있어서, 어떤 박물관은 다른 박물관보다 더욱 자신감을 보이고, 실제로 더 많은 기회가 주어지기도 한다. 테드 필립스Ted Philips는 이 전시가 그리 심한 비판을 받지 않았던 이유는 홀로코스트 추모박물관이 홀로코스트라는 주제에 대해 이미 권위를 인정받고 있었기 때문일 것이라고 했다. 박물관들이 기존의 '다름'에 대한 규범적 해석에 얼마나 도전할 수 있는지, 또한 이른바 '인기 없는' 기준을 용감하게 택할 수 있을 것인지는 박물관의 사회적 역할에 대한 관련 주제나 예산 상황, 운영 방식, 역사, 대중의 인식, 박물관의 사회적 역할에 대한 실무자들의 시각 등의 여러 요소에 의해 결정된다. 홀로코스트 추모박물관의 사례는 공공 기금으로 운영되는 공신력 있는 대형 박물관임에도 불구하고, 민감하고 논란의 여지가 있는 주제를 선택하여 사회적 토론을 형성해 내는 박물관의 잠재력을 보여주었다.

그동안 박물관들이 관심을 가진 인권 문제도 있었지만, 반면 도외시된 주제들도 있다. 2006년 나는 미국박물관협회AAMAmerican Association of Museums가 주최한 학술대회에서 '게이, 레즈비언, 양성애자, 트랜스젠더'와 박물관의 관계에 대한 논의에 토론자로 참여하게 되어, 남들과 다른 특징을 지닌 집단들을 전시에 재현한 사례를 연구할 기회가 있었다. 이 과정에서 비록 숫자는 적었어도 게이나 레즈비언의 삶을 그린 전시의 사례들은 비교적 찾기 쉬웠지만, 트랜스젠더들을 다룬 전시는

---

5 노던 캘리포니아 유대인 주간 신문Jewish News Weekly of Northern California은 랍비들, 쇼아박물관Shoah Museum에 게이를 전시한 것을 비난하다는 기사를 통해 정통 우파 랍비들이 홀로코스트 사건의 동성애자 피해자에 관한 자료를 전시한다면 박물관을 보이콧하겠다는 위협을 하고 있다고 하였다. 이 기사는 미국 전역과 그 지역의 '주류' 정통파 랍비들은 이에 대해 분노를 표하고 있다며, 이러한 보이콧은 부적절하고 용납할 수 없는 것이라며 충격적이라는 반응을 보였다고 하였다.(누스바움 외, 1997)

예상했듯이 훨씬 더 찾기가 힘들었다. 비비안 나마스테Vivian Namaste는 트랜스젠더를 "규범적인 성적, 사회적 관계 밖에 존재하는 모든 개인"으로 지칭하며(2000), 이들은 문화적, 제도적 환경에서 너무나 쉽게 '삭제되거나', '투명 인간처럼 무시되는' 여러 과정을 보여 주는 획기적인 연구를 발표하였다. 나마스테의 연구 이후 최근까지도 트랜스젠더는 여전히 전시에서 눈에 띄지 않지만, 그동안 영국과 미국의 주류 언론에서 트랜스섹슈얼의 권리에 관해 많은 토론이 이루어졌다. 2006년에는 영화 '트랜스아카데미'가 아카데미상에 후보로 오르면서 트랜스섹슈얼의 권리에 대한 이야기가 각종 TV와 신문의 1면을 장식하기도 했다. 이렇게 소수 집단의 권리에 대해 관심이 높아졌다고 해서, 직접적으로 박물관 전시에 반영되지는 않았지만, 앞서 언급한 학술 회의를 위한 조사를 진행하면서 뉴욕의 로워 이스트 사이드 공공주택 박물관 Lower East tenement Museum의 흥미로운 사례를 찾을 수 있었다. 로워 이스트 사이드 공공주택 박물관은 현대 사회 이민 문제에 대해 관람객의 이해를 높이고 관용을 증진시키려는 원래 목적과의 연장 선상에서, 2005년 성적 소수자 난민의 망명을 주제로 한 연극을 상영하였다. '타라의 선택'Tara's Crossing은 가이아나Guyana, 남아메리카에 위치한 영연방 국가 출신의 트랜스젠더 여성이 본국에서 겪었던 경험과 미국으로 건너오면서 만난 어려움들에 대해 토로하는 인터뷰 형식의 연극이다. 박물관에서 이 연극를 상영한 것은 트랜스젠더의 법적, 인간적 권리에 대한 논쟁에 관람객이 동참하도록 하자는 시도였다.(스즈, 2006)

지금까지 편견이 덜한 사회를 만드는 데 박물관이 중요한 역할을 할 수 있다는 가정하에, 주로 전시의 내용과 형식, 전시 계획 등을 논의하였다. 최근에는 박물관의 이러한 가치를 인식하고 이를 활용하려는 바람이 불고 있지만, 과연 박물관이 어느 정도로 목적의식을 가지고 사회적 변화를 이끄는 역할에 임해야 하는지에 대해서는 여전히 논란의 여지가 있다. 따라서, 이제 더욱 넓은 범위로 시선을 돌려 박물관이 속해 있는 사회와 박물관의 관계는 어떤 것인지 그 본질에 대해 논의하고, 이에 수반하는 박물관의 목적과 역할, 책임의 문제를 살펴보려 한다.

박물관과 사회적 책임

지난 몇십 년간, 많은 박물관들이 그동안 공공연히 행했던 인종 차별과 편견적인 전시들을 해체하였고, 잘못된 재현이나 표현에 대한 사회적 비판을 반영하려고 노력해 왔다. 세계적으로도 박물관이 더 많은 집단을 포함시켜 좀 더 폭넓은 이야기를 들려주리라는 기대가 커지고 있다. '다름'에 기인하는 다양한 정치적 상황들이 등장하면서, 이 다양성의 문제가 전지구적으로 너무나 긴급한 문제임을 모든 종류의 박물관에서 적극적으로 수용하고 있다. 그런데도, 앞서 언급했듯이 사회적인 편견과 평등을 위해 실제적으로 방법적 기틀을 마련하고, 목적의식을 가지고 참여하는 박물관은 그리 많지 않은 상황이다.

최근까지도 박물관이 사회적 변화를 목표로 삼는 것이 적절한지에 대해 논의가 계속되고 있다. 이러한 '사회적 변화를 이루려는 목표'는 박물관의 다른 목표나 의제와 충돌한다고 여겨지기도 한다. 그러면, 박물관은 사회적 정의나 평등을 기반으로 '다름'을 이해하도록 하는 전시를 만드는 것으로 편견에 맞서는 일을 계속해야 하는가? 그러면, 현대 사회의 정체성과 정치성을 전시하는 데 있어서 박물관의 책임은 과연 무엇인가?

이러한 의문을 직접적으로 다룬 실제 사례 연구는 거의 없지만, 실무자들이 이에 대해 불확실한 태도를 보이고 있다는 것은 분명히 알 수 있다. 앞 장에서 다루었듯이, 장애와 장애인에 대한 관람객의 태도를 변화시키기 위해 큐레이터가 소장품을 활용하는 자세나 방법 역시 다양하게 나타났다. '이러한 행위야말로 박물관이 존재하는 이유'라는 신념을 가진 사람들이 있는가 하면, 이런 활동들 때문에 박물관의 '주요 업무'인 소장품 관리나 연구에 방해를 받는다고 보는 사람들도 있었다. 이러한 양 극단 사이에서, 실제 대다수의 박물관 실무자들은 박물관이 사회적 변화를 일으킬 수 있다는 가능성에 대해 확신하지 못하거나, 또는 어느 정도로 그 역할을 해야 하는지에 대해 모호한 입장이다.

샤론 맥도널드Sharon McDonald는 「과학박물관의 이면에서Behind the Scene at the Science Museum」라는 연구에서 과학박물관의 전시를 민속학적으로 분석한 바 있다.(2002) 이 연구에서 박물관의 주체적 역할, 즉 관람객에게 미치는 영향력과 여기에 따르는 책임에 대해 박물관 직원들마다 다른 태도를 가지고 있음을 조명했다. 즉, 박물관 직원들은 일부 주제에 대해서는 주체적 역할을 인정하고, 실제로 수행하기도 하지만, 몇몇 특정한 문제를 다루는 데 대해서는 매우 불편하게 여긴다는 것이다. 한 사례로, 런던 과학박물관London Science Museum의 한 전시팀은 음식에 관련된 전시를 준비하면서, 술에 대해 어떻게 언급할 것인지를 논의하게 되었다. 이러한 논의 자체는 관람객의 잠재적 사고와 행동에 전시가 영향을 미칠 수 있다는 생각에 전시 기획자들도 동의하고 있다는 것을 의미한다. 그 결과, 과학 박물관은 전시에서 술을 권장하지 않는 방향으로 (적어도 권장하는 것처럼 보이지 않도록) 전시를 이끌어가야 한다는 책임을 인

그림 7-3 성적 소수자들의 정치적 망명을 다룬 제프리 솔로몬의 연극 '타라의 선택'Tara's Crossing 속 배우 안드레 친의 모습. 뉴욕 로워 이스트사이트 공공주택 박물관에 있는 테너먼트 극장에서 상영되었다. (자료 제공: 사진작가 로리스 구제타)

식했고, 전시 결과물에서는 맥주에 대한 언급은 했지만, 이와 함께 알코올 소비에 관한 정부 권장량을 함께 전시하는 노력을 보였다. 흥미로운 것은, 이 전시팀은 젠더와 인종 차별과 같은 주제를 다룰 때는 '나서서' 주체적 역할을 하는 것을 난처하게 생각했다는 점이다.

> 이 전시 팀은 여성과 소수 민족의 사진을 전시에 포함함으로써, 그동안 그렇게 하지 않았던 다른 전시들과의 '균형을 바로잡는 것'이라고 말하였다. 즉, 일부 전시들이 '잊어버렸던' 집단들을 다시 '기억해 내려는' 행위라는 것이다. 이 전시 팀은 이것을 정당하고도 긴요한 일이라고 보았다. 그러면서도, 여성과 소수 민족을 어떻게 인식하는가에 대해 '뭔가 행동을 취하는 것'은 그들의 한계를 넘어선 일이라는 '합리적인 결론'을 내렸다. 결국은 현실을 바꾸지 않고, 있는 그대로 '보여 주기'만 하기로 한 것이다.(2002: 183)

맥도널드는 런던 과학박물관의 '정보의 시대'Information Age를 기획한 전시팀의 예도 들었는데, 정보 분야의 젠더 불균형에 대한 정부 계획에 발맞추어 달라는 박물관 운영진의 요청으로, 이들은 컴퓨터 분야에 여성과 어린 소녀들도 깊게 연관되어 있음을 보여 주기 위한 방법을 모색하였다. 그러나, 일부 직원들은 "이것은 우리에게 사회 사업을 하라는 요구이며, 우리의 할 일이 아니다. 이런 일은 정부가 할 일이지 과학 박물관의 업무가 아니라는 것이다."라고 토로했다.(같은 책, 183)
이러한 전시 팀의 코멘트에는, 이 책 전체에서 다루고 있는 '문화적 기관의 사회적 역할과 책임'에 대한 논의가 함축적으로 들어 있다. 이러한 논쟁에서, 어떤 이들은 박물관이 긍정적인 사회 변화를 가져오려는 목적의식을 지녀야 한다는 생각에 반대를 표하며, 박물관의 '적절한' 목적과 기능은 이런 것이라는 선을 긋고 싶어 한다. 그렇다면 생각해 보자. 과도한 알코올 소비의 위험성을 관람객들에게 알리는 것은 박물관의 적절한 업무이고, 여성과 소수 민족의 기존의 인식을 바꾸려는 시도는 부적절한 것인가? 과거의 잘못된 미신과 믿음을 떨쳐 버리려는 역사, 미술 전시나, 기존 작품을 새로운 개념으로 재해석하는 것은 정상적인 박물관 실무이자 표준으로 받아들이면서도, 장애인에 대해 편협한 고정관념의 재현을 다양화하려는 시도는 어째서 정치성을 띤 '사회 사업'으로 분류되는 것일까?

사회 변화에 참여하는 박물관에 반대하는 편에서는, 박물관이 정치적 목적을 위해 이용되는 문화의 도구화를 거부한다는 이유를 든다.(애플턴, 2001; 뮤니라, 2006) 그러나, 이 연구에서 박물관이 편견에 맞서는 역할을 할 수 있다는 주장은 외부 기관에 이용되는 것을 의미하는 것이 아니다. 정부로부터 부과되는 요구나 기대와 관계없이, 박물관은 '다름'의 개념을 형성하는 문화적 내러티브를 구축할 책임이 있다는 것이다. 이 연구에서 이루어진 관람객 연구의 결과들을 보아도, 실무자들이 사실상 직면해야 하는 질문은 '박물관들이 다름을 새로이 정립하려는 노력을 해야 하는가'가 아니라, 박물관이 '어떻게 효과적으로 이 일을 감당할 수 있느냐'일 것이다. 관람객이 독특하고 구체적인 방법으로 전시를 보고 활용한다는 것은, 박물관의 의향이 어떤지를 떠나 이미 박물관에 사회, 정치적 영향력이 구축되어 있음을 의미하기 때문이다.

그렇다고 해서, 모든 박물관들이 편견을 개선하기 위한 목표를 세우고 구체적인 프로그램들을 개발해야 한다는 것은 아니다. 획일적인 목적을 따르는 박물관보다 단조롭고 지루한 것은 없다. 모든 박물관이 다양한 미션을 추구하면서도, '다름'을 이해하는 시각에 힘을 실어 줄 수 있음을 인식하고 이에 걸맞은 실무를 적용해야 한다는 것이다. 사실상 '중립적 입장'이란 없으므로, 전시 기획자들은 어떤 방식으로 내러티브들을 개발할지를 선택해야 한다는 것이다. 실무자들은 우월감과 열등감 같은 상하적 사고방식을 반영하는 해석을 제시할 수도 있고, 남을 폄하하는 부정적이고 고정관념들을 자리 잡게 할 수도 있고, 일부러 누군가를 누락하여 소외시키고 배제할 수도 있다. 반대로, 관람객들이 서로를 더욱 이해하게 만들 수 있는 '전시의 가능성'을 인지하고, 이제까지의 부정적인 고정관념들을 풀어나가는 전시를 만들 수도 있다. 또는, 사회 정의와 평등의 원리를 고수하며, '다름'을 해석하는 방법을 제공할 수도 있다.

한편, 이러한 접근에는 공정함에 대한 우려가 생기기도 하고, 많은 실무자들에게 불편해하는 주입식 교육 방식이 될 위험도 있다. 이와 관련하여 로버트 설리반Robert Sullivan은 다음과 같이 주장하였다.

박물관이 목적의식을 가지고 윤리적 교육에 관여힐 때, 박물관 실무자들은 편가르기나 가치 주입을 한다는 비난을 받을까봐 두려워한다. 다시 말해, 박물관은 도덕성과 관련이 없는 장소라는 오해, 또는 박물관은 중립을 지켜야 한다는 믿음, 정의에 근거를 둔 도덕 교육과 신학에 기반한 종교 교육의 차이를 구별하지 못하는 데서 생기는 오해, 또한 교육적, 사회적 변화의 기관으로서 박물관의 '권력'과 '역할'에 대한 양가감정으로부터 바로 이런 두려움이 비롯되는 것이다.(1985: 12-13)

바로 이러한 불공정함에 대한 우려 때문에, 많은 박물관이 사회적 이슈에 참여하는 것을 기피하는 실정이며, 종류를 막론한 모든 박물관에서 사실상 그들 나름의 도덕적 기준을 가지고 있다는 진실을 숨기려고 한다. 그러나 박물관이 정의와 평등한 인권의 개념을 수용하고 '더 좋은 사회'를 지지한다고 해서, 관람객의 다양한 시각과 의견을 받아들이는 해석적 기법을 버려야 하는 것은 아니다. 지나치게 도덕 교훈주의를 피하고, 토론의 가능성을 열어 놓으면서도, 윤리적 한도 내에서 '다름'에 관한 대화가 이루어지도록 전시를 만들 여러 방법들이 있기 때문이다.

전시에 '다름'을 담아내는 것이 실제로 효력이 있다는 것을 알게 되면, 박물관은 불공평한 사회에 이의를 제기하고 토론의 기회를 만들기 시작할 것이다. 이러한 사회적 역할에 대해 인식하면서, 실무자들은 전시에서 전달하는 의도적, 비의도적인 메시지를 뒤돌아보게 될 뿐 아니라, 박물관이 상징하는 가치가 무엇인지를 관람객들에게 명확히 보여 줄 수 있게 된다. 이러한 의미에서 박물관의 의미는 객관성이나 중립성을 좇는 것보다 공정성을 추구하는 데 있을 것이다. 유물이 가진 다양한 의미와 전시를 보러 온 사람들이 가지고 있는 다양한 관점에 대하여, 무엇보다도 인권조차 지켜지지 않는 이들을 위해 공정성을 찾는 일 말이다.

이제 세인트 뭉고 박물관과 안네 프랑크 하우스를 비롯하여, 이 연구에서 다룬 여러 사례들을 다시 돌이켜보자. 다름에 대해 새로운 대화의 틀을 구성하려는 전시들은 많은 사람들이 두려워하듯 지나친 교훈주의에 사로잡히거나, 문화적 차이를 하나의 시각으로 단순화시켜 재현하지 않았다. 또한 지나치게 정제하거나, 달콤하게만 해석하려 하지도 않았다. 편견적 시선과 싸우는 이러한 전시들은, '우리 모두는 평등하며, 그러므로 서로의 다름을 존중해야 한다'는 근본적이고 타협할 수 없는 사명감을 가지고 구현되었지만, 어느 다른 전시만큼이나 복합적이고, 다면적이며, 도전 의식으로 가득 찬 해석을 제시할 수 있다는 가능성을 충분히 보여 주었다.

Museums, Prejudice and the Reframing of Difference

부록

관람객 응답 조사의 방법론과 연구 계획, 데이터 출처에 대한 주석

양적 조사

전통적인 사회과학 관점에서는 편견과 싸우려는 목적으로 기획된 박물관 전시에 대한 관람객의 응답을 실증주의와 해석주의, 두 가지 방식으로 접근할 수 있다. "실증주의는 자연 과학의 기반이 되는 이론인데, 세계는 고정되어 있기 때문에, 적합한 방법론으로 접근한다면 얼마든지 관찰할 수 있는 구조"(2006)라는 것이다. 그러므로 실증주의적 접근법은 양적 연구이며 실험 위주의 계획으로서 전시의 전과 후를 측정하여 관람객의 태도에 변화가 있었는지를 측정한다. 그러나 이러한 접근법은 편견적 행위나 미디어-관람객 관계를 해석하는 이론적인 체계와 일관성이 없는 것으로 간주되었다.

본 연구를 위해서는 몇 가지 이유에서 질적 조사 방법이 더 적합하다고 본다. 첫째로, 질적 조사는 사회적 환경을 어떻게 해석하고, 이해하며, 경험하고, 만들어내는지(메이슨, 1996)에 대한 해석주의적이고 철학적 입장에 기반하고 있다. 둘째로, 양적 연구(실증주의적 연구방법)에서는 구조적이고 고정적인 기준을 두는 데 반해, 질적 연구는 그 연구가 수행되는 사회적 환경에 걸맞은 유연한 방식으로 데이터를 생성한다. 마지막으로, 질적 연구를 통해 현상의 복잡성이나 세부성, 상황을 고려하여 분석하고 설명할 수 있다.(같은 책) 예를 들어 전시와 관람객 사이에 무작위로 이루어진 관계에서 데이터를 이끌어내는 대신에, 질적 연구는 더 총체적인 관점으로 분석, 해석하여 촘촘하고 풍부한 깊은 데이터를 이끌어내고, 이를 통해 섬세하고 다층적인 맥락화된 해석이 가능해진다.

연구 방법과 데이터 출처

사례 연구는 데이터 출처, 수집과 생성 방식이 매우 다양하다는 특징을 지닌다. 세인트 뭉고 종교적 삶과 예술 박물관과 안네 프랑크 하우스에서 관찰 조사, 심층 인터뷰, 관람객이 남긴 코멘트를 이용하여 관람객 반응을 조사하고 발전시켰다.

-관찰 조사

사례 연구의 장소로 선정하기 전에, 세인트 뭉고와 안네 프랑크 하우스 모두를 먼저 방문하였고, 본 연구에 어떤 문제가 있을지를 미리 살펴보기 위해 관람객 관찰 조사를 실시하였다. 관람객이 박물관 전시를 어떻게 사용하는가를 보기 위해, 각 박물관에 머무는 기간 동안 하루 중 여러 시간대를 정하여 추가적인 조사를 하였다. 관람객 관찰 조사에서는 관찰 대상으로부터 떨어져서 체계적 접근을 하기보다는 그 전시 장소에서 최대한 주변과 자연스럽게 융화된 가운데 관찰 조사하였다. 관람객들의 자연스러운 행동을 관찰하려고 때로 나도 전시 관람객인 것 처럼 행동하기도 하였다. 인터뷰를 위해 관람객을 모집할 때는 신분증을 착용하여 공적인 활동을 하고 있음을 고지하였다. 이 관찰 기간을 통해 인터뷰를 통한 데이터 수집과 분석에 유용하게 쓰인 정보들를 얻을 수 있었다. 예를 들어, 관찰 조사에서 관람객들이 작품마다 다른 길이의 시간을 사용한다는 것을 알 수 있었는데 이를 통해 어떤 작품이 가장 논란과 흥미를 유발하는지, 어떤 작품은 많은 사람들이 그냥 지나치는지에 대해 인지할 수 있었다. 또한 관람객의 반응이나 대답을 분석할 때도, 어떤 것이 전형적인 반응이며 어떤 것이 특이한 반응인지를 인식할 수 있었다.

-인터뷰

2003년 5~6월에는 세인트 뭉고 박물관, 같은 해 8월에는 안네 프랑크 하우스를 배경으로, 영어를 사용하는 122명의 개인과 소그룹(때로는 아이들도 동반하였다)을 대상으로 62개의 심층 인터뷰를 하였다. 질적 연구에서 종종 그렇듯이, 특정한 기준으로 선별하지 않았음에도 인터뷰 대상자들은 나이, 젠더, 인종, 사는 곳 등 다양한 배경을 가지고 있었다. 대부분 인터뷰는 30분 정도였고, 가장 길었던 경우는 84분이었으며 가장 짧은 인터뷰는 12분이었다. 매번 그랬던 것은 아니지만, 한 명 이상과 소그룹 인터뷰를 하는 경우, 서로 활발한 논쟁을 하는 과정에서 풍부한 데이터를 얻을 수 있었다.

인터뷰는 영국 사회학회의 윤리적 기준에 따라 진행됐다. 참가자들에게는 이 인터뷰의 목적이 그들의 방문 의도를 묻기 위한 것이고, 전시를 보고 어떤 기분이 들었는지를 조사하기 위한 것이라고 알렸다. 여기서 중요한 것은, 관람객들에게 이 연구가 편견과 관련되었다는 것을 언급하지 않았는데, 응답자들이 선입견을 가지고 대답할 수 있기 때문이다. 또한 응답자들에게 익명과 비밀 유지를 약속하였다. 이들에게 기본적인 사회 인구학적 정보를 수집했는데, 이름이나 주소는 묻거나 기록하지는 않았다.(이 책에서도 인터뷰 대상자를 소개할 때 가명을 사용했다.)

　인터뷰 응답자는 전시 관람을 마친 방문자들에게 다가가 의향을 묻는 방식으로 모집하였다. 인터뷰는 박물관이 제공한 방에서 진행하였고, 참가자의 허락하에 모두 녹취하였다. 하루에 평균 2~3명의 인터뷰만을 진행하였는데, 응답 내용을 깊이 생각해 보고, 기초 분석과 녹취를 보강할 만한 현장 기록을 위한 시간을 확보하기 위해서였다. 자유 형식으로 느슨하게 짜인 인터뷰 방식을 택했는데, 이런 형태의 인터뷰를 통해 뜻밖의 풍부한 결과를 얻을 수 있었다. 이 인터뷰에서 특히 유익했던 점은, 자유 형식의 질문이 방문자의 설명과 인식을 이끌어내는 수단으로 사용된 것이다.(맥도널드, 2002) 자유 형식의 인터뷰는 참가자들이 관람 의도를 찾는 데 주도적인 역할을 할 수 있게 하였고, 그리하여 편견이나 문화적 차이에 직접적으로 관련된 질문을 하는 것보다 참가자가 전시를 보면서 가장 핵심(루독, 2001)이라고 생각했던 것을 말하며 자유롭게 주제를 이끌어나가도록 하였다. 인터뷰 계획에서 이것을 '깔때기 기법'이라고 부르는데, 인터뷰 진행자가 그 연구의 목적과 직접적으로 연관이 있는 주제를 꺼내기 전에, 먼저 일반적인 주제로 질문을 하며 접근하는 것을 말한다. 루독Ruddock이 말했듯이, "이렇게 하여 연구자들은 처음의 질문을 따라가게 하면서도, 실제 관람객의 경

험에서 그 질문이 얼마나 의미가 있었는가를 관찰할 수 있게 한다."고 하였다.(2001)

인터뷰 계획은 두 장소 모두에서 미리 시험을 거쳤고, 표현이나 질문의 차례 등의 수정을 보았다. 이 과정을 거치면서 불분명한 질문이나 중복되는 질문을 찾아낼 수 있었는데, "특별히 관심을 가진 분야가 있는지, 있다면 이 주제에 어떤 방식으로 참여하고 있나요?"라는 질문의 경우 관람객들이 우리의 목표와 관계 없는 대답을 하거나, 다른 질문의 답을 하면서 자연스럽게 언급되었기 때문에 삭제하였다.

-관람객 코멘트

2000년과 2003년 사이의 관람객 코멘트도 조사하였다. 이 코멘트들은 안네 프랑크 하우스의 방명록과 세인트 뭉고 종교적 삶과 예술 박물관에서 보관 중인 관람객 코멘트 카드에서 추출한 것이다. 이 연구와 깊은 관계가 있는 코멘트를 위주로 조사하였고, 이 자료는 심층 인터뷰에서 나온 자료를 맥락화하는 데도 사용되었다.

-데이터 분석과 해석

데이터를 만들어내는 현장에서 동시에 분석할 수 있도록 연구 계획을 수립하였다. 각각의 인터뷰를 마친 후, 녹취록을 한번 이상 들으며 특히 흥미롭거나 중요한 것들을 현장 수첩에 정리하는 방식이었다. 이 것은 질적 연구가 가진 독특한 장점이라고도 볼 수 있는데, 연구자들이 조사를 진행하는 가운데 그 조사가 이루어지는 맥락에서 의미를 포착할 수 있도록 하는 것이다. 이렇게 되면 분석은 자료를 되풀이하는 것이면서도 계속 진행해나가는 작업이 된다. 모든 인터뷰 내용을 기록하였고 코드화하여 양적 데이터 분석 소프트웨어로 분석하였다. 이 소프트웨어를 사용함으로써 데이터 자료의 관리와 조사에 도움이 되었고, 인터뷰 기록을 부호화, 재부호화하는 데 있어서도 어느 정도 융통성을 가질 수 있었다. 부호화하는 과정을 진행하면서, 그때 드는 즉흥적인 생각, 해석, 주제를 따로 기록하여 소프트웨어에 정리하였다. 이 기록은 데이터 분석 및 해석을 하는 과정에서 시간을 두고 데이터를 다듬고 강화하는 데 도움을 주었다.

각주에 숨겨두다:
박물관과 미술관 소장품에 재현된 장애인의 모습

-큐레이터들에게 배포된 자기 작성 설문지

영국의 박물관들이 보유하고 있는 장애와 관련된 자료를 조사하기 위해, 첫 번째 단계로 아래의 질문지를 224개의 박물관 큐레이터에게 배부하였다. 대상이 되는 박물관은 지리적 분포, 운영 방식, 크기, 소장품의 종류에 따라 다양하게 구성하였다.

Buried in the Footnotes: the representation of disabled people in museum and gallery collections

Introduction

This project, initiated by RCMG and funded through the AHRB's Innovation Awards scheme, aims to identify the evidence that exists within museums' and galleries' collections that can attest to the historical lives of disabled people. It also aims to explore the factors that potentially influence the way in which this material is recorded and presented within museums.

Our earliest research in this field was undertaken in 1996. We believe that all of us know more about disability than we did in 1996, and will see connections that we did not see then. Please forgive us, therefore, if you think you have already been asked these questions. We do still need the answers again.

This survey is being distributed to over 200 curators within UK museums and galleries. The data gathered from this phase will help us to establish a broad context for the project. We will also use it to help us to select a small number of case studies for more in-depth qualitative research during the next stage of the project.

We would be very grateful if you could help us by filling in the questionnaire answering the questions as they relate to the collection(s) for which you are responsible. If you feel that the questionnaire may also be of interest to other curatorial colleagues within your organisation please pass them a copy.

A note on definitions of disability

Contemporary ideas about disability are different from historic ones. Our aim is to find disability wherever it is, so we encourage you to search under words which would not be comfortably used today – freak, cripple or deaf-mute, for example. To guide your research, we are looking for:

- People who are physically disabled – who walk with aids, cannot walk, have lost limbs or have deformities.

- People who are blind, Deaf or have lesser sensory impairments (loss of sight or hearing).

- People who have disfigurements of the face or body caused by disease, mutilation, war or work injury.

- People who have learning difficulties – who may, in the past, have been described as 'idiots' or characterised as children when they are adult.

- People who experienced mental illnesses such as depression or mania – look for words like 'lunatic', 'madman' or 'possessed'.

- Local characters or freaks – giants, dwarves or people with identified disfigurements.

If you are not sure about something you have found, please do include it. We would rather find something we haven't thought of than risk missing something.

We also want to be clear that no judgement is attached by us to words that you may use to describe an item, to the way it is displayed or to the level of information that exists about it. We are looking for information, and the way that objects are described on their labels or accession details is part of that information.

Part 1 – About your organisation

Name of museum or gallery:

Address:

E-mail:

Questionnaire completed by (please provide name and position):

Type of collection(s) for which you have curatorial responsibility:

Part 2 – About the museum's displays/collections
2.a Displays and exhibitions

2.1 As far as you are aware, do your displays currently include any representation, of real disabled people, their artwork or possessions, or of images/artefacts portraying disabled people (fictional or unknown characters)?

Yes/No

(If yes, please could you identify the items which are displayed in your answers to question 2.b below).

2.2 Within the past five years, have you organised or hosted any exhibition which featured disabled people or their work – either as a main topic or as part of a wider project?

Yes/No

If yes, please give us the title, date and a brief description of content:

2.b Specific items/collections

2.3 Are you aware of any material in your collections which relates to disability and/or the lives of disabled people?

This might be:

- *Objects, clothing or personal items used or owned by disabled people*

- *Works of art or objects which portray disability as a feature or central topic*

- *Art works or objects created by artists/makers who had a disability*

Yes/No

If yes, please either identify specific objects (please list below) or – if you feel there are relevant collections – please summarise their content:

2.4 What kinds of information do you have, related to these objects or collections, which explains the connection to a disabled person or gives detail about their life? Please include a copy if possible.

2.5 How could a member of the public get access to this information?

2.6 Are any of these items / collections on display at the moment?

Yes/No

If no, when was the item last on display?

If yes, please enclose the label text below:

Part 3 – Participating in this research

Museums and galleries who agree to participate in the next stage of our research and are subsequently selected as case studies will be asked to host our researchers for a one or two day review (browsing collections and associated information, interviews with curators). You may also be asked to undertake some more in-depth searches into your own collections, using guidance from the researchers.

3.1 Would your organisation be willing to participate as a case study in this research?

Yes/No

3.2 If yes, who should we approach to secure agreement and make arrangements?

Name:

Position within organisation:

Contact information:

Telephone:

E-mail:

3.3 Please use this space to tell us about any other department in your organisation, or other organisation, which you feel would be relevant to our research.

Thank you for taking the time to complete this survey.

참고문헌

Abercrombie, N. and Longhurst, B. (1998) *Audiences: A Sociological Theory of Performance and Imagination*, London, Thousand Oaks, New Delhi: Sage.

Abram, R. (2002) 'Harnessing the Power of History', in R. Sandell (ed.) *Museums, Society, Inequality*, London and New York: Routledge.

—(2005) 'History is as History Does: The Evolution of a Mission-Driven Museum', in R. R. Janes and G. T. Conarty (eds) *Looking Reality in the Eye: Museums and Social Responsibility*, Calgary: University of Calgary Press.

Adorno, T. W. (1991) *The Culture Industry*, London: Routledge.

Alasuutari, P. (1999) 'Introduction: Three Phases of Reception Studies', in P. Alasuutari (ed.) *Rethinking the Media Audience*, London, Thousand Oaks, New Delhi: Sage.

Altikriti, A. (2004) 'No, We Don't Want to Conquer the World', *The Guardian*, 5 August 2004.

American Association of Museums (1992) *Excellence and Equity: Education and the Public Dimension of Museums*, Washington DC: American Association of Museums.

Ames, M. (1992) *Cannibal Tours and Glass Boxes: The Anthropology of Museums*, Vancouver: University of British Columbia Press.

Ang, I. (1985) *Watching Dallas: Soap Opera and the Melodramatic Imagination*, London: Methuen.

Anne Frank House (2000) 'The Anne Frank House: More than a Museum', *Anne Frank Magazine*, 24–27.

—(2004) *Anne Frank House Annual Report 2003*, Amsterdam: Anne Frank Stichtung.

—(2005) *Activities: Anne Frank House*, Amsterdam: Anne Frank Stichtung. Online. Available HTTP: <http://www.annefrank.org> Accessed 5 October 2005.

Appleton, J. (ed) (2001) *Museums for 'The People': Conversations in Print*, London: Institute of Ideas.

Arnold, K. (1998) '*Birth and Breeding*: Politics on Display at the Wellcome Institute for the History of Medicine', in S. Macdonald (ed.) *The Politics of Display: Museums, Science, Culture*, London and New York: Routledge.

Artley, A. (1993) 'Many Mansions', *The Spectator*, 15 May 1993: 48–51.

Augoustinos, M. and Reynolds, K. J. (2001) 'Prejudice, Racism and Social Psychology', in M. Augoustinos and K. J. Reynolds (eds) *Understanding Prejudice, Racism and Social Conflict*, London, Thousand Oaks, New Delhi: Sage.

329

Bagnall, G. (2003) 'Performance and Performativity at Heritage Sites', *Museum and Society*, vol. 1, no. 2: 87–103.

Barnes, C. (1992) *Disabling Imagery and the Media: An Exploration of Principles for Media Representation of Disabled People*, (BCODP) British Council of Organisations of Disabled People, Halifax: Ryburn Publishing.

Bennett, S. (1997) *Theatre Audiences: A Theory of Production and Reception*, 2nd edn, London: Routledge.

Bennett, T. (1988) 'The Exhibitionary Complex', *New Formations*, no. 4: 73–102.

—(1998) 'Speaking to the Eyes: Museums, Legibility and the Social Order', in S. Macdonald (ed.) *The Politics of Display: Museums, Science, Culture*, London and New York, Routledge.

—(2003) 'Representation and Exhibition?', *The Journal of Education in Museums*, no. 24: 3–8.

—(2005) 'Civic Laboratories: Museums, Cultural Objecthood, and the Governance of the Social', *CRESC Working Paper Series*, no. 2, University of Manchester and the Open University.

—(2006) 'Civic Seeing: Museums and the Organisation of Vision', in S. Macdonald (ed.) *A Companion to Museum Studies*, Massachusetts and Oxford: Blackwell Publishing.

Bourne, G. (1996) 'The Last Taboo?', *Museum Journal*, vol. 96, no. 11: 28–29.

Bower, R. T. and Sharp, L. M. (1956) 'The Use of Art in International Communication: A Case Study', *The Public Opinion Quarterly*, vol. 20, no. 1: 221–229.

Brooker, W. (2001) 'Living on Dawson's Creek: Teen Viewers, Cultural Convergence and Television Overflow', *International Journal of Cultural Studies*, vol. 4, no. 4.

Brooker, W. and Jermyn, D. (2003) 'Paradigm Shift: from "Effects" to "Uses and Gratifications"', in W. Brooker and D. Jermyn (eds) *The Audience Studies Reader*, London and New York: Routledge.

Brown, R. (1995) *Prejudice: Its Social Psychology*, Oxford: Blackwell.

Cameron, D. F. (1972) 'The Museum, a Temple or the Forum', *Journal of World History*, vol. 14, no. 1: 189–199.

Casey, D. (2001) 'Museums as Agents for Social and Political Change', *Curator*, vol. 44, no. 3: 230–237.

Cooper, E. and Dinerman, H. (1951) 'Analysis of the Film *Don't Be A Sucker*, A Study in Communication', in W. Brooker and D. Jermyn (eds) *The Audience Studies Reader*, London and New York: Routledge: 27–36.

Corner, J., Schlesinger, P. and Silverstone, R. (eds) (1997) *International Media Research: A Critical Survey*, London and New York: Routledge.

Cowan, J. K., Dembour, M. and Wilson, R. A. (eds) (2001) *Culture and Rights: Anthropological Perspectives*, Cambridge: Cambridge University Press.

Da Breo, H. (1990) 'Into the Heart of Africa'. Exhibition Review in *Culture*, vol. 10, no. 1: 104–105.

Delin, A. (2002) 'Buried in the Footnotes: The Absence of Disabled People in the Collective Imagery of our Past', in R. Sandell (ed.) *Museums, Society, Inequality*, London and New York: Routledge: 84–97.

Department for Culture, Media and Sport (DCMS) (2000) *Centres for Social Change: Museums, Galleries and Archives for All: Policy Guidance on Social Inclusion for*

DCMS *Funded and Local Authority Museums, Galleries and Archives in England*, London: DCMS.

——(2005) *Understanding the Future: Museums and 21st Century Life, the Value of Museums*, London: DCMS.

Dodd, J. (2002) 'Museums and the Health of the Community', in R. Sandell (ed.) *Museums, Society, Inequality*, London and New York: Routledge.

Donnelly, J. (2003) *Universal Human Rights in Theory and Practice*, 2nd edn, Ithaca and London: Cornell University Press.

Duckitt, J. (2001) 'Reducing Prejudice: An Historical and Multi-Level Approach', in M. Augoustinos and K. J. Reynolds (eds) (2001) *Understanding Prejudice, Racism and Social Conflict*, London, Thousand Oaks, New Delhi: Sage.

Duncan, C. (1991) 'Art Museums and the Ritual of Citizenship', in I. Karp and S. D. Lavine (eds) *Exhibiting Cultures: The Poetics and Politics of Museum Display*, Washington and London: Smithsonian Institution Press: 88–103.

——(1995) *Civilizing Rituals: Inside Public Art Museums*, London and New York: Routledge.

Dunlop, H. (2002) 'Faith Under the Spotlight', *Interpretation: Journal of the Association of Heritage Interpretation*, vol. 7, no. 2: 8–9.

——(2003) Interview with the Author, 23 May 2003.

Dyer, R. (1993) *The Matter of Images: Essays on Representation*, 2nd edn, London and New York: Routledge.

Essed, P. (1991) *Understanding Everyday Racism*, Newbury Park, London, New Delhi: Sage.

Evans, J. (1999) 'Introduction: Nation and Representation', in D. Boswell and J. Evans (eds) *Representing the Nation: A Reader*, London and New York: Routledge.

Fraser, J. (2005) 'Museums, Drama, Ritual and Power: A Theory of the Museum Experience' unpublished thesis, University of Leicester.

Garland Thomson, R. (1997) *Extraordinary Bodies: Figuring Physical Disability in American Culture and Literature*, New York: Columbia University Press.

——(2001) 'The FDR Memorial: Who Speaks from the Wheelchair', *Chronicle of Higher Education*, 26 January 2001.

——(2002) 'The Politics of Staring: Visual Rhetorics of Disability in Popular Photography', in S. L. Snyder, B. J. Brueggemann and R. Garland Thomson (eds) *Disability Studies: Enabling the Humanities*, New York: The Modern Language Association of America: 56–75.

——(2005) 'Staring at the Other', *Disability Studies Quarterly*, vol. 25, no. 4.

Geft, L. (2005) Interview with the Author, 20 June 2005.

Gerber, D. A. (1996) 'The "Careers" of People Exhibited in Freak Shows: The Problem of Volition and Valorization', in R. Garland Thomson (ed) *Freakery: Cultural Spectacles of the Extraordinary Body*, New York: New York University Press: 38–54.

Glasgow City Council (2001) *Best Value Review Final Report*, July 2001, Museums, Heritage and Visual Arts, Online. Available HTTP: <http://www.glasgowmuseums.com/reports.cfm> Accessed 5 October 2005.

Gledhill, R. (1993) 'From Mungo to the Muslims; St Mungo Museum, Glasgow', *The Times*, 31 March: 29.

Goldhagen, D. J. (1996) *Hitler's Willing Executioners: Ordinary Germans and the Holocaust*. London: Abacus/Little Brown and Co.

Gourevitch, P. (1995) 'What They Saw at the Holocaust Museum', *New York Sunday Times Magazine*, February 2: 44–45.

Hall, S. (1982) 'The Rediscovery of "Ideology": Return of the Repressed in Media Studies', in M. Gurevitch, T. Bennett, J. Curran and J. Woollacott (eds) *Culture, Society and the Media*, London: Methuen.

—(1990a) *Culture, Media, Language*, London: Unwin Hyman.

—(1990b) 'Encoding, Decoding', in S. During (ed.) *The Cultural Studies Reader*, 2nd edn, London and New York: Routledge.

—(ed.) (1997) *Representation: Cultural Representations and Signifying Practices*, London, Thousand Oaks, New Delhi: Sage.

Handler, R. and Gable, E. (1997) *The New History in an Old Museum: Creating the Past at Colonial Williamsburg*, Durham, NC and London: Duke University Press.

Hardiman, R. (1990) 'Some More Equal than Others', *Museums Journal*, November 1990: 28–30.

HBO (2002) 'Six Feet Under Bulletin Board'. Online. Available HTTP: <http://www/hbo.com/sixfeetunder/wisteria/comingout> Accessed 5 March 2002.

Hein, G. E. (1998) *Learning in the Museum*, London and New York: Routledge.

Hevey, D. (1992) *The Creatures that Time Forgot: Photography and Disability Imagery*, London: Routledge.

Hirano, I. (2002) 'A Public Service Responsibility', in *Mastering Civic Engagement: A Challenge to Museums*, Washington DC: American Association of Museums.

Holden, L. (1991) *Forms of Deformity*, Sheffield: JSOT Press.

Hooper-Greenhill, E. (2000) *Museums and the Interpretation of Visual Culture*, London and New York: Routledge.

Horton, D. and Wohl, R. (1956) 'Mass Communications and Para-Social Interaction', *Psychiatry*, vol. 19, 215–229.

International Council of Museums (2005) 'International Museum Day – Bridging Cultures', Paris: International Council of Museums. Online. Available HTTP: <http://icom.museum/release.bridging.html> Accessed 5 October 2005.

Janes, R. R. and Conarty, G. T. (eds) (2005) *Looking Reality in the Eye: Museums and Social Responsibility*, Calgary: University of Calgary Press.

JANM (2005) *Museum Information*, Los Angeles: Japanese American National Museum. Online. Available HTTP: <http://www.janm.org> Accessed 7 October 2005.

Karp, I. and Kratz, C. A. (2000) 'Reflections on the Fate of Tippoo's Tiger: Defining Cultures through Public Display', in E. Hallam and B. V. Street (eds) *Cultural Encounters: Representing 'Otherness'*, London and New York: Routledge.

Karp, I. and Lavine, S. D. (eds) (1995) *Exhibiting Cultures: The Poetics and Politics of Museum Display*, Washington and London: Smithsonian Institution Press.

Katz, E., Blumler, J. G. and Gurevitch, M. (1974) 'Utilization of Mass Communication by the Individual', in J. G. Blumler and E. Katz (eds) *The Uses of Mass Communication*, London: Sage.

Kratz, C. A. (2002) *The Ones that are Wanted: Communication and the Politics of Representation in a Photographic Exhibition*, Berkeley, Los Angeles, London: University of California Press.

Kriegel, L. (1987) 'The Cripple in Literature', in A. Gartner and T. Joe (eds) *Images of the Disabled, Disabling Images*. New York: Praeger.

Kudlick, C. J. (2003) 'Disability History: Why We Need Another "Other"', *American Historical Review*, vol. 108, no. 3: 763–793.

—(2005) 'The Local History Museum, so Near and yet so Far', *The Public Historian*, vol. 27, no. 2: 75–81.

LeCouteur A. and Augoustinos, M. (2001) 'The Language of Prejudice and Racism', in M. Augoustinos and K. J. Reynolds (eds) *Understanding Prejudice, Racism and Social Conflict*, London, Thousand Oaks, New Delhi: Sage.

Laurence, A. (1994) *Women in England 1500–1760: A Social History*, London: Weidenfeld and Nicolson/Orion.

Leinhardt, G. and Knutson, K. (2004) *Listening in on Museum Conversations*, Walnut Creek, CA and Oxford: Altamira Press.

Liddiard, M. (2004) 'Changing Histories: Museums, Sexuality and the Future of the Past', *Museum and Society*, vol. 2, no. 1: 15–29.

Littler, J. (2005) 'Introduction: British Heritage and the Legacies of "Race"', in J. Littler and R. Naidoo (eds) *The Politics of Heritage: The Legacies of 'Race'*, Abingdon and New York: Routledge.

Luke, T. W. (2002) *Museum Politics: Power Plays at the Exhibition*, Minneapolis and London: University of Minnesota Press.

Macdonald, S. (1998) 'Exhibitions of Power and Powers of Exhibition: An Introduction to the Politics of Display', in S. Macdonald (ed.) *The Politics of Display: Museums, Science, Culture*, London and New York: Routledge.

—(2002) *Behind the Scenes at the Science Museum*, Oxford and New York: Berg.

—(2003) 'Museums, National, Postnational and Transcultural Identities', *Museum and Society*, vol. 1, no. 1: 1–16.

—(2005) 'Accessing Audiences: Visiting Visitor Books', *Museum and Society*, vol. 3, no. 3: 119–136.

Macdonald, S. and Silverstone, R. (1990) 'Rewriting the Museum's Fictions: Taxonomies, Stories and Readers', *Cultural Studies*, vol. 4, no. 2: 176–191.

Majewski, J. and Bunch, L. (1998) 'The Expanding Definition of Diversity: Accessibility and Disability Culture Issues in Museum Exhibitions', *Curator*, vol. 41, no. 3: 153–161.

Marstine, J. (2005) *New Museum Theory and Practice: An Introduction*, Massachusetts and Oxford: Blackwell Publishing.

Mason, J. (1996) *Qualitative Researching*, London: Sage.

Mason, R. (2006) 'Cultural Theory and Museum Studies', in S. Macdonald (ed.) *A Companion to Museum Studies*, Massachusetts and Oxford: Blackwell Publishing.

McLean, K. (1999) 'Museum Exhibitions and the Dynamics of Dialogue', *Daedalus*, vol. 28, no. 3: 83–108.

McQuail, D. (1997) *Audience Analysis*, Thousand Oaks, London, New Delhi: Sage.

Mead, M. (1970) 'Museums in a Media-Saturated World', *Museum News*, September 1970.

Miller, P., Parker, S. and Gillinson, S. (2004) *Disablism: How to Tackle the Last Prejudice*, London: DEMOS.

Moores, S. (1993) *Interpreting Audiences: The Ethnography of Media Consumption*, London, Thousand Oaks, New Delhi: Sage.

Morley, D. (1980) *The Nationwide Audience*, London: BFI.

Müller, K. (2001) 'Invisible Visitors: Museums and the Gay and Lesbian Community', *Museum News*, September/October: 34–39 and 67–69.

Munira, M. (ed.) (2006) *Culture Vultures: Is UK Arts Policy Damaging the Arts?*, London: Policy Exchange.

Namaste, V. (2000) *Invisible Lives: The Erasure of Transsexual and Transgendered People*, Chicago: University of Chicago Press.

Nightingale, J. (2004) 'Hidden History', *Museums Journal*, vol. 104, no. 9: 26–29.

Nussbaum Cohen, D. and Katz, L. (1997) 'Rabbis Attack Gay Inclusion in Shoah Museum', *The Jewish News Weekly of Northern California*. Online. Available HTTP: <http://www.jewishsf.com> Accessed 15 October 2005.

Ogilvie, S. (2005) Interview with the Author, 3 August 2005.

—(2006) E-mail, 21 March 2006.

Okihiro, G. Y. (2005) *Educational Framework: Fighting for Democracy*, Los Angeles: National Center for the Preservation of Democracy, an affiliate of the Japanese American National Museum.

O'Neill, M. (1993) 'The St Mungo Museum of Religious Life and Art', *Scottish Museum News*, Edinburgh: Scottish Museums Council: 10–11.

—(1994) 'Serious Earth', *Museums Journal*, February 1994, Museums Association: 28–31.

—(1995) 'Exploring the Meaning of Life: The St Mungo Museum of Religious Life and Art', *Museum International*, No. 185 (Vol. 47, No. 1) UNESCO, Paris: Blackwell Publishers: 50–53.

—(2004) 'Enlightenment Museums: Universal or Merely Global?', *Museum and Society*, vol. 2, no. 3: 190–202.

O'Neill, M. (in association with Giddens, S., Breatnach, P., Bagley, C., Bourne, D. and Judge, T.) (2002) 'Renewed Methodologies for Social Research: Ethno-Mimesis as Performative Praxis', *The Sociological Review*, vol. 50, no. 1: 69–88.

Ott, K. (2005a) 'Disability and the Practice of Public History: An Introduction', *The Public Historian*, vol. 27, no. 2: 11–24.

—(2005) Interview with the Author, 8 June 2005.

Peers, L. (2000) 'Native Americans in Museums: A Review of the Chase Manhattan Gallery of North America', *Anthropology Today*, vol. 16, no. 6: 8–13.

Phillips, E. (2005) Interview with the Author, 30 June 2005.

Potter, J. and Wetherell, M. (1987) *Discourse and Social Psychology: Beyond Attitudes and Behaviour*, London: Sage.

Preziosi, D. and Farago, C. (eds) (2004) *Grasping the World: The Idea of the Museum*, Burlington, VT: Ashgate.

Radway, J. (1984, reprinted 1991) *Reading the Romance: Women, Patriarchy and Popular Literature*, Chapel Hill, NC: University of North Carolina Press.

Rapley, M. (2001) '"How to Do X without Doing Y": Accomplishing Discrimination Without "Being Racist" – "Doing Equity"', in M. Augoustinos and K. J. Reynolds (eds) *Understanding Prejudice, Racism, and Social Conflict*, London, Thousand Oaks, New Delhi: Sage.

Richardson, J. E. (2004) *(Mis)representing Islam: The Racism and Rhetoric of British Broadsheet Newspapers*, Amsterdam and Philadelphia: John Benjamins Publishing.

Richardson, M. (2002) 'Hearing Things: The Scandal of Speech in Deaf Performance', in S. L. Snyder, B. J. Brueggemann, and R. Garland Thomson (eds) *Disability Studies: Enabling the Humanities*, New York: The Modern Language Association of America: 76–87.

Riegel, H. (1996) 'Into the Heart of Irony: Ethnographic Exhibitions and the Politics of Difference', in S. Macdonald and G. Fyfe (eds) *Theorizing Museums: Representing Identity and Diversity in a Changing World*, Oxford: Blackwell Publishers.

Ruddock, A. (2001) *Understanding Audiences: Theory and Method*, London, Thousand Oaks, New Delhi: Sage.

Runnymede Trust (1997) *Islamophobia, A Challenge for Us All: A Report of The Runnymede Trust Commission on British Muslims and Islamophobia*, London: Runnymede Trust.

Sandell, R. (1998) 'Museums as Agents of Social Inclusion', *Museum Management and Curatorship*, vol. 17, no. 4: 401–418.

—(2002a) 'Museums and the Combating of Social Inequality: Roles, Responsibilities, Resistance', in R. Sandell (ed.) *Museums, Society, Inequality*, London and New York: Routledge.

—(2002b) *Museums, Society, Inequality*, London and New York: Routledge.

—(2005) 'Constructing and Communicating Equality: The Social Agency of Museum Space', in S. Macleod (ed.) *Reshaping Museum Space: Architecture, Design, Exhibitions*, London and New York: Routledge.

Scott, C. (2002) 'Measuring Social Value', in R. Sandell (ed.) *Museums, Society, Inequality*, London and New York: Routledge.

Scottish Executive (2005) *One Scotland: No Place for Racism*, Online. Available HTTP: <http://www.onescotland.com> Accessed 5 October 2005.

Scottish Museums Council (2000) *Museums and Social Justice*, Edinburgh: Scottish Museums Council.

Silverman, L. (2002) 'The Therapeutic Potential of Museums as Pathways to Inclusion', in R. Sandell (ed.) *Museums, Society, Inequality*, London and New York: Routledge.

Silverstone, R. (1988) 'Museums and the Media: A Theoretical and Methodological Exploration', *The International Journal of Museum Management and Curatorship*, vol. 7, no. 3: 231–241.

—(1994) *Television and Everyday Life*, London and New York: Routledge.

Snyder, S. L., Brueggemann, B. J. and Garland Thomson, R. (eds) *Disability Studies: Enabling the Humanities*, New York: The Modern Language Association of America.

Sullivan, R. (1985) 'The Museum as Moral Artefact', *Moral Education Forum*, 10th Anniversary Issue, The Sociomoral Dimension of Museum Design, vol. 10, nos 3 and 4, Hunter College, City University of New York: 2–18 and 61.

Sze, L. (2006) E-mail, 9 August 2005.

Szekeres, V. (2002) 'Representing Diversity and Challenging Racism: The Migration Museum', in R. Sandell (ed.) *Museums, Society, Inequality*, London and New York: Routledge.

Taylor, L. and Mullan, B. (1986) *Uninvited Guests*, London: Chatto and Windus.

Toynbee, P. (2004) 'We Must Be Free to Criticise Without Being Called Racist', *The Guardian,* 18 August 2004.

Turner, V. (1982) *From Ritual to Theatre*, New York: PAJ Publications.

Usherwood, B., Wilson, K. and Bryson, J. (2005) *Relevant Repositories of Public Knowledge? Perceptions of Archives, Libraries and Museums in Modern Britain*, The Centre for the Public Library and Information in Society, Department of Information Studies, the University of Sheffield. Online. Available HTTP: <http://cplis.shef.ac.uk/publications.htm> Accessed 6 October 2005.

Valentine, G. and McDonald, I. (2004) *Understanding Prejudice: Attitudes Towards Minorities*, London: Stonewall.

Vallely, P. (2002) 'Who is the Real Anne Frank?', *The Independent Review*, Friday 14 June 2002: 4–6.

van der Wal, B. (1985) 'The Anne Frank Center: The Evolution of a Holocaust Memorial into an Educational Institution', *Moral Education Forum*, 10th Anniversary Issue, 'The Sociomoral Dimension of Museum Design', vol. 10, nos 3 and 4, Hunter College, City University of New York: 54–61.

van Dijk, T. (1993) *Elite Discourse and Racism*, Newbury Park, London, New Delhi: Sage.

Vanegas, A. (2002) 'Representing Lesbians and Gay Men in British Social History Museums', in R. Sandell (ed.) *Museums, Society, Inequality*, London and New York: Routledge: 98–109.

van Kooten, J. (2003) Interview with the Author, 4 August 2003.

vom Lehn, D., Heath, C. and Hindmarsh, J. (2001) 'Exhibiting Interaction: Conduct and Collaboration in Museums and Galleries', *Symbolic Interaction*, vol. 24, no. 2: 189–216.

Walker, I. (2001) 'The Changing Nature of Racism: From Old to New?', in M. Augoustinos and K. J. Reynolds (eds) *Understanding Prejudice, Racism and Social Conflict*, London, Thousand Oaks, New Delhi: Sage.

Walzer, M. (1997) *On Toleration*, New Haven and London: Yale University Press.

Weil, S. E. (1996) 'The Distinctive Numerator', in S. Weil (2002), *Making Museums Matter*, Washington and London: Smithsonian Institution Press.

—(1999) 'From Being *about* Something to Being *for* Somebody: The Ongoing Transformation of the American Museum', *Daedalus*, vol. 128, no. 3: 229–258.

Weinberg, J. (1994) Paper Presented at American Association of Museums Conference on the United States Holocaust Memorial Museum, Seattle, April 1994.

Weston, K. (1991) *Families we Choose: Lesbians, Gays, Kinship*, New York and Oxford: Columbia University Press.

Wetherell, M. and Potter, J. (1992) *Mapping the Language of Racism: Discourse and the Legitimation of Exploitation*. London: Harvester Wheatsheaf.

Yin, R. K. (1994) *Case Study Research; Design and Methods*, 2nd edn, Thousand Oaks, CA: Sage.

Young, I. M. (1990) *Justice and the Politics of Difference*, Princeton, NJ and Chichester: Princeton University Press.

Young, L. (2002) 'Rethinking Heritage: Cultural Policy and Inclusion', in R. Sandell (ed.) *Museums, Society, Inequality*, London and New York: Routledge.

Ziebarth, E. (2005) Interview with the Author, 8 June 2005.